Die Kunst des Kochens

ITALIEN

Die Kunst des Kochens

ITALIEN

Lorenza de' Medici

Kaleidoskop Buch

Aus dem Englischen übersetzt von Angelika Feilhauer
Redaktion: Vera Murschetz
Korrektur: Irmgard Perkounigg
Umschlaggestaltung: Sascha Wuillemet
Herstellung: Dieter Lidl
Satz: Fotosatz Völkl, Puchheim

Die Originalausgabe mit dem Titel
The Heritage of Italian Cooking
wurde erstmals 1990 im Verlag Weldon Russel Pty. Ltd.,
Australien, veröffentlicht

Design: Susan Kinealy, Catherine Martin, Birita Abols
Foodfotos: John Sims, Romano Vada

Druck und Bindung: Mandarin Offset
Printed in China

ISBN 3-88472-390-1

SEITE 2: *Kirschen,* Bartolomeo Bimbi (1648–1725); Galleria Pitti, Florenz

TITELEI: *Erfrischungen,* Francesco Napoletano, 16. Jahrhundert; Galleria Palatina, Florenz

SEITE 6: *Nachmittag in Fiesole,* Baccio Maria Bacci, 20. Jahrhundert; Uffizien, Florenz

RECHTS: *Ein feiner Imbiß,* Christian Berentz (1658–1722); Galleria Nazionale d'Arte antica, Rom

Inhalt

Sofern nicht anders angegeben,
sind alle Rezeptmengen in diesem Buch
für sechs Personen berechnet

Einführung

Einführung

Italiens Küche zählt kulturell mit zum wichtigsten Erbe des Landes. Wie schon viele Leute festgestellt haben, beherrschen vielleicht nicht alle Italiener die Kunst des Kochens, aber es gibt wohl keinen, der nichts vom Essen versteht. Essen ist eine nationale Leidenschaft, und in ihr kommt zum Ausdruck, wie sehr die Italiener das gute Leben lieben. Die Menschen Italiens verfügen über die beneidenswerte Fähigkeit, jedes gemeinsame Essen zu einem vergnügten Ereignis werden zu lassen. Essen ist gleichsam ein Fest, und Geselligkeit bei Tisch stärkt eine Tradition, die aus einer langen und ereignisreichen Geschichte hervorgegangen ist.

Die Umgebung ist für Italiens Köche immer eine Quelle der Inspiration gewesen. Die besondere Geographie des Landes mit seinen Bergen, dem Meer, den fruchtbaren Flußtälern und trockenen Gebieten hatte verschiedenartige Entwicklungen von Speisen zur Folge, die so außergewöhnlich sind wie die Landschaften selbst. Im Norden sorgen aus den Alpen kommende eiskalte Flüsse für saftige Wiesen, auf denen Rinder weiden, die fette Milch und Fleisch liefern. Über Kanäle wird das Flußwasser zu ausgedehnten Reisfeldern geleitet, und auch Korn, Obst und Gemüse gedeihen hier üppig. An malerischen Seen und der wunderschönen nördlichen Adria holen die Fischer volle Netze ein, und an der Riviera verbreitet die vom Meer kommende Brise den Duft aromatischer Kräuter. In den trockeneren Regionen, in der Mitte und im Süden des Landes, wachsen in den grünen Ausläufern der Apenninen Olivenhaine, zwischen denen Schafe und Ziegen weiden, während in den Ebenen Durumweizen gedeiht und eine kräftige Sonne dafür sorgt, daß die so hochgeschätzten heimischen Obst- und Gemüsesorten ihren Geschmack voll entfalten können. Die Spitze Italiens wie auch Sardinien und Sizilien sind rundum von der Weite des Mittelmeers umgeben, und überall prägen weinbewachsene Hänge die Landschaft.

Frische, hochwertige Nahrungsmittel bilden den Kern der italienischen Küche, und es erscheint wie eine göttliche Fügung, daß das Land solch eine Fülle an natürlichen Schätzen zu bieten hat. Auf den belebten Märkten der großen und kleinen Städte, auf denen die Köche des Landes täglich ihre Einkäufe machen, lassen die großartigen Auslagen der Nahrungsmittel ein Bild entstehen, das wahrlich sehenswert ist.

Natürlich spielt die Geschichte des Landes bei der Entstehung seiner kulinarischen Tradition eine ebenso große Rolle wie bei der Entwicklung seiner Kultur. Die Republik Italien besteht aus zwanzig Regionen, von denen vor der Einigung des Landes Mitte des 19. Jahrhunderts viele unabhängige Königreiche und Republiken waren. Jede Region hat seine besonderen geographischen, klimatischen, historischen, gesellschaftlichen und politischen Eigenheiten, die den Eßgewohnheiten und der Küche ihren lokalen Charakter verliehen. Und so gibt es in Italien seit langem eine ungewöhnlich große Vielfalt regionaler Gerichte, die in ihrem Abwechslungsreichtum einzigartig unter den europäischen Küchen ist.

Seite 8/9: *Sommer,* Giuseppe Arcimboldo (1527–1593); Pinacoteca Civica, Brescia
Arcimboldo war berühmt für seine kunstvollen menschlichen Köpfe und Gestalten aus Früchten und Blumen.

Seite 10: *Der Monat Mai: ein Mahl im Freien* (Ausschnitt), 15. Jahrhundert, Fresko; Castello del Buonconsiglio, Trient
Aus einer Serie von Fresken, die die Monate des Jahres darstellen.

Die Hochzeit zu Kana, Andrea Boscoli (1560–1607); Uffizien, Florenz
Die alte Stadt Kana in Galiläa war Schauplatz des ersten Wunders Jesu Christi, als er bei einem Hochzeitsmahl Wasser in Wein verwandelte.

Den alten Römern kommt das Verdienst zu, auf den griechischen und etruskischen Fundamenten ihrer Zivilisation die erste kulinarische Tradition des Landes entwickelt zu haben, und als im 9. Jahrhundert christlicher Zeitrechnung die Sarazenen den Süden okkupierten, fügten sie ihr eine orientalische Note hinzu. Es war während der Renaissance, als die italienische Küche eine glorreiche Wiedergeburt erlebte und sich so entwickelte, wie wir sie heute kennen und wie sie uns in Schriften überliefert wurde. Über die märchenhaften Speisen der opulenten Bankette, die in den Werken aus jener Zeit beschrieben werden, können wir heute nur staunen. Auch in den nachfolgenden Jahrhunderten wurden bedeutende Kochbücher verfaßt, die zu den kostbarsten Schätzen des nationalen Erbes gerechnet werden müssen. Viele der damals niedergeschriebenen Rezepte haben Zeit und Wandel unbeschadet überlebt und sind heute noch weithin beliebt. Die Rezepte dieses Buches gehen in der einen oder anderen Form alle auf die frühen Kochbuchverfasser zurück, deren Namen im Text immer wieder erscheinen werden.

Das erste bekannte Kochbuch, *»De Re Conquinaria«* (»Von kulinarischen Dingen«), das vermutlich während der ersten Jahrhunderte nach Christus verfaßt wurde, soll von einem römischen Feinschmecker namens Apicius stammen, der Rezepte seiner Zeit sammelte, aber auch einige eigene kreierte. Viele sind nur als Dokument für die kulinarischen Exzesse im kaiserlichen Rom interessant, andere aber haben ihren Reiz bewahrt, wie etwa eine Pasta-Torte mit Fleisch und Gemüsen, Prosciutto, der mit getrockneten Feigen, Lorbeerblättern und

Honig gegart wird, oder eine süß-saure Sauce, die neben anderen Zutaten aus Minze, Pinienkernen, Rosinen, Honig, Wein, Essig und Öl besteht.

Zwei weitere bedeutende Werke über die italienische Küche stammen aus dem Spätmittelalter, doch leider sind die Namen ihrer Autoren nicht mehr bekannt. Eines ist das *»Libro della Cocina«* (»Das Buch vom Kochen«), das von einem Toskaner geschrieben wurde, das andere trägt den Titel *»Libro per Cuoco«* (»Das Buch für den Koch«), und sein Verfasser war ein Venezianer. Obwohl sich die beiden Bücher in Form und Stil grundlegend unterscheiden, haben sie, nebeneinander betrachtet, beide für die Entwicklung der Kochbuchliteratur einen bedeutenden Beitrag geleistet. Der Toskaner ordnete als erster Italiener seine Rezepte nach den verwendeten Nahrungsmitteln und beschrieb beispielsweise mehrere Zubereitungsmöglichkeiten für dicke Bohnen und drei Arten von Fischsuppen. Darüber hinaus enthält sein Buch auch Rezepte für Kranke, und gegen Erkältung empfiehlt er beispielsweise eine Art Haferschleim. Aber er macht weder zu Mengen noch über Garmethoden Angaben. In dieser Hinsicht stellt das Kochbuch des unbekannten Venezianers einen Fortschritt dar. In ihm finden sich Gewichts- und Mengenangaben wie auch Garzeiten und Arbeitsabläufe. Seine fachmännische Vorgehensweise machte den Autor zum Vorläufer einer Tradition, die sich bis in die heutige Zeit fortgesetzt hat.

Dem ersten großen Kochbuchverfasser der Renaissance, Maestro Martino da Como, Koch des Patriarchen von Aquileia, gelang ein großer Schritt nach vorn. Sein *»Libro de Arte Coquinaria«* (»Das Buch von der Kochkunst«) stellt eine bedeutende Erweiterung des traditionellen Rezeptrepertoires dar. Es enthält ausführliche Erläuterungen über die Zubereitung aller

Mittagessen im Garten von Massimiliano Sforza, 16. Jahrhundert; Bibliothek des Castello Sforzesco, Mailand
Die Familie der Sforza herrschte im 15. Jahrhundert in Mailand und förderte zahlreiche Künstler, unter ihnen auch Leonardo da Vinci.

Frühlingszeit, Adolfo Tommasi (1851–1933); Galleria d'Arte Moderna, Florenz
Die Bauern in der Toskana mußten die Hälfte ihrer Ernte an die Landbesitzer abgeben und bauten daher oft verschiedene Ackerfrüchte gleichzeitig an.

Schaufel von Vincenzo Magalotti, der »Exaltierte« genannt, 16. Jahrhundert; Accademia della Crusca, Florenz
Die Accademia della Crusca wurde 1582 gegründet, um die korrekte Anwendung der toskanischen Sprache zu fördern. Die Schaufeln symbolisierten diese Wende vom Schlechten zum Guten.

Arten von Fisch sowie Kapitel über Gewürze und Nachspeisen. Darüber hinaus gibt es Ratschläge zur Auswahl der Nahrungsmittel und empfiehlt beispielsweise Reis aus der Poebene oder geräuchertes Fleisch aus Bologna. Der Autor zeigt großes Interesse an der Vervollkommnung von Garmethoden und widmet seine Aufmerksamkeit einer Vielzahl praktischer Dinge. Er achtet sorgfältig auf genaue Mengenangaben und befaßt sich mit Küchengerät wie auch mit der Präsentation und dem Servieren der Speisen.

Seine Arbeit hatte großen Einfluß auf den bedeutenden Renaissance-Humanisten Bartolomeo Sacchi, auch Platina genannt, der Martino als seinen Lehrer betrachtete und viele seiner Rezepte übernahm. Platina betitelte sein Werk *»De Honesta Voluptate ac Valetudine«* (»Von wahrem Genuß und Wohlbefinden«), und er ergeht sich in nicht weniger als 417 Kapiteln darüber, wie man beides durch Essen erreicht. Sich auf weise Aussprüche klassischer griechischer und römischer Philosophen beziehend, wettert er gegen die kulinarischen Exzesse der Römer und hält mit eigenen Ratschlägen nicht hinter dem Berg. Seiner Zeit weit voraus, interessierte Platina sich auch für verdauungsfördernde Ernährungsweisen. Außerdem pries er die Vorteile von Leibesübungen für alle, die gern gut essen, aber dennoch gesund leben wollen. Platinas erstes gedrucktes Buch über Ernährung erschien um 1474 in Rom, wo er als Bibliothekar im Vatikan arbeitete. Es entwickelte sich bald zu einem Bestseller, der ins Französische, Deutsche und Englische übersetzt wurde.

Die Hochrenaissance brachte dann den ersten Kochbuchverfasser hervor, der die Bezeichnung »Koch« verdiente, den großen Cristoforo di Messisbugo – ein Edelmann, der mit einer Dame hohen Standes verheiratet war. Er bekam von Kaiser Karl V. den Titel »Küchenmeister« verliehen, und Historiker betrachten ihn als Begründer von *la grande tradizione* (der großen Tradition) der italienischen Küche. Als »Fleischzerleger« stand er in den Diensten der Herzöge von Ferrara, und sein Werk trägt den Titel *»Banchetti, Composizione di Vivande et Apparecchio Generale«* (»Bankette, Zusammenstellung von Mahlzeiten und allgemeine Vorbereitung«). Neben 315 Rezepten für Suppen, Fleisch, Fisch, Saucen und Nachspeisen gibt er detaillierte Anweisungen für Bankette und Abendgesellschaften. Er beschreibt auch, wie man Musik, Tanz oder Theatervorführungen bei einem Festmahl einbezieht und welche Weine serviert werden sollten. Am interessantesten ist vielleicht die vollständige Speisenfolge für ein Essen von wahrhaft gewaltigen Ausmaßen, das der Sohn des Herzogs von Ferrara zu Ehren seines Vaters gab. In seinem Verlauf wurden 104 Personen mehr als hundert verschiedene Speisen serviert.

Fleischzerleger waren an den Renaissance-Höfen hoch angesehen. Ein anderer, der in den Diensten des Adels stand und der Nachwelt ein wertvolles Buch hinterließ, war der Florentiner Domenico Romoli. Seine *»La Singolar Dottrina«* (»Die besondere Lehre«) wurde 1560 veröffentlicht und nimmt aufgrund des einzigartigen Stils bis heute unter den Kochbüchern eine besondere Stellung ein. Romoli behandelt darin – nach heutigen Maßstäben – Standardthemen, doch schreibt er in einem unterhaltsamen Stil und flicht Kommentare und Tadel ein – oft mit einer für Toskaner typischen Ironie –, die viel über seinen Geschmack und seine Persönlichkeit verraten. Nicht ohne Ironie wurde er *»panunto«* (Fettbrot) genannt, vielleicht weil er dieses immer noch beliebte toskanische Gericht so gerne mochte. In sein Buch nahm er jedenfalls mehrere Variationen des Rezeptes auf. Eines, bei dem das Brot mit Schweinswurst belegt wird, endet mit dem folgenden Rat: »Wenn du den Teil ohne Fleisch ißt, laß ihn die Oberseite der Zunge und den Gaumen berühren, damit du den Geschmack des geölten Brotes richtig genießen kannst.«

Das berühmteste Kochbuch des 16. Jahrhunderts ist zweifellos die 1570 publizierte *»Opera«* (»Arbeit«) von Bartolomeo Scappi, der vermutlich aus Bologna stammte und Koch von Papst Pius V. war. Es ist immer noch das umfassendste Werk seiner Art und nicht allein wegen seiner ausführlichen Behandlung traditioneller Themen bemerkenswert, sondern auch aufgrund des neuen Materials, das es enthält. Scappi hat mehr als tausend Rezepte in sein Buch aufgenom-

men und war der erste Italiener, der Anweisungen für die Verwendung von Käse, die Herstellung von Blätterteig und die Dekoration von Torten mit einer Konditorspritze gab. Ein Rezept beschreibt sogar die Zubereitung eines nahrhaften Kuchens, den die Neapolitaner – wie er sagt – *pizza* nennen und der heute auf der ganzen Welt bekannt ist. Darüber hinaus ist die *»Opera«* das erste Kochbuch, das Kupferstiche enthält, auf denen nicht nur die Einrichtung der Küche und ähnlicher Arbeitsräume dargestellt ist, sondern auch Messer, Löffel, Pfannen und Töpfe, die zu dieser Zeit benutzt wurden.

In den folgenden zwei Jahrhunderten fand die unvergleichliche italienische Kochkunst der Renaissance ihren Weg ins gesamte übrige Europa und kehrte, ihrerseits beeinflußt von den kulinarischen Traditionen anderer Länder, wieder ins eigene Land zurück. Die meisten Kochbücher dieser späteren Periode haben unleugbar einen französischen Einschlag. Ein Italiener des 17. Jahrhunderts aber blieb dem Erbe seiner Heimat treu und führte ein neues Thema in die Kochbuchliteratur ein – das Wirtschaftsgeld der Mittelstandsfamilie. Obwohl Bartolomeo Stefani Koch am Hofe der Gonzaga von Mantua war, enthielt die zweite Ausgabe seines Buches *»L'Arte di Ben Cucinare«* (»Die Kunst des guten Kochens«) eine »Anmerkung für die Leser«, in der er die Preise der »üblichen Nahrungsmittel für acht Personen« angibt. Auf seiner Einkaufsliste finden sich beispielsweise Fleisch, Nudeln, Käse, Eier, Schmalz, Ricotta, Brot, Salat, Pfeffer, Rosinen und Essig. Die Gesamtsumme beträgt in der Währung von Mantua 6,19 Lire, doch, wie er feststellt, sei die Welt ein Dorf, wenn es um den Preis von Dingen gehe.

Eine neue Ära in der italienischen Kochbuchliteratur begann 1891 mit der Veröffentlichung

Die Werke der Barmherzigkeit, Schule des Domenico Ghirlandaio (1449–1494), Fresko; Kirche von San Martino dei Buonomini, Florenz
Dieses Fresko soll von Schülern Ghirlandaios, unter Aufsicht des Meisters, gemalt worden sein. Einer seiner berühmtesten Schüler war Michelangelo.

von Pellegrino Artusis Klassiker *»La Scienza in Cucina e l'Arte di Mangiar Bene«* (»Von der Wissenschaft des Kochens und der Kunst des Genießens«). Wie der Untertitel verrät, handelt es sich dabei um ein »praktisches Handbuch für Familien«, in dem es um »Reinlichkeit, Ökonomie und Wohlgeschmack« geht. In seinem Werk ist die große kulinarische Tradition der Vergangenheit deutlich spürbar, doch zum erstenmal wird sie für die Gegenwart neu interpretiert. Artusi, der aus der Emilia-Romagna stammte und in Florenz lebte, war kein professioneller Koch, sondern ein Gourmet und leidenschaftlicher Sammler von Rezepten, die er zu Hause zusammen mit Marietta, der Köchin der Familie, ausprobierte. Auch in diesem Sinne war er ein moderner Mann. Zu den meisten seiner 790 Rezepte gibt er im Vorspann viele nützliche Ratschläge sowie Hinweise auf regionale Sitten und Anekdoten. Der *»Artusi«*, wie das Buch bald genannt wurde, sollte für Generationen von italienischen Köchen, Jungvermählten und Küchenamateuren eine unverzichtbare Hilfe werden.

Den wichtigsten Beitrag zum kulinarischen Erbe Italiens hat aber letztlich das italienische Volk selbst geleistet, als Köche wie als Genießer und auf Märkten ebenso wie bei Tisch. In den Küchen der Bauern- und Arbeiterfamilien ließen Findigkeit und Phantasie Gerichte entstehen, die heute zu den Klassikern einer einfachen, unkomplizierten Küche geworden sind. Und

Achtunddreißig Sorten von Weintrauben, Bartolomeo Bimbi (1648–1725), Fresko; Palazzo Pitti, Florenz
Dieses Gemälde stammt aus der Sammlung des Palazzo Pitti, der im 16. Jahrhundert den Medici gehörte und viele ihrer Kunstschätze beherbergte.

Stilleben mit Musikinstrumenten, Cristoforo Munari (1667–1720); Uffizien, Florenz

in den Häusern der Adligen und vornehmen Handelsfamilien Italiens – die über die Mittel, die Zeit und die Möglichkeit für Reisen verfügten, um einen großen Teil ihrer Zeit den Genüssen fremder Speisetafeln zu widmen – entwickelten Köche eine abwechslungsreiche, raffinierte Küche, die keine ausgeprägten regionalen Züge trägt, aber dennoch typisch italienisch ist.

So hat sich der Geschmack der Italiener im Laufe der Jahrhunderte gewandelt, von den opulenten Banketten der Römer, der Renaissance und des Barocks hin zu den leichteren, einfacheren Speisen von heute. Allerdings haben sich die Italiener die Vorliebe für frische, hochwertige Zutaten bewahrt, die stets nach Methoden zubereitet werden, welche den natürlichen Geschmack betonen. Und um die Frage des Geschmacks dreht es sich letztlich, denn: *de gustibus non est disputandum* (über Geschmack läßt sich nicht streiten). Oder wie Cicero, der römische Staatsmann und Redner, über Geschmack einmal bemerkte: *»Cuicumque suum«* (jedem das Seine). Dennoch ist die italienische Kochkunst nur ein Aspekt der Kunst zu leben. Glücklicherweise findet sich ein universelles Element in der italienischen Küche – so wie in aller wahren Kunst –, eine Universalität, die durch die allgemeine Beliebtheit bestätigt wird, der sich dieses Erbe heute auf der ganzen Welt erfreut.

Menüs

MENU

Piroscafo REGINA MARGHERITA

19 MAGGIO 1900

PRANZO

Riso con purè di piselli

Antipasto assortito

Costolettine alla Ville-roi

Manzo alla Godard

Carcioffi alla Spagnuola

Pernici arrosto

INSALATA

TORTA CONVERSAZIONE

Vino Corvo

Formaggio Frutta

Caffè

STAB. LIT. A. MARZI - ROMA

Menüs

Die Italiener haben ein untrügliches Gefühl dafür, wie man vollkommen ausgewogene Mahlzeiten zusammenstellt. Diese Fähigkeit, stets sich ergänzende Nahrungsmittel zu verwenden, entspringt jahrhundertealten kulturellen Gepflogenheiten.

Bei jeder echten italienischen Mahlzeit gibt es eine bestimmte Speisenfolge, auch wenn sie nicht immer schriftlich festgelegt wird und auch nicht mit der *lista* verwechselt werden darf, der Speisekarte, die man in Restaurants bekommt und auf der sich im allgemeinen nur die an diesem Tag zur Auswahl stehenden Gerichte befinden.

Besucher Italiens, die in einem Restaurant essen, tun gut daran, bei der Zusammenstellung ihrer Mahlzeit, sofern angeboten, den Rat des Obers anzunehmen, was vor allem für die kleine, rustikale Trattoria gilt. Da er die Besonderheiten aller Aromen kennt, ist es nicht ungewöhnlich, daß ein wohlmeinender Ober es dem Gast mitteilt, wenn dieser eine schlechte Wahl getroffen hat.

Ein richtiges Menü, das nicht nur als Auflistung der Speisen, sondern als raffinierte Zusammenstellung der Speisenfolge zu verstehen ist, erscheint erstmals in dem im späten 15. Jahrhundert von Bartolomeo Sacchi – besser bekannt als Platina – verfaßten Klassiker *»De Honesta Voluptate ac Valetudine«* (»Von wahrem Genuß und Wohlbefinden«). Der Humanist Sacchi interessierte sich sowohl für Fragen der Gesundheit und des allgemeinen Wohlbefindens als auch für Rezepte und Kochmethoden. Nach seinem Rat sollte eine Mahlzeit mit leichten, feinen Speisen wie Salaten, mit Essig und Öl angemachter Rohkost, gegarten Gemüsen, Obst, Eiern und – wie zu jener Zeit üblich – Süßigkeiten beginnen. Ihnen sollten Suppen folgen, um den Gaumen auf gekochtes und gebratenes Fleisch vorzubereiten. Mit Käse, weiterem Naschwerk und Konditorwaren wurde das Mahl dann abgeschlossen.

Gegen Ende der Renaissance war die Speisenfolge vielfältiger geworden, und im 17. und 18. Jahrhundert hatte sich daraus eine Reihe von *servizi* (Bedienungen oder Gänge) entwickelt, die wiederum aus mehreren Speisen bestanden. Uns ist die Speisenfolge eines opulenten Mahles aus dem 18. Jahrhundert erhalten geblieben, die von einem unbekannten Koch aus Piemont zusammengestellt wurde. Sie umfaßt fünf Gänge, von denen jeder aus wenigstens sechs Gerichten besteht (beim Dessert sind es acht), so daß damals für nur acht Personen insgesamt 32 Gerichte serviert wurden. Zum Glück standen der Gastgeberin sieben Bedienungen zur Seite. Es können allerdings nur Vermutungen darüber angestellt werden, ob die Gäste auch tatsächlich alle Gänge aßen. Zum ersten Gang gehörten vier Antipasti (Vorspeisen) und zwei Suppen, zwischen denen ein Rindfleischgericht serviert wurde. Der zweite Gang bestand aus sechs Fleisch- und Geflügelgerichten, der dritte aus vier Braten und zwei Salaten. Schließlich wurde den Feinschmeckern eine Pause *(trasmesso)* gewährt, bevor man den vierten Gang aus ausgebackenen Gemüsen und sechs kleinen Timbalen und Törtchen auftrug, die den Gaumen für den letzten Gang, die Desserts, vorbereiten sollten. Als krönenden Abschluß der Mahlzeit reichte man den Gästen vier verschiedene Arten von Kompott und einen Teller mit frischen Früchten, denen vier Sorten Eiscreme folgten.

SEITE 18/19: *Die Hochzeit zu Kana* (Ausschnitt), Paolo Caliari, genannt der Veronese (1528–1588); Louvre, Paris
Paolo Caliari ist als venezianischer Maler bekannt, wurde aber in Verona geboren, daher sein Beiname »Veronese«.

SEITE 20: *Speisekarte an Bord der »SS Regina Margherita«* vom 19. Mai 1900 für die Florio-Rubattino-Gesellschaft und die Allgemeine Dampfschiffahrts-Gesellschaft Italiens
Das Menü bestand aus Reis mit Erbsenpüree, gemischten Vorspeisen, kleinen Koteletts alla Ville-roi, Rindfleisch alla Godard, Artischocken alla Spagnola, gebratenem Rebhuhn, grünem Salat, einer Torte »Conversazione«, Vino Corvo, Käse, Obst und Kaffee.

Speisekarte eines französisch-italienischen Banketts, das anläßlich eines Besuches der italienischen Königsfamilie am 14. Oktober 1903 in Paris gegeben wurde. Kolorierte Lithographie; Sammlung Bertarelli Print, Mailand
Zu den Speisen gehörte eine Consommé renaissance und garnierter Lachs mit französisch-italienischer Sauce.

Auch wenn dies zweifellos ein Beispiel für ein wahrhaft fürstliches Menü ist, war es in den Häusern der Oberschicht noch bis zum Zweiten Weltkrieg üblich, zu jeder Mahlzeit sechs Gänge zu servieren, obwohl ab Ende des 18. Jahrhunderts im ganzen Land gegen solche Verschwendung wachsender Unmut offenbar wurde. Nach der Ernüchterung des Krieges schließlich hatten sich die raffinierten, verschwenderischen *servizi* der Vergangenheit auf ein Gericht reduziert. Zu besonderen Gelegenheiten aber, etwa bei Hochzeiten und Banketten, bereitet man das Fleisch des Hauptgangs noch auf drei verschiedene Weisen zu – es wird geschmort, gebraten und gekocht –, und auch der Brauch, zwischen dem ersten und dem zweiten Gang eine Gemüsetimbale oder würzige Pastete als *piatto di mezzo* (Zwischengericht) zu servieren, blieb erhalten. Sehr schön ist die Sitte, bei festlichen Anlässen für jeden Gast eine kunstvolle Speisekarte zu schreiben. Abgesehen davon, daß sie Dokumente für die Geschichte der Kochkunst darstellen, haben diese Karten oft auch erheblichen künstlerischen Wert. Bedauerlicherweise mußte der Künstler hinter den Speisen zurückstehen. So wird in einem Buch über alte italienische Speisekarten nicht einer der Künstler namentlich genannt. Man weiß also weder, wer sie waren, noch, was aus ihnen wurde.

Doch unabhängig davon, ob man Speisekarten als historisches Dokument oder als Spiegelbild sozialer Entwicklungen betrachtet, sollte man bei ihrer Deutung drei Punkte berücksichtigen: für *welche* Italiener sie *wo* in Italien *wann* bestimmt waren. Bei Punkt eins handelt es sich um eine soziale Frage. Kultur und Tradition wurden durch wirtschaftliche und gesellschaftliche Faktoren geprägt. Mochten die Reichen auch in exklusiven Banketten schwelgen, so bestand eine Mahlzeit der Bauern oder der Arbeiterklasse üblicherweise aus nur einem Gericht – im Süden beispielsweise aus Spaghetti mit Tomatensauce oder Olivenöl, im Norden aus Polenta oder Reis mit dunklem Brot als Beilage. Bei Punkt zwei spielt der geographische Faktor eine Rolle, denn jede der zwanzig Regionen Italiens hat ihre kulinarischen Besonderheiten. Und bei Punkt drei ist die Zeit von Bedeutung, da sich die Eßgewohnheiten der Italiener über Jahrhunderte entwickelten und vor allem auch nach dem Zweiten Weltkrieg einen großen Wandel erlebten. Jede Bewertung italienischer Eßgewohnheiten und Traditionen muß unter Berücksichtigung dieser drei Grundfaktoren erfolgen. So wurde beispielsweise getrocknete Pasta wie Spaghetti, die man heute auf beinahe jeder Speisekarte findet, bis zur Mitte dieses Jahrhunderts vorwiegend im Süden Italiens gegessen und gewöhnlich nur mittags. Frische Pasta wie Lasagne hingegen, die man heute eher mit der einfachen Küche verbindet, gab es während der Renaissance nur auf den Tischen der privilegierten Klassen.

Heute besteht eine typische italienische Mahlzeit aus drei Gängen, auch wenn sich dies in den größeren Städten ändert, wo die Menschen mittags nicht mehr zu Hause essen. Als erster Gang *(il primo)* wird Pasta, Suppe oder – im Norden – Risotto serviert. Der zweite Gang *(il secondo)* besteht aus Fleisch oder manchmal aus Fisch, vor allem an Freitagen, an denen man in katholischen Ländern lange fleischlos aß. Diese Sitte lebt auf dem Speisezettel fort, obwohl die Kirche die Vorschriften geändert hat. Für Fischgerichte verwenden die Italiener, insbesondere in den nördlichen Regionen, gerne *baccalà* oder *stoccafisso*. Das hochgeschätzte Gemüsegericht auf der Speisekarte wird *il contorno* genannt, was sich von dem italienischen Wort für »Einfassung« ableitet, da Gemüse traditionell auf einer Platte rund um den Hauptgang herum angerichtet werden. Als klassische Beilagen serviert man kleine Kartoffeln zu gebratenem Huhn und Lamm und weiße Bohnen zu Schweinefleisch. Anstelle eines gegarten Gemüses gibt es mitunter aber auch einen knackigen grünen oder gemischten Salat. (Hingegen reicht man mit dem zweiten Gang niemals Pasta. Außerdem wird selbst auf dem heimischen Tisch stets der Teller ausgewechselt.) Der letzte Gang schließlich besteht aus einem Stück Käse der Gegend oder aus frischem Obst.

Die köstlichen Antipasti wie auch Desserts sind Sonntagen, Festtagen oder besonderen Mahlzeiten mit Gästen vorbehalten. Bei diesen Gelegenheiten läßt man sich kleine Gemüsetimbalen munden oder Salat aus frischen Meeresfrüchten, der in einem Pokal serviert wird.

Platten mit Italiens berühmten Salamisorten und Schinken findet man in Restaurants jedoch häufiger als auf dem häuslichen Tisch. Als Dessert werden wunderbare frische Früchte gereicht. Heute kaufen die Italiener Desserts für besondere Anlässe oft in der lokalen *pasticceria* (Konditorei), obwohl die italienische Küche ein schönes Repertoire an einfachen, aber köstlichen Nachspeisen vorzuweisen hat, die zu Hause zubereitet werden können.

Traditionell besteht selbst eine leichtere Mahlzeit wie das tägliche Abendessen aus drei Gängen. Anstelle von *pastasciutta* (Pasta mit Sauce) wird aber vielleicht als erster Gang *pastina in brodo* gereicht (eine dünne, mit Fleischbrühe zubereitete Suppe, in die gegen Ende der Garzeit kleine Nudeln gegeben werden). Danach können ein oder zwei Scheiben Fleisch mit einem grünen Salat oder auch nur einer *frittata* (Omelett) folgen. Den schönen Abschluß bilden Käse und Obst.

Das wichtigste bei einer italienischen Mahlzeit kommt jedoch nicht aus der Küche, nämlich die Geselligkeit. In ihr verkörpert sich eine große italienische Tradition, die über die Jahrhunderte weitergegeben wurde und auch heute noch aus dem gemeinsamen Essen ein festliches, fröhliches Ereignis macht. Bis vor kurzem schlossen Geschäfte und Schulen über Mittag, und die ganze Familie fand sich am heimischen Tisch zur Hauptmahlzeit des Tages zusammen, mit deren Zubereitung die Mutter den größten Teil des Vormittags verbracht hatte. Dazu trank man ein Glas köstlichen Weines. Ungeachtet der Veränderungen im heutigen Leben, ist das Essen mit Familie und Freunden Höhepunkt des Tages geblieben. Geselligkeit bei Tisch und die gemeinsame Freude an gutem Essen und netter Gesellschaft müssen als einige der wertvollsten Aspekte des kulinarischen Erbes Italiens betrachtet werden.

Abendessen in Posillipo, Giuseppe de Nittis (1846–1884); Galleria d'Arte Moderna, Mailand
De Nittis war ein Vertreter der Freilichtmalerei. Er gehörte zur Gruppe der »Macchiaioli« in Florenz; später stellte er mit den französischen Impressionisten in Paris aus.

ANTIPASTI

Roma li 18 Giugno
Spadino
1703

ANTIPASTI

Zu den herrlichsten kulturellen Traditionen Italiens gehören zweifellos die Antipasti, die Vorspeisen. So schrieb schon 1954 die bekannte englische *Food*-Autorin Elizabeth David: »Unter den italienischen Antipasti finden sich einige der wunderbarsten kulinarischen Errungenschaften der europäischen Küche.« Diese Speisen, die zarte Aromen harmonisch in sich verbinden, sollen den Appetit anregen, bevor der Hauptgang aufgetragen wird. Bei dem Begriff *antipasto* handelt es sich um einen Vorläufer der französischen Bezeichnung *hors d'œuvre,* und, wörtlich übersetzt, bedeutet er: vor der Mahlzeit.

Das reiche Erbe der Antipasti wurzelt vermutlich in der Renaissance, während der man Bankette mit einer Reihe auf Büfetts angerichteter kalter Speisen zu beginnen und zu beenden pflegte, zu denen süße oder pikante Saucen gehörten. Man nannte diese Speisen *servizi di credenza* (Beilagen und kleine Gerichte), und zwischen diesen Köstlichkeiten kamen *servizi di cucina* (warme Speisen aus der Küche) auf den Tisch.

Wie man behauptet, machte Bartolomeo Scappi, der im 16. Jahrhundert bemerkenswerte gastronomische Werke verfaßte, 1570 durch das erste Buch seiner gefeierten *»Opera«* die übrige Welt mit Italiens Antipasti bekannt. Obwohl sein Werk auf alten römischen Schriftstellern fußte, tadelte Scappi dennoch die Römer wegen ihrer Ausschweifungen und schlug vor, Mahlzeiten mit frischem Obst zu beginnen, um den Gaumen zu reinigen. Auch heute noch werden zu vielen Gerichten aus Räucherwaren getrocknete oder frische Früchte gereicht. Im vierten Buch seiner *»Opera«* führt Scappi vierundzwanzig Gerichte für den *primo servizio di credenza* (erster Gang der Beilagen) auf, der bei Banketten üblich war, um den Appetit der Gäste für die mehr als hundert nachfolgenden Speisen anzuregen. Über fünf Jahrhunderte alt sind Scappis Werke. Viele der von ihm vorgeschlagenen Vorspeisen, wie etwa in Öl und Essig marinierte frische Sardellenfilets oder mit Olivenöl und Zitronensaft angemachter getrockneter Thunfischrogen, sind heute noch in Italien und auch anderswo sehr beliebt.

Zur Zeit des Römischen Reiches wurden bei Banketten die Speisen oft auf spektakuläre Weise angerichtet. Pfauen- oder Fasanenpâté dekorierte man mit dem großartigen Gefieder der Vögel, das nach der Zubereitung der Pastete sorgfältig in seiner ursprünglichen Form um sie herum drapiert wurde. Wie es im 16. Jahrhundert üblich war, nahm Scappi sowohl süße als auch herzhafte Antipasti in seine *primo servizio di credenza offelle* auf, wie etwa marmeladegefüllte Kekse oder *pinocchiata* (aus Eiweiß, Zucker und Pinienkernen bereitetes Naschwerk). Leider sind außer einer Liste der Speisen keine weiteren Angaben von Scappis Banketten erhalten geblieben.

Im Anklang an jene kunstvollen Bankette der Renaissance pflegen, insbesondere in Rom, auch heute noch viele italienische Restaurants die Tradition, am Eingang oder in der Mitte des Speiseraums einen Tisch mit einer Vielzahl von Antipasti aufzustellen. Und es gibt keinen anregenderen Beginn für eine schöne Mahlzeit als den Anblick farbenfroher Platten voller exqui-

SEITE 24/25: *Stilleben,* Jacopo Chimenti, bekannt als »l'Empoli« (1551–1640); Sammlung Molinari Pradelli, Bologna
Empolis Werke zeichnen sich durch Strenge und Klarheit aus. Hier hat er alle typischen Antipasti dargestellt – Salami, Schinken, Schweinsfuß, Eier, Meeresfrüchte und Gemüse.

SEITE 26: *Stilleben,* Giovanni Paolo Spadino, 17. Jahrhundert; Pinacoteca Capitolina, Rom
Die delikate Kombination von Melonen und Schinken war als Vorspeise bereits in der Zeit der Renaissance bekannt und beliebt.

Stilleben mit Eiern und Wildgeflügel, römisches Fresko; Museo Archeologico Nazionale, Neapel
Hartgekochte Eier und geräuchertes Fleisch sind die traditionellen Antipasti für Ostersonntag.

siter Kostproben. In manchen Restaurants wird dem Gast eine Auswahl von besonderen Antipasti des Hauses an den Tisch gebracht, während er noch die *lista* (Tageskarte) studiert.

Im allgemeinen werden Antipasti nur in Restaurants und bei Banketten serviert. Auf dem häuslichen Tisch sind sie besonderen Anlässen und festlichen Essen vorbehalten. Durch den heutigen Trend zu leichteren Mahlzeiten kommt den Antipasti außerdem eine neue Bedeutung zu, da sich die traditionellen Rezepte ideal als Hauptgang für ein leichtes sommerliches Mittagsmahl oder ein kaltes Abendessen eignen.

Die traditionellen Antipasti können in drei Hauptkategorien eingeteilt werden: *affettati* (aufgeschnittene, gepökelte Fleischwaren), *antipasto misto* (gemischter Vorspeisenteller, oft ohne Fleisch) und *antipasto misto mare* (eine ebenfalls gemischte Vorspeise aus verschiedenen Gerichten mit kleinen Fischen und Meeresfrüchten). Affettati sind im Norden und in der Mitte Italiens besonders beliebt, wo man schon seit römischen Zeiten Fleisch pökelt, vor allem Schweinefleisch *(prosciutto),* aber auch Rindfleisch *(bresaola).*

Ursprünglich verwendete man zum Pökeln Salz, das den Römern im Überfluß zur Verfügung stand. Später wurden Honig, getrocknete Früchte und Gewürze dazugegeben, um das Fleisch noch schmackhafter zu machen. Der *prosciutto di Parma* aus Parma in der Region Emilia-Romagna und der *prosciutto di San Daniele* aus San Daniele in Friaul werden zu den delikatesten Schinken der Welt gezählt. Mit Melone oder Feigen serviert, sind sie ein köstlicher Anfang für jede Mahlzeit. Für ihre Herstellung werden Schweinskeulen gesalzen und herrlich gewürzt, um anschließend in besonderen Räumen für wenigstens neun Monate zu trocknen. Der Prosciutto aus diesen Regionen hat eine rötliche Farbe und ein zartes Aroma. Ebenfalls ausgezeichnet sind die Schinken aus der Toskana und aus Umbrien, die kräftiger gesalzen und oft mit einer Mischung aus Knoblauch und Pfeffer eingerieben werden.

Beim Servieren der Affettati hat sich wenig geändert. Man reicht sie auch heute noch so wie bei den Banketten der Renaissance. In guten Restaurants wird der Prosciutto von Hand aufgeschnitten und zwischen Melonenscheiben gelegt. Für diese Vorspeise, die *prosciutto e melone* genannt wird, verwendet man vorzugsweise Kantalupen, Melonen, die erstmals im päpstlichen Garten von Cantalupo nahe Rom kultiviert wurden. Den köstlichen *prosciutto e fichi* serviert man mit reifen, abgezogenen Feigen. Der Bresaola mit seinem charakteristischen, kräftigen Geschmack wird in dünne Scheiben geschnitten, mit feinem Olivenöl und etwas Zitronensaft beträufelt und mit gemahlenem schwarzem Pfeffer gereicht.

Am häufigsten werden als Antipasti jedoch die unzähligen, sich nach Regionen unterscheidenden Salamisorten aus grob- oder feingehacktem Schweinefleisch verwendet, das mit Salz, Pfefferkörnern, Weißwein oder Chilischoten gewürzt wurde. Einige ißt man frisch, während andere abhängen müssen. Mit die beste Salami wird in der Toskana und Umbrien hergestellt. Die *finocchiona* ist eine große, mit Fenchelsamen gewürzte Wurst aus Schweinefleisch, und bei der *coppa* wird dem Schweinefleisch Muskatnuß hinzugefügt. Bei der marmorierten *sopressata* handelt es sich um eine Schweinskopfsülze, die aus Siena stammt.

In der Renaissance ersannen die Köche eine wunderbare Methode, um kalte Fleischwaren besonders köstlich zuzubereiten: Sie richteten sie in Aspik an. Zur Herstellung des Gelees kochten sie Kalbs- und Schweinsfüße, denen mitunter auch andere Teile vom Schwein, wie Ohren, Backen oder Schnauzen, hinzugefügt wurden. Diese Methode war zweifellos sehr arbeitsintensiv, und wer heute einen solchen dekorativen Aspik zubereiten will, kann gemahlene Gelatine verwenden.

Chinesische Schale mit Feigen, Vogel und Kirschen, Giovanna Garzoni (1600–1670); Galleria Pitti, Florenz

Viele der klassischen *antipasti misti* sind bescheidenen Ursprungs und ein Beweis für den Triumph der italienischen Lebensart über die Armut, denn in der Not entwickelten die Köche erfinderische Methoden, um auch die kleinsten Speisereste auf köstlichste Weise zu verwerten. Und schon vor ihnen stellten Diener aus den Resten, die von den opulenten Banketten ihrer Herrschaft übrig waren, leckere Gerichte zusammen. Diese bäuerlichen Speisen zieren heute die vornehmsten Tische und verführen selbst den anspruchvollsten Gaumen, wie etwa die *bruschetta,* eine dicke Scheibe Bauernbrot, die gegrillt, mit einer Knoblauchzehe eingerieben und mit feinem Olivenöl getränkt wird. In der Toskana, wo das Olivenöl beinahe als heilig gilt, nennt man diese Speise *fettunta,* was wörtlich übersetzt »gesalbte Brotscheibe« bedeutet. Wenn man ihr frische, mit der Gabel zerdrückte Tomaten hinzufügt, entsteht daraus eine köstliche, leichte Mahlzeit. *Crostini* sind eine weitere wunderbare Vorspeise aus der Toskana, der Brot als Grundlage dient. Diese »kleinen Toastbrote« sind mit einer Hühnerleberpastete oder sautierten frischen Steinpilzen bedeckt. Auch *pizzette* (Mini-Pizzas) werden mit Brot zubereitet und sind von einer kulinarischen Tradition des Südens inspiriert. Für ihre Herstellung kann man entweder mundgerechte Fladen aus Brotteig ausbacken oder, was einfacher ist, kleine Kreise aus gebuttertem Brot – *alla Napoletana* – mit Tomaten, Mozzarella, Sardellen und Oregano belegen und unter den Grill setzen. Polenta (gekochter Maisbrei), die in Norditalien, der Lombardei und Venetien häufig als Brotersatz dient, läßt sich kalt aufschneiden, grillen und als Grundlage einer ausgefallenen Vorspeise verwenden, indem man etwas frisch zubereitete Tomatensauce oder einen pikanten Aufstrich darauf verteilt. Ein römischer Soldat, der seine

Der Mann aus Artimino, Giovanna Garzoni (1600–1670); Galleria Pitti, Florenz

Körnerration über dem Lagerfeuer röstete, um daraus Polenta zuzubereiten, wäre gewiß erstaunt gewesen, hätte er erfahren, in welch vielfältigen Variationen sein Grundnahrungsmittel einmal serviert werden würde.

Unter den zahllosen Speisen der *antipasti misti* finden sich unerwartete Überraschungen und Freuden für den Gaumen. Die meisten werden aus Gemüsen zubereitet, die die Basis der Küche Italiens bilden, wobei man all die farbenfrohen Klassiker der italienischen Gärten verwendet. Auf dem gemischten Vorspeisenteller finden sich Artischocken (die in Sizilien ursprünglich einmal wild wuchsen), Paprika, Auberginen, Zucchini und Tomaten in vielerlei herrlichen Kombinationen. In Scheiben geschnittenes knackiges Gemüse wird roh mit *pinzimonio* (einer Salatsauce aus Olivenöl, Salz und Pfeffer) serviert, in die man es eintunkt. Die leuchtenden, dekorativen *peperoni* (Paprikaschoten), die gegrillt oder gefüllt sein können, wirken mit ihrer gelben, roten oder grünen Färbung wie bunte Juwelen auf dem traditionellen Vorspeisentisch und lassen hübsche Blickfänge entstehen. Da man aber erst in Kochbüchern des 20. Jahrhunderts Rezepte für Paprikaschoten findet, wurden sie vermutlich vor dieser Zeit als Gemüse der einfachen Leute betrachtet, das sich weder für die raffinierten Rezepte der Renaissance noch für die Küche des 19. Jahrhunderts eignete. Doch heute ist diese Frucht, die man einst so herablassend behandelte, überall gegenwärtig. Paprikaschoten werden gegrillt, abgezogen und mit Olivenöl, Salz, Sardellen und Petersilie gewürzt. Eine ebenso geniale Methode für die Verwendung von Resten in der »armen« Küche wie ein besonderer Genuß der »reichen« Küche sind *ripieni* (gefüllte Paprikaschoten). Zunächst röstet man die Schoten über einer Flamme, um sie anschließend abzuziehen und mit allen möglichen Dingen zu füllen. Vor allem Wurst ist dabei sehr beliebt. Man kann aber auch Schotenstücke mit einer Füllung bestreichen, aufrollen und mit Petersilie bestreut servieren.

Fava (dicke Bohnen) munden roh, vor einer Mahlzeit serviert, einfach köstlich. In Latium ißt man eine Handvoll frischer Bohnen mit einem Stück des aus der Region stammenden herzhaften Käses *pecorino Romano* und trinkt ein ordentliches Glas kühlen Frascati hinterher. So läßt sich der Appetit auf wunderbare Weise anregen. Am 1. Mai, wenn die Bohnensaison ihren Höhepunkt erreicht hat, kann man vor den Tavernen in Roms altem Stadtteil Trastevere Römer sitzen sehen, die dort, bis zu den Knöcheln in Schoten, den Tag der Arbeit feiern. Bei einer vornehmen Version dieses beliebten Gerichtes werden die rohen Bohnen zusammen mit gutem Parmesankäse, in etwas Olivenöl und Zitronensaft angemacht, serviert.

Schon zu Zeiten der Etrusker war Käse als Vorspeise hoch geschätzt. Und Bartolomeo Scappi nahm im 16. Jahrhundert auf seine Speisekarte für ein großes Bankett *fior di latte* auf, einen der Mozzarella ähnlichen Käse aus Kuhmilch. Er wurde, mit Zucker bestreut, zusammen mit zahlreichen anderen kalten Speisen gereicht, mit denen Scappi das Festessen einleitete. *Fior di latte* wird in Süditalien auch heute noch gegessen, wo man ihn zu einem dekorativen Zopf formt. Ein anderes beliebtes Gericht besteht aus in Scheiben geschnittenen frischen Tomaten und Mozzarella, die mit einem Olivenöl-Dressing angemacht und mit Basilikumblättern garniert werden. Eine herrliche Art des Servierens von Käse ist auch die *torta di formaggio* (»Käsekuchen«), für die Käse mit Kräutern und Nüssen übereinandergeschichtet wird. Sie ist in guten Delikatessengeschäften erhältlich.

Eine besondere Köstlichkeit italienischer Vorspeisen sind die *antipasti misti mare*. Die Fischrestaurants Italiens bieten hier eine großartige und beeindruckende Auswahl an Meeresfrüchten an. So findet der Gast auf seinem Vorspeisenteller hoch aufgetürmt kleine Venusmuscheln, Schnecken, Miesmuscheln (frisch, paniert oder gebacken), dicke Jakobsmuscheln, mit Olivenöl, Knoblauch und Petersilie zubereitet, und winzige saftige Garnelen, die in Olivenöl und Zitrone mariniert wurden. All diese Dinge können zu einem köstlichen *insalata di frutti di mare* (Meeresfrüchtesalat) kombiniert werden. Und dürfte man nur eine Vorspeise aus der Fülle italienischer Antipasti wählen, würde dieser Salat, in schmackhaften Tomaten- oder duftenden Orangenkörbchen angerichtet, gewiß die größte Zierde für den Tisch sein.

Der Käseverkäufer, Giuseppe Maria Mitelli (1634–1718); Biblioteca Nazionale, Florenz
»Kommt und versucht meinen herrlichen Käse. Versucht ihn mit Süßem oder mit Getränken. Verwendet ihn zum Würzen eurer Speisen. Der Käse aus Piacenza erfüllt all eure Wünsche.«

Gedeckter Tisch (Ausschnitt), Carlo Magini (1720–1806); Sammlung Sangalli, Bergamo

HARTGEKOCHTE GROSSE EIER

Uova sode grosse

Dieses Rezept stammt aus Vincenzo Tanaras *»L'Economia del Cittadino in Villa«* (»Die Wirtschaft im Stadthaus«), das 1687 von Tramontin in Venedig veröffentlicht wurde. Das Gericht wird darin für ein vornehmes Bankett empfohlen, hauptsächlich wegen seiner großartigen Wirkung. Die Vorbereitung solcher Bankette erforderte ein beachtliches Können. Generell wurde diese Aufgabe nie Frauen übertragen, da sie angeblich anmaßende Hexen waren. Und, wie man behauptete, war der schmutzigste Mann immer noch besser als die sauberste Frau. So jedenfalls sah das damalige Frauenbild aus.

Natürlich ist das moderne Rezept einfacher als das Original, und es eignet sich ebensogut für ein großes Essen.

Nach dieser Methode kann ein Ei, so groß wie der Kopf eines Mannes, zubereitet werden. Man trennt fünfundzwanzig Eier und verquirlt das Eigelb nacheinander gründlich mit einem Schneebesen. Das gut verquirlte Eigelb wird in eine Schweinsblase gefüllt, die man verschließt und in kochendes Wasser legt, bis das Eigelb fest geworden ist. Nun nimmt man dieses große, hartgekochte Eigelb aus der Schweinsblase und legt es in eine zweite, erheblich größere, in der sich das steifgeschlagene Eiweiß befindet. Beim Verschließen der Blase ist darauf zu achten, daß das Eigelb rundum mit Eiweiß umhüllt ist. Dann hängt man die Schweinsblase an eine Schnur in das kochende Wasser, bis das Eiweiß fest wird. Die Blase entfernen – und fertig ist das Riesenei.

Für die Zubereitung der Eierspeise werden sechs feuerfeste Förmchen mit etwa 5 cm Durchmesser benötigt.

60 g Butter, mit Zimmertemperatur
6 Eier
Salz und frisch gemahlener Pfeffer
Saft von ½ Zitrone

Sechs kleine feuerfeste Förmchen ausbuttern. Die Eier trennen und in die Mitte jedes Förmchens ein Eigelb setzen.

Mit Salz und Pfeffer würzen. Die restliche Butter mit dem Zitronensaft vermischen und auf jedes Eigelb ein Butterflöckchen geben.

Das Eiweiß schlagen, bis ein steifer Schnee entstanden ist. Den Eischnee in einen Spritzbeutel mit einer Sterntülle füllen und rund um das Eigelb spritzen. Die Förmchen – nicht zu dicht – unter den Grill setzen und die Eier etwa 5 Minuten garen, bis das Eiweiß fest wird und leicht gebräunt ist. Servieren.

Hartgekochte große Eier (modernes Rezept)

Eier mit Cremefüllung

EIER MIT CREMEFÜLLUNG

Uova sode alla crema

Im 15. Jahrhundert wurden hartgekochte Eier bei festlichen Essen gern als Vorspeise serviert, und so tauchen sie in Kochbüchern aus jener Zeit immer wieder auf. Eine solche Vorspeise befindet sich auch in Bartolomeo Platinas Werk *»De Honesta Voluptate ac Valetudine«* (»Über wahren Genuß und Wohlbefinden«). Anders als das nachfolgende Rezept war Platinas Vorspeise schwer und kompliziert zuzubereiten, und am Ende seiner Ausführungen schreibt er selbst, daß sie »mehr schadet als guttut«.

90 g Ricotta
6 Eier, hartgekocht
30 g weiche Butter
60 ml Mayonnaise
Schnittlauch, kleingeschnitten

Die Ricotta durch ein Sieb streichen. Die Eier längs halbieren, herauslösen und ebenfalls durch ein Sieb streichen.

Die Butter in einer Schüssel cremig rühren. Eigelb, Ricotta und Mayonnaise hinzufügen und alles gut vermischen. Die Masse in eine Spritztülle füllen und in die Eihälften spritzen.

Die gefüllten und mit Schnittlauch garnierten Eier auf einer großen Platte anrichten.

KÄSE MIT BASILIKUM

Formaggio al basilico

Diese appetitanregende Käsecreme läßt sich einfach zubereiten und bildet auf jedem Eßtisch einen dekorativen Mittelpunkt. Die Zusammenstellung von Kräutern und Käse ist schon sehr alt, und oft werden neben Kräutern auch Gewürze hinzugefügt. Dieses Rezept stammt aus dem Kochbuch eines unbekannten toskanischen Autors des 14. Jahrhunderts.

180 g frischer Ziegenkäse
180 g Mascarpone
1 großer Bund Basilikum (etwa 30 Blätter)
60 ml natives Olivenöl
Salz und frisch gemahlener Pfeffer

Beide Käsesorten gut vermischen.

Die Hälfte der Käsemischung in eine kleine Servierschüssel füllen und die Oberfläche glätten. Mit der Hälfte der Basilikumblätter bedecken und 2 Eßlöffel Öl darüberträufeln. Salzen und pfeffern. Den übrigen Käse in die Schüssel geben und mit dem verbliebenen Basilikum garnieren. Das restliche Olivenöl darübergießen. Noch einmal mit Salz und Pfeffer würzen. Mit getoastetem Brot, *grissini* (siehe Rezept S. 232), oder Bleichselleriestangen servieren.

Käse mit Basilikum

Garnelensalat in Orangenkörbchen

GARNELENSALAT IN ORANGENKÖRBCHEN

Coppe d'arancia ai gamberetti

In den meisten Gegenden Italiens werden Orangen am Ende einer Mahlzeit gereicht oder als Zutat für Desserts verwendet. In Sizilien nimmt man sie jedoch auch für herzhafte Gerichte und insbesondere für Salate.

Diese Vorspeise gehört, wie der für diese Gegend typische Orangensalat, zum Erbe arabischer und nordafrikanischer Invasoren. Sie wird häufig in den Küchen sizilianischer Adelsfamilien zubereitet und hat aufgrund ihrer Kombination von Farben und Aromen besonderen Reiz.

3 Orangen
180 g große Garnelen, geschält
500 g frische Miesmuscheln, gebürstet
90 ml natives Olivenöl
Salz
Saft von ½ Zitrone
1 grüne Paprikaschote, in schmale Streifen geschnitten
1 EL Petersilie, gehackt

Die Orangen gründlich waschen und halbieren. Das Fruchtfleisch vorsichtig herauslösen, so daß die Schalen nicht beschädigt werden. Die Orangen filetieren, und die Filets in kleine Stücke schneiden.

Die Garnelen in kochendem Salzwasser garen, bis sie sich rosa färben. Die Muscheln in einem geschlossenen Topf dämpfen und aus den Schalen lösen, sobald diese sich öffnen.

In einer Schüssel Garnelen, Muschelfleisch, Orangenstücke, Öl, Salz und Zitronensaft vermischen. Den Salat in die Orangenkörbchen füllen, mit einigen Paprikastreifen garnieren und die gehackte Petersilie darüberstreuen.

POLENTASCHEIBEN MIT KLIPPFISCH

Fettine di polenta e baccalà

Polenta wird aus Maismehl zubereitet, das im 16. Jahrhundert von Mexiko nach Italien kam. Bei den Armen erfreute sich Polenta bald großer Beliebtheit, denn der Anbau und die Ernte von Mais waren einfach, und Polenta konnte ohne Beilage auf den Tisch gebracht werden. Im 19. Jahrhundert kombinierten die Köche des Mittelstands Polenta mit Klippfisch, doch dieses Gericht galt immer als einfach und für festliche Anlässe ungeeignet.

300 g gesalzener Kabeljau, zwei Tage gewässert
6 Sardellenfilets in Öl
1 Knoblauchzehe
2 EL Petersilie, gehackt
90 ml natives Olivenöl
2 EL Weißweinessig
6 Scheiben kalte, feste Polenta (nach Rezept auf S. 66 zubereitet)

Den Klippfisch etwa 20 Minuten in reichlich kochendem Wasser garen, bis er weich ist. Abtropfen lassen, Haut und Gräten entfernen und das zerblätterte Fleisch in eine tiefe Form geben.

Die Sardellenfilets mit dem Knoblauch zerreiben. Die Petersilie mit Öl und Essig verrühren, dann unter die Sardellenpaste mischen. Die Sauce über den Fisch gießen, gut vermischen und etwa 15 Minuten an einen warmen Platz stellen, damit sich die Aromen entfalten können.

Die Polentascheiben etwa 10 Minuten auf beiden Seiten unter dem sehr heißen Grill bräunen. Dann nebeneinander auf eine dekorative Platte legen, die Sauce darübergeben und servieren.

Polentascheiben mit Klippfisch

Piazza delle Erbe in Verona, Angelo dall' Oca Bianca (1858–1942); Galleria d'Arte Moderna, Genua

KALBSKOPF IM MANTEL

Testa di bue rivestita

Dieses Rezept ist als *primo servizio* (erster Gang) geeignet. In der Renaissance bestanden solche Gerichte, die unseren Vorspeisen entsprechen, aus kleinen Köstlichkeiten, wie gebratenen Ravioli, winzigen *focacce,* kleinen gebratenen Tieren oder Vögeln (die oft mit Fell oder Federn aufgetragen wurden), Schinken und Salami. Dieses Rezept hat Clotilde Vesco entdeckt, eine Expertin der Gastronomie in der Renaissance. Sie fand es in einem Werk der Riccardiana-Bibliothek in Florenz und veröffentlichte es später in einem Buch. Wie üblich, enthält das Rezept nur vage Angaben über die Zutaten, da damals vorausgesetzt wurde, daß die Leser mit der Kunst des Kochens vertraut waren. Tierköpfe wurden und werden noch immer als Delikatesse betrachtet, und besonders großer Beliebtheit erfreuen sich Lammköpfe. Bei dem modernen Rezept handelt es sich um eine Spezialität aus der Lombardei, die bis heute in allen echten mailändischen Restaurants serviert wird. Auch im Ristorante Cibreo in Florenz bekommt man eine äußerst schmackhafte Version.

1 Kalbskopf, etwa 1,5 kg schwer
1 EL Essig
Salz
2 mittelgroße milde Zwiebeln
1 ganze Nelke
2 Lorbeerblätter
1 EL frische Thymianblätter
2 EL Mehl
90 ml natives Olivenöl
Saft von 1 Zitrone
Frisch gemahlener Pfeffer
300 g Borlotti-Bohnen, weichgekocht
1 EL Petersilie, gehackt

Den Kalbskopf einige Stunden in kaltes Wasser legen. Das Wasser mehrmals erneuern. Wasser zum Kochen bringen und den Kalbskopf hineinlegen. Er muß vollkommen mit Wasser bedeckt sein. Etwa 10 Minuten garen, dann abtropfen lassen. Den Topf wieder mit Wasser füllen, den Essig und etwas Salz dazugeben und den Kalbskopf hineinlegen. Eine halbierte Zwiebel, Nelke, Lorbeerblätter und Thymian hinzufügen. Das Mehl in das Wasser streuen und dieses zum Kochen bringen. Bei schwacher Hitze etwa 2 Stunden garen. Den Kalbskopf abtropfen lassen und vorsichtig die Knochen herauslösen.

Das Fleisch in etwa ½ cm schmale Streifen schneiden und in eine Salatschüssel geben. Öl, Zitronensaft, Salz und Pfeffer nach Geschmack verquirlen. Die Sauce über das warme Fleisch gießen und sorgfältig unterheben. Abkühlen lassen. Die zweite Zwiebel in sehr dünne Scheiben schneiden. Mit Bohnen und gehackter Petersilie zum Fleisch geben. Den Salat mischen und servieren.

Wenn man einen Kalbskopf im Mantel für dreißig Personen zubereiten möchte, muß man alle Zutaten und *battuti* (feingehackte Kräuter und Gemüse), die immer zu diesem Gericht gehören, bereit haben, sie in ein mit Safran gelb gefärbtes Schweinsnetz wickeln und mit Garn umwickeln, damit es nicht reißt. Das Ganze legt man auf einen über die Kohlen gesetzten Rost und dreht immer wieder, bis es rundum gut gegart ist. Dieses Gericht muß ganz aufgetragen und zum Aufschneiden in die Mitte des Tisches gesetzt werden.

Druckfahne einer Speisekarte von 1902 für die Associazione della Stampa Subalpina in dem Turiner Restaurant Molinari Kolorierte Lithographie; Sammlung Bertarelli, Mailand.
Die Speisekarte in Italien ist weniger eine Liste der Tagesgerichte als vielmehr die kunstvolle Kombination einer Mahlzeit.

Kalbskopf im Mantel (modernes Rezept)

Schinkenröllchen, Kleine Tomatenpizzas

SCHINKENRÖLLCHEN

Involtini di prosciutto

In der Originalversion dieses Rezeptes wird auf sehr komplizierte Weise Gelatine zubereitet. Das Kochbuch des Maestro Martino da Como, der im 15. Jahrhundert Koch des Patriarchen von Aquileia war, enthält ein Rezept, wie man aus Füßen und Schnauzen von Schweinen Gelatine herstellt, und es beschreibt darüber hinaus, wie man das Gelee als Garnitur und Geschmacksverstärker verwenden kann. Heute hat man es leichter, weil sich auch mit Blatt- oder gemahlener Gelatine hervorragende Ergebnisse erzielen lassen.

6 Scheiben magerer gekochter Schinken
180 g Leberpastete
1 EL gemahlene Gelatine
500 ml klare Rinderbrühe

Aus den Schinkenscheiben 5 mal 10 cm große Rechtecke schneiden. Die Reste fast pastenfein zerreiben und mit der Leberpastete vermischen. Die Gelatine in der Brühe auflösen. Auf Zimmertemperatur abkühlen lassen (nicht in den Kühlschrank stellen). 120 ml Brühe aufbewahren, den Rest in einen großen flachen Topf gießen und in den Kühlschrank stellen, bis die Brühe geliert ist.

Die Schinkenstücke mit der Leber-Schinken-Paste bestreichen und vorsichtig aufrollen. Die Röllchen auf einem Servierteller anrichten und eine dünne Schicht der zurückgestellten Brühe darübergießen.

Das Gelee in kleine Stückchen hacken und zwischen die Schinkenröllchen streuen. Servieren.

KLEINE TOMATENPIZZAS

Pizzette al pomodoro

Dies ist eine moderne Version der *pizzelle,* den winzigen neapolitanischen Pizzas alter Zeiten, die in sehr heißem Öl ausgebacken und mit Tomaten oder gesalzener Ricotta serviert wurden. Diese kleinen Pizzas mit den leichten Zutaten sind rasch und problemlos zuzubereiten und eignen sich ausgezeichnet für die heutige schnelle Küche. Sie schmecken köstlich zu Cocktails oder können vor dem Essen mit einem Glas gekühltem Weißwein gereicht werden.

6 große Brotscheiben
2 EL natives Olivenöl
180 g Mozzarella, in dünne Scheiben geschnitten
6 reife Eiertomaten, in Scheiben geschnitten
3 Sardellenfilets in Öl, in kleine Stücke geschnitten
1 TL getrockneter Oregano
Salz und frisch gemahlener Pfeffer

Mit einem 8 cm großen runden Keksausstecher aus jeder Brotscheibe einen Kreis ausschneiden. Die Kreise auf einer Seite mit der Hälfte des Öls bestreichen. Käse- und Tomatenscheiben sowie die Sardellenstücke darauf verteilen. Mit dem Oregano bestreuen und mit Salz und Pfeffer würzen. Das restliche Öl darüberträufeln. Die Pizzas auf ein dünn geöltes Backblech setzen.

Etwa 10 Minuten – oder bis der Käse geschmolzen ist – in den auf 200 °C vorgeheizten Backofen schieben. Vorsichtig auf einer großzügigen vorgewärmten Platte anrichten und sehr heiß servieren.

PAPRIKASCHOTEN MIT WURSTFÜLLUNG

Peperoni ripieni alla salsiccia

Paprikaschoten sind in ganz Italien zu finden – von Piemont bis Kalabrien. Kombiniert mit Wurst, kann man aus ihnen eine Vorspeise zubereiten, die einfach, gleichzeitig aber so schmackhaft ist, daß sie sich auch für eine sehr anspruchsvolle Tafel eignet. Paprikaschoten gelangten von Mexiko aus nach Italien, nachdem Christoph Kolumbus 1492 Amerika entdeckt hatte, doch erst im 17. Jahrhundert wurden sie auch in der Küche verwendet.

3 grüne Paprikaschoten
2 EL natives Olivenöl
60 g grobe, frische Weißbrotkrumen
250 ml Milch
80 g milde italienische Wurst, enthäutet
1 Ei
Salz und frisch gemahlener Pfeffer
1 EL Semmelbrösel

Die Paprikaschoten waschen, abtrocknen und längs halbieren. Rippen und Kerne entfernen. Die Paprikahälften auf ein dünn mit Öl bestrichenes Backblech legen und 10 Minuten in den auf 200 °C vorgeheizten Backofen schieben. Herausnehmen und auf einem Teller oder einer Platte abkühlen lassen.

Die Brotkrumen in der Milch einweichen, dann ausdrücken und mit der Wurstmasse vermischen. Das Ei sowie Salz und Pfeffer hinzufügen und alles gut zusammen vermengen.

Die Mischung in die Paprikaschoten füllen. Mit dem restlichen Öl beträufeln und die Semmelbrösel darüberstreuen. 20 Minuten in dem auf 200 °C vorgeheizten Backofen garen.

Paprikaschoten mit Wurstfüllung

Paprikaröllchen

PAPRIKARÖLLCHEN

Involtini di peperoni

Diese wundervollen, appetitanregenden bunten Rollen sind eine traditionelle Vorspeise Süditaliens. Man kennt sie dort vor allem auch als Imbiß in einem berühmten Restaurant auf der großartigen Insel Ischia unweit von Neapel, wo sie nie auf der Speisekarte fehlen. In alter Zeit wurden die Schoten nicht gerollt, sondern halbiert serviert.

6 große Paprika (je 2 rote, gelbe und grüne Schoten)
Salz und frisch gemahlener Pfeffer
30 g grobe, frische Weißbrotkrumen
90 ml Weißweinessig
90 g Olivenpaste
2 Knoblauchzehen, zerdrückt
90 g natives Olivenöl
1 ½ EL Petersilie, gehackt
Sardellenfilets in Öl, zum Garnieren (nach Belieben)

Die Paprikaschoten waschen und abtrocknen. 30 Minuten in den auf 180 °C vorgeheizten Backofen setzen und während dieser Zeit viermal vorsichtig drehen, bis man leicht mit einer Gabel hineinstechen kann.

Nacheinander in einem Küchenhandtuch abreiben, um die Haut zu entfernen. Die Schoten halbieren, dann Rippen und Kerne entfernen. Die Schoten in 3 cm breite Streifen schneiden und mit etwas Salz und Pfeffer bestreuen.

Die Brotkrumen in dem Essig einweichen und ausdrücken. In einer Schüssel Brot, Olivenpaste und Knoblauch zu einer dicken Creme vermischen. 2 Eßlöffel Öl untermengen. Die Paprikastreifen mit der Mischung bestreichen und aufrollen. Die Röllchen auf einem Servierteller anrichten und das restliche Öl darüberträufeln. Mit der Petersilie bestreuen. Nach Belieben vor dem Servieren mit Sardellenfilets garnieren.

Pasta, Suppen, Gnocchi, Polenta und Reis

Pasta, Suppen, Gnocchi, Polenta und Reis

Wenn es in Italien so etwas wie eine Nationalspeise gibt, dann ist dies gewiß die Pasta. Keinem anderen Lebensmittel schenken die Italiener so viel Liebe und Aufmerksamkeit. Darüber hinaus ist es nahrhaft, stärkt, macht glücklich und zufrieden – behaupten die Italiener. So blieb die Pasta durch Italiens lange und oft stürmische Geschichte hindurch die Speise des Volkes – ein vielseitiges, einfaches Grundnahrungsmittel, das gleichzeitig preiswert und bekömmlich ist.

Seit uralter Zeit schon bringt man Pasta und die Bewohner der italienischen Halbinsel miteinander in Verbindung. Wie Brot und Bohnen ist die Pasta eines von jenen ursprünglichen Nahrungsmitteln, die offenbar bereits vor Beginn der Geschichtsschreibung zu den kulinarischen Traditionen östlicher wie auch westlicher Kulturen gehörten. Heute wird die Pasta von den Alpendörfern des Nordens bis zu den Fischerdörfern an der südlichsten Spitze der Mittelmeerküste Tag für Tag in endlosen Variationen serviert. Auf den Tischen der Bauern findet man sie ebensooft wie auf den Speisekarten vornehmer Restaurants, und unter den verschiedenen Gerichten, die als erster Gang serviert werden, genießt sie eine herausragende Stellung.

Die Leidenschaft der Italiener für ihre Pasta ist so groß, daß sie selbst in Politik und revolutionierenden Bewegungen eine Rolle gespielt hat. So sahen die Futuristen, die mit Vorliebe Traditionen jeglicher Art attackierten, in der nationalen Leidenschaft für die Pasta ein ideales Ziel für ihre Angriffe. 1932 veröffentlichte der Schriftsteller Filippo Marinetti, einer der Begründer des Futurismus, sein Manifest *»La Cucina Futurista«* (»Die futuristische Küche«), in dem er die Pasta als absurde »gastronomische Religion« Italiens verspottete und ihre »Vernichtung« verlangte. Offenbar aber kümmerte dies seine Landsleute wenig, denn statt dessen verzehrten sie noch größere Mengen Pasta. Heute konsumiert der durchschnittliche Italiener pro Jahr etwa fünfundzwanzig Kilogramm Teigwaren.

Das Wort *pasta* bedeutet einfach »Teig«, und zwar jenen einfachen Teig aus Mehl, Wasser, Salz und manchmal auch Eiern, aus dem die verschiedensten Nudeln geformt werden, die alle einen besonderen Namen tragen, wie etwa *maccheroni, tagliatelle, fettucine* und so weiter. Es wird jedoch auch in zusammengesetzten Begriffen verwendet, wie bei *pasta sfoglia* (Blätterteig) oder *pasta frolla* (Mürbteig) und bezieht sich in diesem Fall auf Backwaren.

Offenbar diente die Pasta schon einige Jahrhunderte vor Beginn der christlichen Zeitrechnung den Menschen der italienischen Halbinsel als Grundnahrungsmittel. Auf den Reliefs eines etruskischen Grabes aus dem 4. Jahrhundert vor Christus in Cerveteri nördlich von Rom sind, neben anderen Küchenutensilien, mehrere Geräte dargestellt, die möglicherweise zur Herstellung von Pasta dienten, wie etwa eine *rotella dentata,* ein Teigrädchen, ganz ähnlich dem, das man auch heute noch zum Schneiden von Pasta verwendet. Die römischen Schriftsteller Horaz und Cicero schwärmten von *lagani* (dünne, aus Mehl und Wasser bereitete Teigstreifen), die offenbar Vorläufer der heutigen Lasagne waren. Viele von Italiens großartigsten und nahrhaftesten Gerichten haben die Jahrhunderte unbeschadet überlebt, und zu ihnen ge-

Seite 40/41: *Die Bauernfamilie bei Tisch,* Giovanni Domenico Tiepolo (1727–1804); Villa Valmarana, Vicenza
Giovanni Domenico Tiepolo stand unter dem Einfluß seines berühmten Vaters, Giovanni Battista, hatte aber eine Vorliebe für alltägliche Szenen wie die hier abgebildete. Viele seiner Bilder befinden sich in den Gästezimmern der Villa Valmarana.

Seite 42: *Polenta,* Pietro Longhi (1702–1785); Ca'Rezzonico, Venedig
Longhi wurde mit seinen charmanten, zwanglosen Darstellungen zum Chronisten seiner Zeit.

hört auch die Pasta. Horaz aß sie gerne mit Porree und Kichererbsen, und *lasagne e ceci* (Lasagne mit Kichererbsen) ist in der im Süden liegenden Region Basilicata immer noch ein beliebtes Gericht. Auch im ersten Kochbuch, das jemals verfaßt wurde, kommt Pasta vor. In ihm beschreibt der römische Feinschmecker Apicius einen *timballo,* eine pikant-süße Pastete, zu deren Zutaten Pasta gehört.

In mittelalterlichen Texten finden sich zahlreiche Hinweise auf Makkaroni, wie zum Beispiel in Boccaccios Kurzgeschichte »*Calandrino*«, in der er sich begeistert über die kulinarische Ehe von Makkaroni und Käse äußert, eine Speise von vollkommener Schlichtheit, die auch heute noch überall gern gegessen wird. In der ersten Rezeptsammlung der Renaissance aus dem 15. Jahrhundert macht der Verfasser Maestro Martino da Como genaue Angaben darüber, wie *vermicelli* hergestellt und in der Sonne getrocknet werden. Etwa hundert Jahre später nahm Bartolomeo Scappi ein weiteres Pastarezept in seine berühmte »*Opera*« auf, das aus gutem Grunde bis heute unverändert geblieben ist: *tagliatelle.* Aufgrund dieser und anderer Dokumente aus den nachfolgenden beiden Jahrhunderten, die durchweg von Köchen der Herrscherhäuser und des Adels jener Zeit verfaßt wurden, ist zu vermuten, daß die Pasta auch zu einem Nahrungsmittel der Reichen und Privilegierten geworden war. Auf deren Tafeln fand man sie in Form von *pasticci* – gewaltigen Aufläufen aus Makkaroni, Fleisch, Fisch, Gemüse, Gewürzen und süßen Zutaten, die mitunter in einer Teighülle gebacken wurden. Scappi nahm mehr als ein Dutzend dieser schweren Nudelaufläufe in seine Speisenliste für ein Renaissance-Essen auf, die unter anderem Ziegenfleisch, Bries, Hase, Wachtel, Kalbszunge, Forelle und Schildkröte enthalten.

Im Volk nahm gegen Ende des 18. Jahrhunderts in der südlichen Region Campania »die Pastabewegung« ihren Anfang. Hier war nicht nur der Boden ideal für den Anbau von Durumweizen, aus dem die Pasta hergestellt wurde, sondern auch das Klima eignete sich gut zum Trocknen, insbesondere durch die Seebrisen in der Gegend von Neapel. Neapel rühmte sich seinerzeit einiger hundert Pastageschäfte. Makkaroni wurden in Holzfässern aufbewahrt, die langen Spaghetti zu dicken Bündeln zusammengebunden und beide nach Gewicht verkauft. In den Straßen befanden sich Stände, an denen man Pasta über Holzkohlefeuern garte. Sie wurde an Ort und Stelle mit den Fingern verzehrt, wodurch das Problem entfiel, sie auf einer Gabel aufzuwickeln. Im 19. Jahrhundert entstanden im Süden des Landes die ersten Pastafabriken. Der harte Durumweizen wurde in großen Handmühlen aus Granit zu Grieß vermahlen, und dann kneteten Männer und Kinder barfüßig den Teig in riesigen Trögen im Rhythmus von Mandolinenklängen. Schließlich schnitt man mit primitiven Maschinen Nudeln daraus und trocknete sie auf langen Gestellen. Die Pasta verbreitete sich in alle Regionen des gerade geeinten Italiens – der Rest ist Geschichte.

Für die Zubereitung der schier unzähligen Pastagerichte kann *pasta fresca* (frische Pasta) oder *pasta secca* (getrocknete Pasta) verwendet werden, die es beide in einer endlosen Vielfalt von Formen gibt. Frische Pasta findet man häufiger in den nördlichen Regionen, insbesondere in der Emilia-Romagna, in geringerem Umfang aber auch in den mittleren Regionen Toskana, Umbrien, Latium, Marken und Abruzzen. Hier wird die Pasta traditionell aus zahlreichen Eiern und Mehl, aber ohne Wasser und Salz zubereitet. In Piemont, Ligurien und Venetien stellt man die Pasta aus Mehl, Wasser und einer begrenzten Anzahl von Eiern her. Im Süden wird frische Pasta ganz ohne Eier aus Hartweizengrieß und Wasser gemacht.

Bei frischer Pasta unterscheidet man zwei Hauptsorten: *pasta liscia* (glatte und flache Teigwaren) und *pasta ripiena* (gefüllte Teigwaren), für die der Teig zu Taschen unterschiedlicher Formen gefaltet und mit einer Vielzahl köstlicher Zutaten gefüllt wird. Es gibt viele interessante Legenden darüber, wie diese klassischen Teigwaren entstanden sind. Eine zum Beispiel besagt, daß sie im Jahr 1503 anläßlich der Hochzeit von Alfonso d'Este und Lucrezia Borgia von dem bolognesischen Koch Cristoforo di Zeffirano erfunden wurden, den die blonden Locken der jungen Braut inspiriert hatten. Die meisten dieser Geschichten sind relativ jungen

Datums und ein Produkt der Romantik des 19. Jahrhunderts. Die Tatsachen sind fast immer nüchterner: Pasta läßt sich einfach zubereiten, kombinieren und essen. Und was die gefüllten Nudeln betrifft, so entsprangen sie dem hübschen Einfall eines Kochs, der die Phantasie der Italiener inspirierte.

Bei einigen Arten der *pasta liscia,* wie *tagliatelle* (frische breite Bandnudeln) oder *taglierini* (frische schmale Bandnudeln) ist der Name von dem italienischen Verb *tagliare* (schneiden) abgeleitet, da sie durch Zerschneiden einer dünnen Teigplatte hergestellt werden. *Pasta liscia* kann auch die Form von Quadraten haben, wie die taschentuchgroße Lasagne Liguriens, oder von schmalen Rechtecken, wie die *maccheroni alla chitarra* aus den Abruzzen, die mit einem Gerät geschnitten werden, das Saiten wie eine Gitarre hat.

Pulcinella verteilt Pasta; Pasta-Agnesi-Museum, Oneglia
Pulcinella war eine der Gestalten der italienischen *Commedia dell'arte,* die in England die Entwicklung der Charaktertypen Punch und Judy mitinspirierte.

Die große klassische Sauce für *pasta liscia* ist eine gehaltvolle Fleischsauce. Im Norden wird sie *alla Bolognese* – aus durchgedrehtem magerem Kalbfleisch, Tomaten, Zwiebeln, Möhren, Bleichsellerie, Prosciutto, einer Prise abgeriebener Zitronenschale und Muskatnuß – zubereitet und mit Butter sehr langsam geköchelt. Für die Version des Südens, das *ragú alla Napoletana,* verwendet man Schweinefleisch, das mit Schmalz längere Zeit gegart wird. In Rom wurden nach dem Krieg von Alfredo in seinem berühmten Restaurant in der Via della Scrofa *fettucine* – die etwas schmaler und dicker als *tagliatelle* sind – mit einer großen goldenen Gabel und einem großen goldenen Löffel in Butter und Sahne geschwenkt, sehr zum Entzücken vor allem amerikanischer Touristen und Filmstars. Und noch heute findet man auf zahllosen Speisekarten in Amerika *fettucine all'Alfredo.*

Pastaesser; Pasta-Agnesi-Museum, Oneglia
Im 16. Jahrhundert nahm Bartolomeo Scappi in seine *»Opera«* auch ein Rezept für Tagliatelle auf. Man nimmt an, daß die Pasta bis zum 18. Jahrhundert eine Speise der Reichen war.

Pastaesser; Pasta-Agnesi-Museum, Oneglia
Im 19. Jahrhundert wurde an Straßenständen aus großen Holzfässern über Holzkohlenfeuern gegarte Pasta verkauft und an Ort und Stelle mit den Fingern gegessen.

Auch für verschiedene im Backofen gegarte Gerichte verwendet man frische *pasta liscia.* Bei diesen handelt es sich um etwas einfachere Versionen der kunstvollen Nudelaufläufe der Renaissance und des Barock – der *pasticci* und *timballi* –, die man heute gewöhnlich nur sonntags oder zu besonderen Anlässen serviert. In der Emilia-Romagna wird der Teig zu dünnen Rechtecken ausgerollt, mit *ragú alla Bolognese* und Béchamelsauce überzogen, aufeinandergeschichtet und, mit Parmesankäse bestreut, als *lasagne al forno* gebacken. Mitunter fügt man dem Teig auch Spinat zu, um *lasagne verdi* herzustellen. Im Süden Italiens gart man rechteckige Platten frischer Pasta in kochendem Wasser, um sie dann mit (regional unterschiedlichen) Zutaten zu bestreichen (in Neapel verwendet man beispielsweise Mozzarella und Tomatensauce), aufzurollen und, als *cannelloni,* im Backofen zu bräunen.

Aber auch die andere Art frischer Pasta, die *pasta ripiena* (gefüllte Teigwaren), hat seit Jahrhunderten die Kreativität der Küche herausgefordert, die den Teig immer wieder auf neue, phantasievolle Weise schneiden, füllen und zu Taschen formen. Diese Art der Pasta ist in Nord- und Mittelitalien sehr verbreitet, im Süden hingegen fehlt sie fast ganz, da die Menschen dort früher nicht über genügend Eier verfügt haben, um den Teig so geschmeidig zu machen, daß er sich zum Füllen geeignet hätte. Die bekanntesten und beliebtesten Teigtaschen sind die kleinen, quadratischen *ravioli,* die eine Vielzahl von Zutaten enthalten können.

Die Variationen dieser Pasta sind ungeheuer vielfältig: *Agnolotti* aus Piemont sind Quadrate mit gewellten Rändern und einer Fleisch-Kohl-Füllung, *agnolini* aus der Emilia-Romagna Halbmonde mit einer Fleisch-Gemüse-Füllung und *tortelli* größere quadratische Taschen mit einer Spinat-Ricotta-Füllung, die in Mittelitalien sehr gern gegessen werden. Am kleinsten sind die *cappelletti,* aus Bologna stammende Teigringe, die eine gehaltvolle Mischung aus Schweinefleisch, Huhn oder Truthahn, Mortadella, Schinken, Parmesankäse und Muskatnuß enthalten. Die vielseitig verwendbaren *cappelletti* können mit einer Butter- oder Sahnesauce beziehungsweise – als traditionelles Gericht für den Heiligen Abend – in Brühe serviert werden. Nach einer romantischen, aber vermutlich erfundenen Geschichte sollen *cappelletti* dem Nabel einer Frau nachgebildet worden sein.

Die getrocknete Pasta wiederum kommt ursprünglich aus Süditalien, obwohl sie heute überall verbreitet ist. Sie läßt sich einfach zubereiten, ist schmackhaft und steht frischer Pasta in nichts nach. Die Hersteller verwenden für den Teig hochwertigen Hartweizengrieß (ohne Eier), aus dem maschinell die gewünschten Formen gestanzt werden. Diese Teigwaren werden dann in automatischen Anlagen getrocknet, von kleineren Spitzenerzeugern mitunter auch in Spezialkammern, in denen die Nudeln mindestens zwei Tage bleiben.

Getrocknete Pasta wird in einer verwirrenden Formenvielfalt angeboten, die man der Einfachheit halber auf zwei Grundtypen reduzieren kann – lange, dünne und kleine, kurze. Zur ersten Kategorie gehören Spaghetti, *spaghettini* (dünne Spaghetti, die im Süden auch *vermicelli* heißen) und *linguine* (manchmal *bavette* genannt), die flach und etwas breiter als Spaghetti

Die Pulcinella-Familie, Druck
Die Vorläufer der Spaghetti können bis ins 12. Jahrhundert zurückverfolgt werden. Damals berichtete ein arabischer Forscher, die Sizilianer würden eine Pasta herstellen, die sie *tria* (kleine Schnüre) nennen.

sind und den frischen *taglierini* ähneln. Die Vorläufer der Spaghetti lassen sich bis ins 12. Jahrhundert zurückverfolgen, in dem nach dem Bericht eines arabischen Forschers in Sizilien Teigwaren hergestellt wurden, die man *tria* (kleine Schnüre) nannte und um Stricknadeln herum formte.

Unter den schier endlosen Sorten kleiner, kurzer Pasta erfreuen sich die röhrenförmigen *penne* – sie verdanken ihren Namen der Tatsache, daß ihre Enden wie Schreibfedern schräg abgeschnitten sind – vielleicht der größten Beliebtheit. Makkaroni – Röhrennudeln, die so lang wie Spaghetti, aber dicker sind – werden vor dem Kochen mitunter in kürzere Stücke gebrochen. Diese kleineren Nudelsorten gibt es in zahlreichen Formen, die der lebendigen Phantasie kreativer Köche entsprungen sind. Es existieren weitere hübsche Sorten wie etwa *conchiglie* (Muscheln), *farfalle* (Schmetterlinge) und *fusilli* (Spiralfedern), um nur einige zu nennen. Manche stammen aus bestimmten Regionen des Südens, wie die traditionellen *orecchiette* (Öhrchen) aus Puglia, die immer noch in der häuslichen Küche hergestellt werden.

Jede dieser Pastasorten harmoniert aufgrund ihrer speziellen Form besonders gut mit einer bestimmten Sauce. Die dünnen *spaghettini* eignen sich beispielsweise hervorragend für leichte, feine Saucen mit Schaltieren, die in Olivenöl gegart werden, so daß dann die einzelnen Nudeln nicht verkleben. Röhrennudeln wiederum passen besser zu einer kräftigen, gehaltvollen Fleisch-Gemüse-Sauce, die ihrer Struktur und Form mehr entspricht.

Kurze Röhrennudeln verwendet man gern für zwei Gerichte, die im Backofen gegart werden und schon seit langer Zeit auf italienischen Speisekarten stehen. Das eine ist der *timballo,* der oft in einer Ringform zubereitet und mit einer köstlichen Mischung aus Fleisch und Gemüse gefüllt wird, das andere, der *pasticcio,* ein pikanter Auflauf aus den gleichen Zutaten, den man jedoch gewöhnlich in einer Blätterteighülle bäckt.

Und es werden immer wieder neue Füllungen und Saucen für Pasta erfunden, weil sowohl in heimischen Küchen als auch in Restaurants ständig experimentiert wird.

Neapolitanische Straßenszene: der Makkaroniverkäufer (1831)
Der älteste Hinweis auf Makkaroni stammt aus dem Jahr 1279, und zwar aus der von einem Notar erstellten Liste von Dingen, die der verstorbene Ponzio Bastone hinterließ.

SUPPEN

Italienische Suppen sind vielseitig und können exquisit, aber auch ländlich oder ganz einfach sein. Eines jedoch haben alle gemein – sie schmecken köstlich!

Alle diese Suppen sind Variationen von zwei Grundrezepten: *minestra in brodo* und *zuppa.* Bei der *minestra in brodo* handelt es sich um eine herzhafte Kombination aus Reis, kleinen Nudeln oder Gemüsen, die in Fleischbrühe gegart und in der Flüssigkeit schwimmend serviert werden. Die *zuppa* dagegen ist dickflüssig und wird häufig über Brot gegossen.

Auch einige *minestre* aus Gemüsen sind recht dick, herzhaft und gehaltvoll. Sie werden *minestrone* genannt und sind sehr sättigend. Man köchelt diese nahrhaften Gemüsesuppen bis zu drei Stunden, wobei – entsprechend ihrer Garzeit – nach und nach Zwiebeln, Möhren, Bleichsellerie, Kartoffeln und andere Zutaten hinzugefügt werden, bis alle Aromen vollkommen miteinander verschmolzen sind. Von der Minestrone gibt es unzählige regionale und lokale Varianten. Im Norden fügt man ihr Reis hinzu und natürlich Parmesankäse, der in keiner italienischen Suppe fehlen darf und dazu beiträgt, daß diese ihren besonderen italienischen Charakter erhält. In der Toskana werden Bohnen und frisches Olivenöl dazugegeben, im Süden große Mengen Tomaten und Knoblauch. In Genua bekommt die Suppe durch zwei Eßlöffel *pesto* (eine Paste aus Basilikum, Pinienkernen, Parmesankäse und Olivenöl) ihre spezielle Note.

Andere *minestre* sind schlicht und leicht. Für die *stracciatella* werden in einer guten hausgemachten Fleischbrühe kleine Flocken (oder, nimmt man den Namen wörtlicher, »Läppchen«) gekocht, die aus verquirltem Ei und Parmesankäse bestehen. In der Emilia-Romagna kreierten Bauersfrauen eine Suppe, die als *passatelli* berühmt geworden ist. Für sie werden Eier, Parmesankäse, Brotkrumen und eine Prise Muskatnuß zusammen verknetet und durch ein besonderes Gerät in kleinen Streifen direkt in die kochende Suppe gedrückt. Von Artusi, einem Kochbuchverfasser des 19. Jahrhunderts, stammen gehaltvolle Rezepte, bei denen der Mischung durchgedrehtes Rindfleisch zugegeben beziehungsweise Hartweizengrieß in Milch gegart und den üblichen Zutaten hinzugefügt wird. Nach altem Brauch werden diese Suppen als erster Gang beim Abendessen der Familie serviert, doch, ungeachtet ihrer bescheidenen Ursprünge, sind sie äußerst schmackhaft und eignen sich auch für festliche Anlässe.

Die *zuppa* war ursprünglich ein Gericht der Bauern, erfunden von Müttern, die alles nur Verfügbare in einen Topf warfen, um eine sättigende Mahlzeit für ihre Familie zuzubereiten. *Zuppa di pesce* beispielsweise ist ein nahrhafter Fischeintopf, der heute als Hauptgang serviert wird. Eine kräftige *zuppa* aus Kutteln bereitet man in Venetien zu. Die vielleicht bekannteste und in der Zubereitung komplizierteste dieser Suppen ist die toskanische *ribollita,* eine einen Tag alte Minestrone mit Bohnen und *cavolo nero* (dunkle Kopfkohlsorte), die, mit Brot angedickt, wieder aufgewärmt wird.

Aus dem Rezept für *ribollita* wird deutlich, daß die *zuppa* eng mit Brotsuppen verwandt ist, zu denen beispielsweise die toskanische *pappa al pomodoro* gehört. Dabei wird altes Brot in Brühe und Tomaten eingeweicht. Auch sie ist eine Innovation phantasievoller Hausfrauen, die damit eine wunderbare Methode erfanden, auch den letzten Brotkrümel noch zu verwerten. Es gibt übrigens ein altes italienisches Sprichwort, das in etwa dem deutschen »Das ist gehupft wie gesprungen« entspricht und lautet: *»Se non è zuppa è pan bagnato«* – wenn's keine Zuppa ist, ist's nasses Brot.

GNOCCHI

Ein äußerst beliebter erster Gang der klassischen italienischen Küche sind die bescheidenen *gnocchi,* die im Geschmack ein wenig der Pasta ähneln. Aber was ihre Einfachheit betrifft, so trügt der Schein etwas, denn es erfordert ein gewisses Können, die kleinen Klößchen so zuzubereiten, daß sie nicht in dem kochenden Garwasser zerfallen. Das Wort *gnocchi* heißt übersetzt »Klößchen«, doch umgangssprachlich bedeutet es (im Singular) auch Dummkopf. So werden in einem bekannten Vers aus dem 19. Jahrhundert die Leute von Verona spöttisch *gnocchi* genannt, nach dem Motto: Man ist, was man ißt.

Die nahrhaften Gnocchi können, abhängig von ihrer Ursprungsregion, aus verschiedenen Zutaten bereitet und mit einer Vielzahl von Saucen gereicht werden. Bei der traditionellen Herstellungsmethode wird die Masse zunächst in Röllchen in Dicke eines Daumens geformt und dann in etwa einen Zentimeter große Stücke geschnitten. Um ihnen die charakteristische Form und Rillen zu geben, drückt man sie gegen die Innenseite einer Gabel. Dann gart man sie einige Sekunden in kochendem Wasser, läßt sie abtropfen und schwenkt sie anschließend in einer Sauce. Aus Brotteig bereitete Gnocchi können auch in Olivenöl ausgebacken werden.

Gnocchi sind ein Gericht Nord- und Mittelitaliens, ihr genauer Ursprung jedoch ist nicht bekannt. Fast jede Region hat ihr besonderes Rezept, woraus man schließen kann, daß Gnocchi ursprünglich einmal eine Speise des Volkes waren. In alten Rezepten werden Gnocchi als *»ravioli«* bezeichnet (die heutigen *ravioli* hingegen wurden *tortelli* genannt) und aus Hartweizengrieß, Spinat und Ricotta zubereitet. Seit dem 18. Jahrhundert aber wird meist die bescheidene Kartoffel zur Herstellung von Gnocchi genommen. Besonders bekannt sind *gnocchi alla Cadorina,* für die man die wunderbaren Kartoffeln von Pieve di Cadore in Venetien verwendet. Sie werden mit einer köstlichen Kombination aus Mehl, Eiern und Butter vermischt und mit zerlassener Butter und geräucherter Ricotta angerichtet serviert.

Von der Grundversion der Kartoffel-Gnocchi gibt es viele verschiedenartige und interessante Varianten. In der Region Friaul–Julisch-Venetien macht sich in den *gnocchi di prugne* der Einfluß des Nachbarlandes Österreich bemerkbar, denn in jedem dieser Kartoffelklößchen steckt eine getrocknete rote Pflaume. In Triest, der Hauptstadt der Region, erfreuen sich

Der Pastaverkäufer; Pasta-Agnesi-Museum, Oneglia
Im 19. Jahrhundert gab es in Neapel Hunderte von Pastaläden. Die dicken Bündel aus langen Spaghetti wurden nach Gewicht verkauft.

gnocchi con il cacao besonderer Beliebtheit – Kartoffel-Gnocchi mit Bitterschokolade und kandierten Früchten, die man als ersten Gang serviert. Sie stammen aus der Zeit der Renaissance-Bankette, bei denen auch süße Speisen zu den *antipasti* gehörten. Eine ungewöhnliche Art grüner Gnocchi, *malfatti* genannt, kommt aus der Emilia-Romagna. Dieser Name bedeutet soviel wie »mißgestaltet« und verrät die etwas eigenartige Form. *Malfatti* werden aus gehacktem Spinat, Mascarpone, Eiern, Mehl und Krumen aus frischem Weißbrot hergestellt. Die Toskaner verwenden eine sehr ähnliche Mischung, doch nehmen sie anstelle von Mascarpone die etwas neutralere Schafsmilchricotta. Serviert werden diese sogenannten *ravioli nudi* (nackten Ravioli) mit einer einfachen, aber köstlichen Sauce aus zerlassener Butter und Parmesankäse.

Die Erfolge eines guten Regiments, Ambrogio Lorenzetti, frühes 14. Jahrhundert, Fresko; Palazzo Pubblico, Siena
Unter Lorenzettis Fresken im Palazzo Pubblico befindet sich eines der ersten italienischen Beispiele für realistische Landschaftsmalerei, in dem sich ein frühes Verständnis der Perspektive offenbart.

Die langen, flachen *gnocchi alla Romana,* die vermutlich in Piemont erfunden wurden, heute aber mit der Hauptstadt in Verbindung gebracht werden, bestehen aus grobgemahlenem Hartweizengrieß. Man gart sie in Milch und schiebt sie dann kurz in den Backofen, bis der darübergestreute Parmesankäse goldbraun geworden ist.

Sardinien hat seine dekorativen *malloreddus* – winzige Gnocchi aus Hartweizengrieß, der mit Safran gewürzt wird. Die Sardinierinnen drücken die *gnocchi,* nachdem sie sie geformt haben, mit dem Daumen mehrmals gegen die gerippte Innenseite eines traditionellen Korbes, um das Muster des Flechtwerks in den Teig zu prägen. Die köstlichen *malloreddus* werden im allgemeinen mit einer Sauce aus frischen Tomaten, heimischer Wurst aus Campidano und Lammfleisch serviert.

Speisehaus mit einer Werbetafel für Makkaroni, 19. Jahrhundert, Druck; Sammlung Nardecchia

Die nahrhaften und köstlichen *gnocchi alla Siciliana* wiederum werden aus Mehl, Schafsmilch-Ricotta, Eiern und Käse zubereitet, und diesen Zutaten fügt man noch *uvette* (süße kleine Rosinen), Pinienkerne und frisches Basilikum hinzu, was die arabischen Einflüsse auf der Insel zum Ausdruck bringt.

POLENTA

Die goldgelbe *polenta* (Maisgrieß) ist in Italien seit langem eine hochgeschätzte Speise. Im Laufe der Jahrhunderte entwickelte sich daraus ein regelrechter Polenta-Kult, und bis zum heutigen Tag hat die Polenta eine große Schar begeisterter Anhänger, die ihr alle möglichen wundersamen Eigenschaften zuschreiben. Einige behaupten sogar, Polenta könne Herzweh heilen! In ihrem großartigen Buch *»The Classic Italian Cookbook«* (»Das klassische italienische Kochbuch«) schreibt Marcella Hazan auch, es sei ein schwerer Mißbrauch der Sprache, Polenta einfach »Maisbrei« zu nennen. Über Jahrhunderte war Polenta in vielen Teilen Norditaliens für die Menschen das wichtigste Grundnahrungsmittel, und selbst jetzt spielt sie in den nördlichen und mittleren Regionen noch eine bedeutende Rolle. Heute ißt man sie als ersten Gang, als Beilage zu vielerlei anderen Gerichten und auch als eigenständige Mahlzeit. Aus Resten werden seit eh und je Gnocchi hergestellt.

Die Vorläufer der Polenta können bis in die Zeit des Römischen Reiches zurückverfolgt werden, als man einen Getreidebrei aß, den man *puls* oder *pulmentum* nannte. Er wurde mit Wasser gekocht und mit Zutaten ergänzt, die gerade vorrätig waren. Von Polenta ernährten sich auch Cäsars Legionen auf ihren Feldzügen, ebenso wie ein großer Teil des einfachen Volkes, der in lähmender Armut lebte. Bis zu dem Zeitpunkt, an dem erstmals Mais aus der Neuen Welt im Hafen von Venedig gelöscht wurde, stellte man die Polenta aus Dinkel und Hirse her. Der erste, der Mais in Italien anbaute, war der venetianische Patrizier Leonardo Emo Capodilista in Fanzolo die Vedelago nahe Treviso in Venetien, der damit seine zahlreiche Dienerschaft ernährte. Bald aber wurde die Polenta zum Grundnahrungsmittel für Leute, die zu arm waren, um sich Brot leisten zu können, insbesondere in den einsamen Bergregionen des Nordens.

Während des nachfolgenden Jahrhunderts personifizierte man die Polenta zu einer gastronomischen »Königin der Narren«, die als Karikatur mit einer Krone dargestellt wurde, aber auch schwärmerischer, wie etwa auf den Fresken der venetianischen Künstler Pietro Longhi und Giandomenico Tiepolo. Und in einer Satire über das große Heldenepos *Orlando furioso* (von Ariosto) aus dem frühen 17. Jahrhundert erleidet der Held einen schimpflichen Tod durch den übermäßigen Genuß von Polenta.

Aus der Herstellung von Polenta ist beinahe ein Ritual geworden. In den ländlichen Küchen des Nordens wird sie immer noch in einem *paiolo* – einem Kupfertopf, der über dem Feuer hängt – zubereitet und mehr als eine halbe Stunde ununterbrochen mit einem langen Holzlöffel gerührt. Wenn sie fertig ist, gießt man sie auf ein weißes Tuch, formt sie mit einem feuchten Holzspachtel (in dessen Mitte sich traditionell ein Kreuzzeichen befindet) und zerschneidet sie dann mit einer Schnur.

Das Mehl für die Polenta kann grob oder fein gemahlen sein, und in Venetien verwendet man mitunter auch ganz feines weißes Maismehl. Einige Polentaspeisen haben die Konsistenz von Haferschleim, andere sind so fest, daß sie wie Brot aufgeschnitten werden können. Über die Jahrhunderte entstanden vielfältige Polenta-Rezepte, von denen einige recht fein sind. Am heimischen Tisch wird die Polenta häufig als eigenständige Mahlzeit dampfend heiß mit etwas kalter Milch übergossen oder einfach mit etwas Butter verzehrt. Aber man kann sie auch mit fettem Käse wie Gorgonzola servieren oder mit einer Vielfalt anderer Zutaten wie etwa Pilzen. Kalte Polenta-Scheiben können gebraten, gegrillt oder gebacken mit Fleisch- und Tomatensauce gegessen werden. Am häufigsten kommt sie jedoch als Begleiterin einiger großer traditioneller Gerichte auf den Tisch – in Venetien etwa mit *baccalà* (Stockfisch), in der Lombardei mit kleinem Geflügel, das in Brescia an Spießen und in Bergamo im Topf gebraten wird, und in Mittelitalien mit milder Schweinswurst. In Piemont wird aus Polenta ein Gericht zubereitet, das eines Königs würdig ist: Es besteht aus gebratenen Polenta-Scheiben, auf die ein Ei kommt, das mit »der Sonnenseite nach oben« gegart und mit geraspelten weißen Trüffeln bestreut wird.

REIS UND RISOTTO

Wie alle anderen Dinge verwenden Italiener auch Reis auf eine für sie typische Weise. Ein Beispiel sind die vielen Variationen ihres unvergleichlichen Risottos. In ihrem Klassiker *»Italian Food«* (»Italienische Speisen«) schreibt Elizabeth David, sie würde gerne wissen, welcher Genius entdeckt hat, daß sich der piemontesische Reis ideal zum langsamen Garen eignet und seine besonderen Eigenschaften am besten in jenem Gericht zur Geltung kommen, das als *risotto alla Milanese* berühmt geworden ist. Wie bei der Polenta gibt es auch beim Reis seit jeher eine Art gastronomische Grenze zwischen Norden und Süden. Während die Pasta des Südens ihren Weg in den Norden fand, blieben Reisgerichte (mit Ausnahme einiger Klassiker) auf den nördlichen Bereich des Po beschränkt, wo sich aufgrund einer guten Wasserversorgung ideale Bedingungen für seinen Anbau bieten. Es gibt mehrere Theorien darüber, wann und von wem der Reis aus dem Orient nach Italien eingeführt wurde, doch das erste historische Dokument, das ihn erwähnt, ist ein Brief von 1475, in dem der Herzog von Mailand seinem Nachbarn, dem Herzog von Ferrara, zwölf Säcke Reis verspricht. Das beweist, daß es bereits damals in der Poebene ertragreiche Reisfelder gab. Heute ist Italien größtes Anbau- und Ausfuhrland von Reis in Westeuropa.

Im Norden – in Piemont, Venetien und der Lombardei – wird Reis vorwiegend für Suppen und das unvergleichliche Risotto verwendet. Eine Zwischenstellung nimmt *risi e bisi* (Reis und Erbsen) ein, ein traditionelles venezianisches Gericht. Es wird aus kurz in Butter gegarten frischen Zuckererbsen, *panchetta* (einer Art Speck), Zwiebeln, Petersilie und Reis zubereitet, denen man zum Schluß noch Butter und Parmesankäse hinzufügt. Der Reis wird in Brühe gekocht (was bei Risotto nie der Fall ist), so daß er ihre Aromen aufnimmt. Das Gericht ist nicht so trocken wie ein Risotto, aber auch nicht so flüssig wie Suppe. Unterschiedliche Meinungen herrschen darüber, ob man es mit der Gabel oder einem Löffel essen sollte, obwohl beide ihren Zweck gleich gut erfüllen.

In Kochbüchern aus nördlichen Regionen befinden sich gewöhnlich mehrere Rezepte für gekochten Reis. Ein interessantes und zugleich nahrhaftes traditionelles Gericht ist die *bomba di riso*. Hier wird der Reis um die Wände einer runden Form verteilt, und in die Mitte gibt man unterschiedliche Zutaten wie Fleisch, Pilze und Käse. Anschließend wird die Bombe im Backofen gebacken. Ein herrliches, klassisches Gericht für Sommertage ist ein Reisauflauf aus knackigen Gartengemüsen und frischen Kräutern, der kalt serviert wird. Heutzutage bereiten die Italiener aus Reis jedoch am liebsten Risotto zu.

Anna Del Conte zitiert in ihrem Buch *»Gastronomy of Italy«* (»Die Gastronomie Italiens«) Cristoforo di Messisbugo, einen Kochbuchverfasser der Renaissance, mit einem Hinweis auf ein Reisgericht, das »sehr ähnlich wie ein *risotto alla Milanese«* sei, und ein Rezept von Giovan Felice Luraschi aus dem Jahr 1829 für Risotto »so wie es heute gemacht wird«, was vielleicht genau das ist, an dem Elizabeth David so interessiert war.

Bis zum Ende des 19. Jahrhunderts hatte die Methode, Reis langsam in Brühe zu garen, damit er deren Aromen aufnehmen konnte, allgemeine Verbreitung gefunden. In seinem Buch *»La Scienza in Cucina e l'Arte di Mangiar Bene«* (»Von der Wissenschaft des Kochens und der Kunst des Genießens«), das erstmals 1891 erschien, nahm Artusi einige Risotto-Varianten auf, die auch heute noch beinahe unverändert angewandt werden: mit Safran gewürztes *risotto* *alla Milanese,* mit der Tinte von Tintenfischen gefärbtes *risotto nero* und *risotto con ranocchi,* das mit *rane* (kleinen Fröschen, die auf den Reisfeldern vorkommen) zubereitet wird.

Risotto hat eine einzigartige Konsistenz, die man bei dem üblichen Langkornreis nicht findet. Die Italiener verwenden *Avorio-* und *Carnaroli-*Reis, Sorten, deren Körner dicker und kürzer sind und eine besondere Form der Stärke enthalten, die dem Gericht – zusammen mit dem Zubereitungsverfahren – seinen ungewöhnlichen Charakter verleiht. Ein Risotto sollte cremig, doch nicht breiig auf den Tisch kommen, das heißt, das einzelne Reiskorn muß weich sein, aber noch Biß haben.

In Venedig heißt es, daß es kein Lebewesen auf dem Land, im Meer oder in der Luft gäbe, das nicht irgendwann schon einmal in einem Risotto geendet wäre. Und in der Tat ist es so, daß sich beinahe jede Zutat für ein Risotto verwenden läßt. Besonders gut passen pikante Würste, Meeresfrüchte (insbesondere Schaltiere) und Gemüse mit Biß wie Spargel, Artischocken und Bleichsellerie zusammen. In modernen Büchern wurden diesen bereits vielfältigen Zutaten noch weitere exquisite und aromatische Ergänzungen wie frische Kräuter, Zitrone und sogar Erdbeeren hinzugefügt.

Südlich der Poebene wird Reis nicht ganz so geschätzt, aber dennoch mit Liebe zubereitet. Eine in Rom traditionelle Vorspeise sind die *supplì* (Reiskroketten mit Mozzarella und Prosciutto), und ein klassisches Gericht Neapels ist *sartù,* ein Reisauflauf mit Fleischbällchen, Hühnerleber, Wurst, Erbsen und Pilzen. Und schließlich sind da noch zahlreiche Rezepte aus dem Süden, in denen mit Reis vielfältige, hervorragende Süßspeisen zubereitet werden.

Neapolitanische Volkssitten: Verkauf und Verzehr von Pasta, M. de Vito, 19. Jahrhundert, Aquarell; Museo Nazionale di San Martino, Neapel

RIGATONI IN PILZSAUCE

Rigatoni al funghi

Schon in römischer Zeit galten Steinpilze als Delikatesse. Dieses Gericht sollte während der Pilzsaison im Herbst nur mit frischen Steinpilzen zubereitet werden. Sonst kann man als Ersatz Champignons oder andere frische Waldpilze verwenden, von denen allerdings keiner ein so wunderbares Aroma wie Steinpilze hat. Pancetta wird aus Schweinebauch hergestellt und gerollt oder als flaches Stück angeboten. Im Gegensatz zu deutschem Speck ist sie nicht geräuchert, sondern nur gesalzen und gepfeffert. Wenn nicht anders angegeben, wird Pancetta in hauchdünne Scheiben geschnitten. Zusammen mit einer Scheibe kräftigem Brot (*pane di campagna* – Landbrot) eignet sie sich ausgezeichnet für kleine Imbisse.

600 g reife Tomaten
2 Knoblauchzehen, zerdrückt
60 ml natives Olivenöl
180 g Panchetta, in kleine Stücke geschnitten
300 g frische Steinpilze oder Champignons, in Scheiben geschnitten
90 ml trockener Weißwein
Salz und frisch gemahlener Pfeffer
600 g Rigatoni
1 EL Petersilie, gehackt

Die Tomaten einige Sekunden in kochendem Wasser blanchieren, dann abziehen und hacken.

Den Knoblauch in einer tiefen Pfanne bei schwacher Hitze im Öl braten, bis er glasig ist. Pancetta und Pilze hinzufügen und bei mittlerer Temperatur etwa 5 Minuten garen. Den Wein dazugießen und gut umrühren. Die gehackten Tomaten zugeben und mit Salz und Pfeffer würzen. Bei schwacher Hitze etwa 30 Minuten langsam garen, bis die Flüssigkeit vollkommen verdampft ist.

In einem großen Topf Salzwasser zum Kochen bringen. Die Rigatoni hinzufügen und garen, bis sie *al dente* sind. Abtropfen lassen und in einer Servierschüssel anrichten.

Die Hälfte der Pilzsauce vorsichtig unter die Rigatoni heben, die übrige Sauce darübergießen. Mit der Petersilie bestreut servieren.

Rigatoni in Pilzsauce

Rigatoni in Zitronen-Sahne-Sauce

LINGUINE MIT DICKEN BOHNEN

Linguine con le fave

Dieses Gericht ist eine Spezialität aus Rom. Dicke Bohnen werden seit jeher in der römischen Küche verwendet und sind heute das in italienischen Rezepten am häufigsten verwendete Gemüse. Falls sie nicht zur Verfügung stehen, können als Ersatz Erbsen genommen werden.

½ kleine Zwiebel, in Scheiben geschnitten
2 EL natives Olivenöl
400 g dicke Bohnen, enthülst
120 ml klare Hühnerbrühe
60 g Butter
Salz und frisch gemahlener Pfeffer
400 g Linguine (schmale Bandnudeln)
120 g frisch geriebener Parmesankäse

Die Zwiebelscheiben bei schwacher Hitze im Öl glasig werden lassen, ohne sie zu bräunen. Bohnen und Brühe hinzufügen. Die Bohnen etwa 20 Minuten garen, bis sie weich sind. Die Butter dazugeben, dann nach Geschmack salzen und pfeffern.

In einem großen Topf Salzwasser zum Kochen bringen. Die Linguine garen, bis sie beinahe *al dente* sind. Abtropfen lassen. Zu den Bohnen geben und noch einmal 2 Minuten garen, dabei gelegentlich umrühren. In eine Servierschüssel füllen und mit dem Parmesankäse bestreut servieren.

RIGATONI IN ZITRONEN-SAHNE-SAUCE

Rigatoni al limone

In alter Zeit verwendete man in Italien häufig die frischen, aromatischen Produkte des Küchengartens, weil sie sofort greifbar waren und für schnell zuzubereitende nahrhafte Mahlzeiten verwendet werden konnten. Außerdem stand den Bauersfrauen, die täglich die Kühe molken, immer frische Sahne zur Verfügung.

600 g Rigatoni
250 ml Crème double
60 g Butter
Abgeriebene Schale von 2 Zitronen
120 g frisch geriebener Parmesankäse

Die Rigatoni in reichlich kochendem Salzwasser garen, bis sie *al dente* sind. In der Zwischenzeit in einem kleinen Topf die Crème double zusammen mit Butter, abgeriebener Zitronenschale und Parmesan erhitzen.

Die Rigatoni abtropfen lassen und in eine Servierschüssel füllen. Die fertige Sauce unterheben und servieren.

Linguine mit dicken Bohnen

Spaghetti mit Sardellensauce

SPAGHETTI MIT SARDELLENSAUCE

Spaghetti con le acciughe

In diesem klassischen Gericht werden Spaghetti mit Sardellen kombiniert, die in den Gewässern vor der italienischen Küste in großen Mengen vorkommen. Manchmal werden Sardellen in Öl konserviert, doch in Italien salzt man sie gewöhnlich ein – ein Brauch, der bis auf römische Zeiten zurückgeht. Nach Belieben können die Sardellen in diesem Rezept auch durch Sardinen oder sogar durch Garnelen ersetzt werden.

600 g frische Sardellen oder 90 g in Salz eingelegte Sardellen
500 g reife Eiertomaten
Salz
90 ml natives Olivenöl
1 Knoblauchzehe, zerdrückt
120 ml trockener Weißwein
30 g Petersilie, feingehackt
600 g Spaghetti

Die Sardellen mit einem kleinen scharfen Messer am Bauch aufschneiden und ausnehmen. Rückengräte und Kopf entfernen. Die Fische unter fließendem Wasser gut waschen, dann auf Küchenkrepp abtropfen lassen. Einige Sardellen ganz zum Garnieren zurückstellen, die übrigen in kleine Stücke schneiden. Die Tomaten 1 bis 2 Minuten in kochendem Wasser blanchieren und anschließend abziehen. Grob hacken, mit Salz bestreuen und beiseite stellen.

Die zerdrückte Knoblauchzehe im Olivenöl braten, bis sie Farbe annimmt. Sardellenstücke und Wein hinzufügen. Mit Salz würzen und die Tomaten untermischen. Die Mischung etwa 10 Minuten garen. Kurz bevor der Topf von der Kochstelle genommen wird, die Petersilie hinzufügen. Warm halten.

In der Zwischenzeit die Spaghetti in reichlich kochendem Salzwasser garen, bis sie *al dente* sind. Abtropfen lassen, mit der Sardellensauce vermischen und, mit den ganzen Sardellen garniert, sofort servieren.

TAGLIATELLE MIT EI UND SEMMELBRÖSELN

Tagliatelle all'uovo e pangrattato

In bürgerlichen Familien wurde (und wird noch immer) dieses Gericht häufig in einer frisch gebackenen Hülle aus Blätter- oder Mürbeteig serviert, die, je nach Laune des Kochs, auch einen Deckel bekommt. Solche Gerichte nannte man früher *timballo*, und im 18. beziehungsweise 19. Jahrhundert lieferten Francesco Leonardi und Vincenzo Agnoletti zahlreiche Rezepte für ihre Zubereitung.

Tagliatelle mit Ei und Semmelbröseln

500 g Spinat, geputzt
300 g Mehl
Salz
3 ganze Eier
90 g Butter
120 g feine Semmelbrösel
2 hartgekochte Eier, gehackt

Den Spinat waschen, dabei mehrmals das Wasser erneuern. In wenig kochendem Wasser einige Minuten garen, bis er zusammengefallen ist. Abtropfen lassen und möglichst viel Wasser herausdrücken. Im Mixer fein zerkleinern.

Das Mehl in einem Hügel auf die Arbeitsfläche sieben. In die Mitte eine Mulde machen. Eine Prise Salz, die ganzen Eier und den Spinat hineingeben. Die Zutaten zu einer weichen, glatten Kugel verkneten. Den Teig auf einem leicht bemehlten Brett möglichst dünn ausrollen. Die Teigplatte längs aufrollen und in ½ cm breite Tagliatelle schneiden.

In einem großen, flachen Topf Salzwasser zum Kochen bringen. Die Tagliatelle garen, bis sie nach oben steigen.

In der Zwischenzeit in einem kleinen Topf die Hälfte der Butter zerlassen. Die Semmelbrösel hineingeben und einige Minuten behutsam braten. Die restliche Butter hinzufügen und erhitzen, bis sie flüssig ist. Warm halten.

Die Tagliatelle abtropfen lassen und in eine vorgewärmte Servierschüssel füllen. Zerlassene Butter und Semmelbrösel unterheben. Mit dem gehackten Ei bestreuen und servieren.

Minestrone mit Pasta

MINESTRONE MIT PASTA

Minestrone di taglierini

Seit jeher haben dicke und dünne Suppen, Nudelsuppen, Minestrone und andere Gemüsesuppen ihren Platz auf dem italienischen Tisch gehabt, und daran hat sich bis heute nichts geändert. Tatsächlich findet man auf dem täglichen Speisezettel Suppen häufiger als die populären Spaghetti oder Reis.

Der Begriff *minestra* bezeichnet allgemein den Gang zwischen Vorspeise und Hauptgericht, weil er auch für Pasta angewendet werden kann (*minestra asciutta* bedeutet trockene *minestra*), allerdings wird er hauptsächlich für Suppen gebraucht. Eine *minestra in brodo* (Pasta in klarer Brühe) muß nicht unbedingt Gemüse enthalten, Minestrone wird dagegen aus gehackten Gemüsen und Reis oder Pasta zubereitet.

Der Begriff *zuppa* wird bei Suppen angewandt, die über Brotscheiben gegossen serviert werden.

1 kleine Zwiebel, zerdrückt
1 Knoblauchzehe, zerdrückt
1 Stange Bleichsellerie, zerdrückt
60 ml natives Olivenöl
300 g frische junge Erbsen, enthülst
3 EL gelbes Maismehl (Polenta)
2 l klare Rinderbrühe
300 g frische Taglierini oder Linguine
Frisch gemahlenes Salz und Pfeffer
1 Handvoll Basilikumblätter

In einem großen, hohen Suppentopf zerdrückte Zwiebel, Knoblauch und Sellerie bei schwacher Hitze 5 Minuten in Öl sautieren. Die Erbsen hinzufügen, das Maismehl darüberstreuen und alles gut vermischen. Die Brühe dazugießen. Zugedeckt bei niedriger Temperatur eine halbe Stunde garen.

Die Pasta hinzufügen und mit Salz und Pfeffer würzen. Die Nudeln garen, bis sie *al dente* sind. Die Suppe in eine vorgewärmte Terrine gießen und, mit Basilikumblättern bestreut, servieren.

Suppe nach bäuerlicher Art

SUPPE NACH BÄUERLICHER ART

Zuppa del contadino

Kluge Bäuerinnen bereiten mit allem, was gerade zur Verfügung steht, schmackhafte Gerichte zu, wie etwa aus Brot, getrockneter Pasta und Tomaten. Heute sind Tomaten das ganze Jahr hindurch erhältlich, früher wurden sie jedoch eingemacht oder unter dem Dach des Hauses getrocknet.

500 g reife Tomaten
1 Zwiebel, gehackt
1 Knoblauchzehe, gehackt
2 EL natives Olivenöl
2 l klare Rinderbrühe
Salz und frisch gemahlener Pfeffer
300 g Ditalini (kleine Röhrennudeln für Suppe)
6 Scheiben kräftiges Landbrot

Die Tomaten blanchieren, dann abziehen und hacken. Gehackte Zwiebel und Knoblauch in einem großen Topf bei schwacher Hitze im Öl sautieren, bis sie glasig sind. Tomaten und Brühe hinzufügen, anschließend salzen und pfeffern. Den Topfinhalt etwa 1 Stunde köcheln lassen. Die Pasta dazugeben und garen, bis sie *al dente* ist.

Die Brotscheiben im Backofen rösten. Drei Scheiben in eine Suppenterrine legen und die kochende Suppe darübergießen, die verbliebenen drei Scheiben als Garnierung an den Rand setzen. Servieren.

NEAPOLITANISCHE KRÄUTERSUPPE

Zuppa di erbe alla Napoletana

In seinem Buch »*L'Apicio Moderno*« (»Der moderne Feinschmecker«), das 1790 in Rom veröffentlicht wurde, gibt Francesco Leonardi einen Überblick über die Geschichte der italienischen Küche von den Tagen Roms bis in seine Zeit. Leonardi war unter anderem Koch der russischen Zarin Katharina und daher ein Fachmann der russischen Küche wie auch europäischer Küchen. Vor allem aber war er an regionalen Gerichten interessiert. Sein

Die Gegend um Neapel ist so schön und gut gepflegt, daß es kein geringes Vergnügen bereitet, das Auge schweifen zu lassen. All die Gemüse, die dort gedeihen, haben einen so herrlichen Duft, daß die Neapolitaner sie beim Zubereiten von Suppen nie kochen, wenn man einmal von Zichorie, Karde und einigen anderen Arten absieht. Ferner trifft es zu, daß in den Küchen der herrschaftlichen Häuser Suppen aus in Bündeln oder auf andere Weise arrangierten Kräutern zubereitet werden. Die köstlichste Methode ist, die aromatischen Kräuter, einzeln oder in verschiedenen Arten zusammengestellt, roh in die Brühe zu geben. Gewiß hat dann die Suppe nicht die Ebenmäßigkeit, die man sich in einer Terrine vielleicht wünschen würde, doch wird dies durch den herrlichen Geschmack der Kräuter aufgewogen.

Tomatenpflanze mit Früchten

Werk besteht aus sechs Bänden, und dieses Rezept stammt aus dem ersten Band. Die moderne Version ist für die neapolitanische Küche typisch.

3 Eier
Salz
2 mittelgroße reife Tomaten
6 mittelgroße Zucchini, gewürfelt
3 EL natives Olivenöl
2 l heiße klare Hühnerbrühe
1 EL Basilikum, gehackt
1 EL Petersilie, gehackt
Frisch gemahlener Pfeffer

Die Eier mit einer Prise Salz verquirlen. Die Tomaten blanchieren, abziehen und würfeln.

In einem säurebeständigen Topf die Zucchini im Öl bei mittlerer Hitze 2 Minuten sautieren, dabei vorsichtig umrühren. Die heiße Brühe dazugießen und 2 Minuten köcheln lassen. Vom Herd nehmen und die verquirlten Eier, Basilikum, Petersilie und Pfeffer hinzufügen. Bei sehr schwacher Hitze 1 Minute schlagen, bis das Ei gestockt ist. Die Tomaten hinzufügen, pfeffern und servieren.

Neapolitanische Kräutersuppe (modernes Rezept)

Gemüsesuppe

GEMÜSESUPPE

Zuppa di verdure

Schon die ältesten italienischen Suppenrezepte bedienen sich einer großen Vielfalt von Kräutern, worin sich das Interesse und das Wissen der Italiener über den Nährwert und die heilenden Eigenschaften von Kräutern widerspiegelt. Auch heute noch sieht man im Frühjahr viele Menschen auf den Wiesen nach Kräutern und Wildgemüsen für die Küche suchen.

½ Zwiebel, in dünne Scheiben geschnitten
90 ml natives Olivenöl
300 g Kopfkohl, feingehackt
1 Kopfsalat, feingehackt
300 g Mangold, feingehackt
300 g Spinat, feingehackt
1 Stange Bleichsellerie, feingehackt
2 l klare Rinderbrühe
Salz und frisch gemahlener Pfeffer
250 g frische Erbsen, enthülst
6 Scheiben grobes Landbrot
2 Knoblauchzehen
1 EL Petersilie, gehackt

In einem großen Topf die Zwiebelscheiben in der Hälfte des Öls bei hoher Temperatur sautieren, bis sie glasig sind. Auf schwache Hitze herunterschalten, dann gehackten Kohl, Salat, Mangold, Spinat und Bleichsellerie hinzufügen. Etwa 15 Minuten leise kochen, dabei gelegentlich umrühren. Die Brühe über die Gemüse gießen, Salz und Pfeffer dazugeben und den Topfinhalt zum Kochen bringen. Die Temperatur reduzieren und die Suppe etwa 2 Stunden köcheln lassen. Die Erbsen hinzufügen und alles noch einmal 15 Minuten garen.

Die Brotscheiben im Backofen rösten. Solange sie noch heiß sind, mit der Schnittfläche einer Knoblauchzehe gründlich einreiben. Das Brot in eine Suppenterrine legen. Die Suppe darübergießen, mit der Petersilie bestreuen und das restliche Öl daraufgeben. Servieren.

DICKE-BOHNEN-SUPPE

Zuppa di fave

Dicke Bohnen gehören im Mittelmeergebiet zu den ältesten Nahrungsmitteln und wurden schon von den Römern gegessen, die sie sowohl frisch als auch getrocknet verwendeten. *Zuppa di fave* ist eine typische Ostersuppe aus Rom, denn um die Osterzeit kommen die ersten frischen dicken Bohnen auf die Gemüsemärkte, von denen sich der berühmteste in Campo di Fiori befindet. Gemüsemärkte werden in ganz Italien gern besucht, da die Produkte dort frischer und etwas preiswerter sind als in den Geschäften.

90 g Pancetta, gehackt
1 Zwiebel, gehackt
1 Möhre, gehackt
1 Stange Bleichsellerie, gehackt
90 ml natives Olivenöl
600 g Eiertomaten, abgezogen und gewürfelt
90 g Rindfleisch (Blume), gewürfelt
600 g frische dicke Bohnen, enthülst
2 l klare Hühnerbrühe
Salz und frisch gemahlener Pfeffer
3 Scheiben Brot, in kleine Würfel geschnitten

In einer Pfanne Pancetta, gehackte Zwiebel, Möhre und Bleichsellerie im Öl sautieren, bis sie glasig sind. Tomaten, Rindfleisch, die Bohnen und schließlich die Brühe hinzufügen und bei schwacher Hitze etwa 30 Minuten garen. Salzen und pfeffern.

Die Brotwürfel in dem auf 180 °C vorgeheizten Backofen goldbraun rösten. Diese Croûtons als Beilage zur Suppe servieren.

Dicke-Bohnen-Suppe

Artischocken-Rahm-Suppe

ARTISCHOCKEN-RAHM-SUPPE

Crema di carciofi

Im Gegensatz zu Minestra und Minestrone bilden Cremesuppen den Auftakt zu feineren Mahlzeiten, wobei sich hier der französische Einfluß bemerkbar macht. Tatsächlich findet man Rahmsuppen häufiger auf den Tischen des gehobenen Mittelstandes, dessen Mitglieder sich schon früher auf Reisen kulinarisch inspirieren ließen.

6 große Artischocken
Saft von 1 Zitrone
250 ml Béchamelsauce
750 ml Milch
Salz und frisch gemahlener Pfeffer
3 Scheiben Brot
30 g Butter

Die Artischocken waschen und putzen. Stiele, Heu und harte Außenblätter entfernen, die harten Spitzen der Innenblätter abschneiden. Die vorbereiteten Artischocken in eine Schüssel mit Zitronenwasser legen, damit sie sich nicht verfärben.

In einem Topf Salzwasser zum Kochen bringen. Die Artischocken hineingeben und 10 Minuten behutsam garen. Abtropfen lassen und nach dem Abkühlen in Scheiben schneiden.

Die Béchamelsauce in einen Topf geben. Nach und nach die Milch hineinrühren, anschließend die Artischokkenscheiben hinzufügen. Die Mischung 10 Minuten köcheln lassen, dann durch ein Sieb streichen. Abschmekken und die Suppe wieder zum Kochen bringen.

Die Kruste des Brotes entfernen und die Scheiben in schmale Streifen schneiden. Die Butter in einer Pfanne erhitzen und das Brot goldbraun braten. Die Suppe in eine vorgewärmte Terrine gießen und mit den Brotstreifen garniert servieren.

Sizilianische Gnocchi für zwölf Personen (modernes Rezept)

SIZILIANISCHE GNOCCHI FÜR ZWÖLF PERSONEN

Per fare gnocchi alla Siciliana per dodici persone

Dieses Rezept stammt von Giuseppe Lamma, einem bolognesischen Koch des 17. Jahrhunderts, der in den Diensten von Mittelstandsfamilien, vom Adel, von Nonnen und Mönchen stand. Da er aber nie für Königshäuser arbeitete, sind seine Rezepte nicht übermäßig kompliziert und auch für bescheidenere Bevölkerungskreise geeignet. Dieses Rezept befindet sich in dem Buch *»La Tavola Imbandita da Giuseppe Lamma«* (»Bankette des Giuseppe Lamma«) von Giuseppe Roversi, dem Entdecker und Kommentator von Lammas Werken. Eine schöne Ausgabe erschien 1988 bei Grafis Edizioni. Moderne Abwandlungen dieses Gerichts kennt man in der Emilia-Ro-

Man nehme jeweils eine Handvoll Sauerampfer und Basilikum sowie ein wenig Petersilie und hacke alles mit einem Messer. Dann zerreibe man die Kräuter mit zwölf geschälten Walnüssen in einem Mörser. Man füge vier Unzen geriebenen Parmesankäse, zwei Pfund trockene Ricotta, das Eigelb von sechs frischen Eiern und eine Handvoll getrocknete Pflaumen hinzu, gemischt mit vier Unzen Semmelbröseln, je einer viertel Unze Pfeffer und Zimt, drei Unzen eingeweichten Rosinen, drei Unzen geschälten Pinienkernen und ein klein wenig Salz. Man halte einen Kupfertopf mit reichlich Wasser und Salz bereit, gebe eine mit einer Zimtstange und Nelken gespickte Zwiebel hinein und lasse das Wasser etwas kochen. Dann entferne man die Zwiebel, forme aus der Masse kleine Klöße und koche sie. Mit einem Schaumlöffel hebe man sie heraus, füge ein Pfund zerlassene Butter sowie sechs Unzen geriebenen Parmesankäse und eine Unze gemahlene würzige *mostaccioli* hinzu und serviere die Speise heiß.

magna (wo man es *raviolo nudo* [nackte Teigtasche] nennt), in der Toskana und auf Sizilien.

60 g Sultaninen
1 kg Ricotta
8 Eigelb
45 g Pinienkerne, gehackt
200 g frisch geriebener Parmesankäse
3 EL Petersilie, sehr fein gehackt
1 Handvoll Basilikum, sehr fein gehackt
Salz und frisch gemahlener Pfeffer
180 g Mehl
180 g zerlassene Butter

Die Sultaninen in einer Schüssel mit Wasser etwa 30 Minuten einweichen. Abtropfen lassen und trockentupfen.

Die Ricotta durch ein Sieb in eine Schüssel streichen. Eigelb, Sultaninen, Pinienkerne, die Hälfte des Parmesankäses sowie Petersilie und Basilikum hinzufügen. Mit Salz und Pfeffer würzen und alles gut vermischen. 2 Eßlöffel Mehl dazugeben und untermischen. Aus der Masse mit Hilfe eines Teelöffels Gnocchi in Größe eines kleinen Eis formen und diese in dem restlichen Mehl wenden.

In einem Topf Salzwasser zum Kochen bringen. Die Gnocchi hineingeben und garen, bis sie nach oben steigen. Mit einem Schaumlöffel herausheben. In der restlichen zerlassenen Butter schwenken. Vor dem Servieren den verbliebenen Parmesankäse darüberstreuen. Für zwölf Personen.

AUSGEBACKENE GNOCCHI

Gnocchi fritti

In allen Gegenden Italiens ist seit jeher das Ausbacken von Speisen beliebt. Berühmte ausgebackene Gerichte sind: *fritto misto alla Piemontese,* ein Gericht aus der Gegend von Piemont, wo die Köche in geklärter Butter alle möglichen Zutaten zusammen auszubacken pflegten, wie Fleisch, Leber, *amaretti* (Kekse), Äpfel und Kartoffelkroketten; und *fritto misto bolognese,* ein gehaltvolles Gericht mit Gnocchi aus Bologna. Bei der toskanischen Version werden hauptsächlich Gemüse ausgebacken, bei der neapolitanischen Kroketten und Fisch.

8 g Hefe
120 ml Milch
180 g Mehl
Salz
200 g Salami, in dünne Scheiben geschnitten
120 g Parmesankäse, in Scheiben geschnitten
1 l Olivenöl zum Ausbacken

Die Hefe in der Milch auflösen.

Das Mehl in einem Hügel auf die Arbeitsfläche geben.

Ausgebackene Gnocchi

In der Mitte eine Mulde machen, die Milch-Hefe-Mischung hineingießen und etwas Salz dazugeben. Einen weichen Teig herstellen. Den Teig zu einer Kugel formen und zugedeckt an einen warmen Platz stellen, bis er seine Größe verdoppelt hat. Dann mit einem Nudelholz zu einem Rechteck ausrollen. Die Teigplatte zweimal zusammenfalten und noch einmal rechteckig ausrollen. Diesen Arbeitsgang viermal wiederholen. Schließlich den Teig zu einer dünnen Platte ausrollen und in 5 mal 10 cm große Rechtecke schneiden.

Auf eine Hälfte eines jeden Rechtecks eine Scheibe Salami und eine Scheibe Parmesankäse legen. Dann die andere Teighälfte über die Füllung klappen, dabei die Ränder etwas befeuchten, damit sie sich fest verbinden. Das Öl auf 180 °C erhitzen und immer einige Taschen gleichzeitig ausbacken. Wenn sie aufgegangen und gut gebräunt sind, abtropfen lassen und auf Küchenkrepp legen, damit überschüssiges Fett aufgesaugt wird. Auf einer Platte anrichten und servieren.

Das Kaffeehaus Al Molo, Druck

Überbackene Polenta mit Pilzen

ÜBERBACKENE POLENTA MIT PILZEN

Polenta gratinata ai funghi

In früheren Zeiten aß man Polenta ohne weitere Zutaten oder nur mit etwas Käse oder ein wenig Milch. Sie war die Speise der Armen und auf den Tafeln des Adels verschmäht. Heute aber wird sie mit einer Vielfalt anderer Zutaten kombiniert und bildet die Grundlage für zahlreiche schmackhafte Gerichte. Man kann Polenta auch als Hauptgericht servieren, ein sehr praktisches Gericht, das man frühzeitig zubereiten und in letzter Minute wieder aufwärmen kann. Für eine einfachere Mahlzeit kann anstelle der Pilze milde Wurst verwendet werden.

1,5 l Wasser
Salz
400 g gelbes Maismehl (Polenta)
500 ml Crème double
100 g frisch geriebener Parmesankäse
60 g Butter
500 g frische Steinpilze oder Champignons, in Scheiben geschnitten
Frisch gemahlener Pfeffer
1 EL Petersilie, gehackt

Das Wasser mit etwas Salz zum Kochen bringen. Das Maismehl in das kochende Wasser streuen, dabei mit einem Holzlöffel rühren. Etwa 30 Minuten unter ständigem Rühren köcheln lassen. Die Polenta in eine große, mit kaltem Wasser ausgespülte Backform gießen. 3 cm dick verstreichen und zum Abkühlen beiseite stellen.

Die Sahne mit dem Parmesankäse vermischen. Die Butter in einer kleinen Pfanne erhitzen. Die in Scheiben geschnittenen Pilze hinzufügen und bei mäßiger Hitze 5 Minuten sautieren. Salzen und pfeffern, mit der Petersilie bestreuen und von der Kochstelle nehmen.

Den Backofen auf 180 °C vorheizen. Die Polenta stürzen und waagrecht in zwei dünne Platten schneiden. Ein wenig von der Sahnemischung in die Form gießen und die untere Hälfte der Polenta wieder hineinlegen. Die Hälfte der Sahne darübergeben und die zweite Polentaplatte daraufsetzen. Mit den Pilzen und der verbliebenen Sahne bedecken. Für 30 Minuten in den vorgeheizten Backofen schieben. Heiß servieren.

POLENTA MIT GEMÜSE

Polenta con le verdure

Der Mais wurde im 15. Jahrhundert von Christoph Kolumbus nach Europa gebracht und erfreute sich in Italien bald großer Beliebtheit. Er wurde für die Zubereitung von Polenta verwendet, die damals oft als Ersatz für Brot gegessen wurde. Der Brauch, Polenta mit Gemüsen zu kombinieren, stammt aus der Region Brianza in der Lombardei, nicht weit von Mailand. Auf diese Weise serviert, ist Polenta mehr ein Hauptgericht als nur eine Vorspeise.

90 g Borlotti-Bohnen
½ rote Zwiebel, feingehackt
60 g Panchetta oder Speck ohne Schwarte, gewürfelt
4 Möhren, gewürfelt
2 Stangen Bleichsellerie, geputzt und gewürfelt
200 g Weißkohl, in dünne Streifen geschnitten
1,5 l Wasser
Salz
400 g gelbes Maismehl (Polenta)

Die Bohnen mindestens 8 Stunden in kaltem Wasser einweichen. Abtropfen lassen und in einen Topf geben. Mit kaltem Wasser bedecken und dieses zum Kochen bringen. Die Bohnen 1 ½ Stunden leise köcheln lassen. Nach dem Abtropfen beiseite stellen.

Polenta mit Gemüse

Polenta-Gnocchi mit Salbei und Buttersauce

Gehackte Zwiebel und Panchetta in einen Topf geben und einige Minuten anschwitzen, ohne daß sie Farbe annehmen. Möhren, Bleichsellerie und Kohl hinzufügen und einige Minuten vorsichtig garen, so daß die Aromen verschmelzen. Das Wasser dazugießen und zum Kochen bringen. Salzen, die Temperatur herunterschalten und den Topfinhalt noch einmal etwa 30 Minuten garen.

Das Maismehl hineinstreuen und unter ständigem Rühren 40 Minuten garen. Wenn die Polenta fast gar ist, die Bohnen hinzufügen.

Eine Schüssel mit kaltem Wasser ausspülen. Die Polenta-Gemüse-Mischung hineingießen, gut andrücken und die Oberfläche glattstreichen. Auf einen Teller stürzen und servieren.

POLENTA-GNOCCHI MIT SALBEI UND BUTTERSAUCE

Gnocchi di polenta al burro e salvia

Zu Gnocchi geformt, wurde Polenta, das ehemals bäuerliche Gericht, salonfähig und auch für die Tafeln italienischer Adelsfamilien akzeptabel.

Auch heute noch sind Gnocchi äußerst beliebt und werden auf vielerlei Arten zubereitet. Zur Herstellung der Gnocchi-Masse können Maismehl, Hartweizengrieß (wie für die berühmten »römischen Gnocchi«), Ricotta und Spinat (vor allem in der Emilia-Romagna weit verbreitet), Brandteig oder Kartoffeln dienen. Nicht weniger vielfältig ist die Zahl der dazu passenden Saucen. Die Verwendung von Salbei und Butter gehört gewiß zu den einfachsten, aber auch schmackhaftesten Rezepten.

1,5 l Wasser
Salz
400 g gelbes Maismehl (Polenta)
90 g Butter
1 Handvoll Salbeiblätter

Das Wasser leicht salzen und zum Kochen bringen. Das Maismehl in das kochende Wasser rieseln lassen und dabei ständig mit einem Holzlöffel rühren. Etwa 30 Minuten garen, bis sich die Masse leicht von den Topfwänden löst.

Den Backofen auf 200 °C vorheizen. Eine Backform mit 2 Eßlöffeln Butter einfetten. Dann aus der Polentamasse mit einem in kaltes Wasser getauchten Eßlöffel Gnocchi in Form großer Eier abstechen. In die Backform legen.

In einem kleinen Topf die Salbeiblätter in der restlichen Butter sehr vorsichtig sautieren. Über die Gnocchi geben und diese für 20 Minuten in den Backofen schieben. Dann servieren.

REISBOMBE

Bomba di riso

Dieses Rezept stammt aus Bartolomeo Scappis Kochbuch *»Opera«*, das erstmals 1570 in Venedig erschien. In dem Buch befinden sich nicht nur Rezepte, sondern Scappi beschreibt darin auch, wie man Speisen serviert, Menüs zubereitet und wie eine Küche eingerichtet sein muß oder welche Geräte man damals für notwendig erachtete. Wie viele andere seiner Zeit kombiniert dieses Rezept Süßes mit Herzhaftem. Die moderne Version ist eine bekannte Spezialität aus der Lombardei.

Gartenrestaurant in Mailand, 1908

Um ein Reisgericht nach lombardischer Art mit Geflügelfleisch, Mailänder Wurst und Eigelb zuzubereiten, nehme man gewaschenen Reis und koche ihn in der Brühe, die aus Kapaunen, Gänsen und *cervellate* (eine mit Hirn und Gewürzen hergestellte einheimische Wurst) hergestellt wurde. Der Reis muß so gegart werden, daß er noch Biß hat *(al dente)*. Dann nimmt man einen Teil des Reises, gibt ihn auf einen großen Ton- oder Silberteller und streut etwas Käse, Zucker und Zimt darüber. Darauf setzt man ein paar Stückchen frische Butter, das Brustfleisch von Kapaunen und Gänsen sowie die Wurst, alles in kleine Stücke geschnitten, und gibt wiederum Käse, Zucker und Zimt darüber. Auf diese Weise werden drei Schichten hergestellt. Die letzte befeuchtet man mit zerlassener frischer Butter und streut Käse, Zucker und Zimt darüber. Das Ganze backen. Mit Rosenwasser beträufeln und heiß servieren.

120 g getrocknete Steinpilze
120 g Butter
200 g entbeinte Hühnerbrust, in Würfel geschnitten
200 g Salsiccia (italienische Fleischwurst)
Salz und Pfeffer
500 g Avorio-Reis
2 l klare Hühnerbrühe
120 ml trockener Weißwein
120 g geriebener Parmesankäse
1 Ei
2 EL Semmelbrösel

Die Steinpilze in einer Schüssel mit Wasser 30 Minuten einweichen. Abtropfen lassen und ausdrücken, dann grob hacken. 15 g Butter bei mäßiger Hitze in einem Topf zerlassen. Hühnerbrust und Wurstfleisch hinzufügen und einige Minuten garen. Die Pilze, 60 ml Wasser sowie Salz und Pfeffer hinzufügen. Zugedeckt bei niedriger Temperatur etwa 1 Stunde garen, gegebenenfalls etwas Wasser hinzufügen, damit das Fleisch saftig bleibt.

In einem anderen Topf 45 g Butter erhitzen. Den Reis hinzufügen und 2 Minuten unter häufigem Rühren garen. Nach und nach löffelweise die Hühnerbrühe hinzufügen und dabei ständig rühren, so daß der Reis stets mit einem Flüssigkeitsfilm überzogen ist.

Nach 10 Minuten Wein und 40 g Butter hinzufügen. Den Reis noch einmal 2 Minuten garen, bis er trocken ist. Von der Kochstelle nehmen und den Parmesankäse untermischen, dann das Ei hineinrühren. Den Reis auf ein Brett geben und auseinanderziehen, um den Garvorgang zu beenden.

Mit der restlichen Butter eine 1,5 l fassende Form ausfetten und sie mit den Semmelbröseln ausstreuen. Wenn der Reis abgekühlt ist, die Hälfte in die Form füllen. In die Mitte eine Mulde machen und das Fleisch hineingeben. Den übrigen Reis darauf verteilen und die Oberfläche glätten. Im auf 200 °C vorgeheizten Backofen backen, dann auf eine Platte stürzen und servieren.

Rechts: Reisbombe (modernes Rezept)

Links: *Der Reisladen,* 15. Jahrhundert, Illustration aus dem Theatrum Sanitatis (code 4182); Biblioteca Casanatense, Rom

KALTER REISKRANZ

Riso in forma in insalata

Die Römer handelten mit Reis und verwendeten ihn außerdem für medizinische Zwecke, doch sie bauten ihn nicht selbst an. Vermutlich wurde er in Italien erstmals während des 15. Jahrhunderts von den Aragoniern kultiviert. Auf die hier beschriebene Weise servierter Reis mit einer dekorativen Garnitur ist ein besonders erfrischendes Gericht für heiße Sommertage.

3 l Wasser
500 g Avorio-Reis
90 g frisches Basilikum
120 g frisch geriebener Parmesankäse
90 ml natives Olivenöl
500 g kleine frische Tomaten (Kirschtomaten), in Scheiben geschnitten

Das Wasser salzen und in einem großen Topf zum Kochen bringen. Den Reis hineinstreuen und einige Minuten rühren. Den Reis exakt 15 Minuten garen, dann abtropfen lassen und in eine Schüssel füllen. Die Basilikumblätter hacken oder in dünne Streifen schneiden, einige Blätter ganz für die Garnierung zurückstellen. Gehacktes Basilikum, Parmesankäse und Olivenöl zum Reis geben und gut untermischen.

Den Reis in eine 1,5 l fassende Form geben und leicht andrücken. Nach einigen Minuten auf eine Platte stürzen. Mit den Tomatenscheiben und Basilikumblättern garnieren. Sofort servieren.

Kalter Reiskranz

Reisring mit Pilzen und Mangold

REISRING MIT PILZEN UND MANGOLD

Riso in forma con bietole e funghi

Auf diese Weise zubereiteter Reis sieht verlockend und dekorativ aus und eignet sich ausgezeichnet für große Essen. Bei diesem Rezept handelt es sich um eine moderne, einfachere Abwandlung eines alten neapolitanischen Gerichtes, das *sartù di riso* genannt wird. *Riso in forma con bietole e funghi* ist außerdem ein für die italienische Küche beispielhaftes Gericht – es ist leicht und nahrhaft, aber dennoch wohlschmeckend.

300 g Mangold, geputzt
2 EL natives Olivenöl
1 Zwiebel, sehr fein gehackt
90 g Butter
Salz
180 g frische Steinpilze oder Champignons, in Scheiben geschnitten
500 g Avorio-Reis
120 g frisch geriebener Parmesankäse

Den Mangold in kochendem Salzwasser 5 Minuten garen. Gut abtropfen lassen und möglichst viel Wasser herausdrücken. Fein hacken, dann 5 Minuten im Öl sautieren.

In einer zweiten Pfanne die Zwiebel in 60 g Butter mit einer Prise Salz braten, bis sie glasig ist. Die Pilze hinzufügen und einige Minuten bei mäßiger Hitze garen.

In einem großen Topf Salzwasser zum Kochen bringen. Den Reis hinzufügen und 15 Minuten garen, ohne umzurühren. Abtropfen lassen und in eine Schüssel füllen, dann Pilzmischung und Parmesankäse hinzufügen. Gut vermengen.

Eine 1,5 l fassende Ringform mit der restlichen Butter ausfetten. Den Reis hineingeben und gut andrücken. Im auf 200 °C vorgeheizten Backofen etwa 20 Minuten backen, bis der Reisring heiß ist. Dann auf eine Servierplatte stürzen, den heißen Mangold in die Mitte geben und sofort servieren.

RISOTTO NACH LÄNDLICHER ART

Risotto alla paesana

Dieses Risotto, das man als eine »trockene Minestrone« bezeichnen könnte, ist besonders herzhaft, da es Wurst und Panchetta enthält, die beide einen kräftigen Eigengeschmack haben. Wurst hat in Italien eine lange Geschichte, und schon die alten Römer verstanden sich ausgezeichnet auf ihre Herstellung.

2 l klare Rinderbrühe
300 g frische Borlotti-Bohnen, enthülst
30 g Butter
2 EL natives Olivenöl
180 g milde Wurst, enthäutet
90 g Panchetta, in kleine Stücke geschnitten
Einige Salbeiblätter, gehackt
400 g Avorio-Reis
1 große Zwiebel, gehackt
1 Stange Bleichsellerie, gehackt
1 Möhre, gehackt
1 Knoblauchzehe, gehackt
Salz und frisch gemahlener Pfeffer
45 g frisch geriebener Parmesankäse

Die Brühe mit den Bohnen zum Kochen bringen. Zugedeckt 1 Stunde bei schwacher Hitze köcheln. Die Bohnen abtropfen lassen und sowohl Bohnen als auch Garflüssigkeit zurückstellen.

In einem großen Topf Butter und Öl erhitzen. Die Wurstfüllung zerbröselt hineingeben. Panchetta und Salbei hinzufügen und bei schwacher Hitze braten, bis sie gebräunt sind. Den Reis dazugeben und alles gut vermischen, damit die Aromen verschmelzen. 10 Minuten garen, dabei nach Bedarf etwas von dem zurückgestellten Bohnengarwasser hinzufügen, so daß die Mischung stets mit einem Flüssigkeitsfilm überzogen ist. Gehackte Zwiebel, Bleichsellerie, Möhre und Knoblauchzehe sowie Bohnen dazugeben und unter ständigem Rühren 5 Minuten garen, dabei gegebenenfalls weitere Flüssigkeit hinzufügen. Mit Salz und Pfeffer würzen. Den Topf von der Kochstelle nehmen und den Parmesankäse hineinrühren. 2 Minuten zugedeckt stehenlassen, dann servieren.

Risotto nach ländlicher Art

Eierspeisen, Aufläufe, Pasteten und pikante Torten

Eierspeisen, Aufläufe, Pasteten und pikante Torten

Die Küche in Italien steckt voller Überraschungen, und diese Überraschungen sind es, die das italienische Essen zu einem Ereignis machen. Zu den schönsten Entdeckungen bei italienischen Gerichten gehört auch das visuelle Vergnügen – die leuchtenden Farben und die liebevolle Präsentation, mit denen die herrlichen Speisen auf den Tisch gebracht werden. Und nirgendwo werden diese Eigenschaften deutlicher offenbar als in der Tradition der Aufläufe und Pasteten.

Viele dieser Gerichte stammen aus Zeiten, in denen man üppiger lebte. In vielen italienischen Heimen wurden sie während des 19. Jahrhunderts und selbst noch bis zum Zweiten Weltkrieg als *piatti di mezzo* (ein Gericht zwischen dem ersten Gang und der Hauptspeise) serviert.

Doch die traditionelle italienische Küche geht mit der Zeit. Und ein gutes Gericht verschwindet nicht vom Speisezettel, sondern übernimmt lediglich eine neue Funktion. Heute werden viele der einstigen *piatti di mezzo* mittags als Hauptspeise oder als leichte Abendmahlzeit gegessen.

Im 19. Jahrhundert handelte es sich bei den schmackhaften *piatti di mezzo* häufig um einen *sformato* – einen farbenfrohen Gemüseauflauf – oder einen *pasticcio,* eine Pastete mit oder ohne Teigumrandung aus Pasta, Gemüse und Fleisch. Darüber hinaus gab es *crostate* (Mürbeteigkuchen), *sfogliate* (Blätterteiggebäck), *crespelle* (hauchdünne Fladen) und zahlreiche köstliche und feine Eierspeisen wie Soufflés nach italienischer Art, ein *rotolo di frittata* (gerolltes Omelett) oder gefüllte Eier in Aspik. Artusi liefert in seinem Kapitel über *trasmessi o intermezzi* (zwischen Gängen servierte Speisen) Rezepte für fünfundzwanzig dieser pikanten *piatti di mezzo.* Einige von ihnen, wie *gnocchi alla Romana* und Polenta mit Wurst, werden heute als Hauptmahlzeit gegessen.

Der *sformato* (Auflauf) hat die Jahrhunderte ebenfalls wohlbehalten überdauert. Ursprünglich wurde er bei Barockbanketten des 17. und 18. Jahrhunderts serviert, doch im 19. Jahrhundert wuchs seine Popularität, und er eroberte die häuslichen Eßtische. In Artusis Buch findet sich über ein Dutzend Rezepte für diese reizvollen Gemüseaufläufe. Zu den traditionellen Zutaten gehören Artischocken, Karde, Blumenkohl, grüne Bohnen, Fenchel, frische Erbsen, Spinat und Zucchini. Das Gemüse wird gegart, zu einem groben Püree verarbeitet, mit Eiern und weißer Sauce gebunden und schließlich in den Backofen geschoben (Artusi empfiehlt dafür ein *bagno-maria* – ein Wasserbad). Ein *sformato,* für den auch gut Gemüse verwendet werden können, die nicht mehr ganz frisch sind, ist ähnlich wie ein Soufflé, hat aber die Konsistenz eines Puddings. Oft wird er mit einer Sauce serviert, die – wenn der Auflauf in einer Ringform zubereitet wurde – in die Mitte gegossen werden kann. Dabei kann es sich, je nach verwendetem Gemüse, um eine dicke Fleischsauce, eine schwere Sahne-Pilz-Sauce oder eine leichte Tomatensauce handeln. Heute findet man die *sformati* auch wieder auf den Speisekarten guter Restaurants.

Seite 72/73: *Mittagessen am Strand,* Pietro Fabris, spätes 18. Jahrhundert; Biblioteca Nationale, Neapel
Die Tradition der Aufläufe und Pasteten wurzelt in Zeiten, in denen man üppiger speiste.

Seite 74: *Geburt der Heiligen Jungfrau: Zwei Mädchen tragen einen Korb mit Eiern* (Ausschnitt), Agnolo Gaddi, spätes 14. Jahrhundert, Fresko; Dom, Prato
Dieses Fresko gehört zu einer Serie, die Szenen aus dem Leben der Jungfrau Maria darstellt.

Raum neben der Küche für besondere Arbeiten, aus Bartolomeo Scappis *»Opera«* (1570); Sammlung Levy Pisetzky, Mailand
Ein Mann rollt Teig aus, während ein zweiter ihm dabei hilft, ihn möglichst dünn auseinanderzuziehen.

Der *pasticcio* wurde von den großen Köchen der Renaissance erfunden, die den süßen Teig oft mit Köstlichkeiten wie Wild oder Bries füllten. Maestro Martino da Como liefert ein Rezept für *pasticcio d'anguilla,* eine Pastete aus Aal und anderem Fisch, und Bartolomeo Scappi hat in seine *»Opera«* mehrere Rezepte mit Artischocken, Trüffeln, Rinderlende und Kalbsleber aufgenommen, für die alle eine Art *pasta sfoglia* (ein Blätterteig, der nicht mit Butter, sondern mit Schmalz hergestellt ist) verwendet wird. Scappis Buch enthält auch ein Rezept für die herrliche *torta reale di piccioni* (königliche Taubentorte) aus Taubenfleisch, Sahne oder Käse, die in einer Hülle aus *marzapane*-Teig (Marzipan-Teig) gebacken wird. Wie er berichtet, hätten die Neapolitaner dieser Torte den hübschen Namen *pizza di bocca di dama* gegeben, was wörtlich übersetzt »Frauenmund-Pizza« bedeutet. Offenbar war sie ein geeigneter Leckerbissen für Damen von hohem Stande.

Im 16. Jahrhundert wurden die *pasticci* von den Franzosen übernommen, die sie *timbales* nannten, und im 18. Jahrhundert führte der Neapolitaner Vincenzo Corrado das darauf basierende italienische Wort *timballo* ein. So kehrte diese Speise unter neuem Namen aus Frankreich zurück. In sein Buch *»Il Cuoco Galante«* (»Der galante Koch«) hat Corrado verschiedene Rezepte für *timballi* aufgenommen, die unter anderem mit Makkaroni, Gnocchi und Sahne, *pasta fresca* (frischer Pasta), Reis mit Trüffeln und Spinat gefüllt sind. Diese Mischung wird in einer Hülle aus Blätterteig oder *mezza frolla* (Mürbeteig) gebacken. Eine ehrfürchtige und wunderschöne Beschreibung eines solchen Gerichtes mit goldener Kruste und dem Wohlgeruch von Zucker und Zimt befindet sich in Giuseppe Tomasi di Lampedusas Roman *»Il Gattopardo«* (»Der Leopard«), wo es bei einem Abendessen in Adelskreisen serviert wird.

Heute werden *pasticci* und *timballi* in verschiedenen Regionen Italiens hergestellt. Ganz besonders köstlich sind der *pasticcio di polenta* aus Venetien mit einer Füllung aus Taubenfleisch, Schinken, Parmesankäse und getrockneten Pilzen und die sizilianische *pasta incasciata* aus Rigatoni und vielen anderen Zutaten, wie kleinen Fleischklößchen, Salami, Eiern, Auberginen und einheimischem Käse, die mit Tomatensauce, Oregano und Pfeffer abgeschmeckt wird. Beide haben eine Hülle aus süßem Teig.

Frittelle (ausgebackene Teigtaschen) sind ein pikanter klassischer *piatto di mezzo,* den man heute zu jeder Mahlzeit oder als Imbiß reichen kann. Das aus dem 18. Jahrhundert stammende Kochbuch *»L'Apicio Moderno«* (»Der moderne Feinschmecker«) von Francesco Leonardi enthält zum Beispiel ein Rezept für *rissole alla Napoletana,* heute eher als *panzarotti* bekannt. Diese köstlichen kleinen Teigtaschen werden aus Brotteig hergestellt, mit der üblichen neapolitanischen Mischung aus Tomate, Mozzarella, Sardellenfilets, Ei, Prosciutto, Basilikum und Oregano gefüllt und anschließend ausgebacken. Traditionell verwendet man zum Ausbacken *strutto* (Schweineschmalz), und wie ihr Name verrät, blähen sich die Taschen wie ein »kleiner Bauch« auf.

Aus dem bescheidenen Ei wird in Italien eine endlose Zahl bewundernswert leichter Speisen bereitet, die als *piatti di mezzo* gegessen werden, und viele erscheinen heute auf dem traditionellen Antipasti-Tisch. In der Renaissance hatte die Zubereitung der einfachen, nahrhaften Eier einen sehr kultivierten Standard erreicht. Maestro Martino da Como widmet ihr ein ganzes Kapitel mit dem Titel »Alle Methoden zum Garen eines Eis«. Tatsächlich befinden sich darin jedoch nur vierzehn Rezepte, die wohl kaum alle Möglichkeiten erschöpfend behandeln. Seine Methode für ein perfekt weichgekochtes Ei aber ist dafür vielleicht die poetischste. Wie er rät, soll man es in kaltes Wasser legen und dieses zum Kochen bringen. Nach der Zeit, die man zum Sprechen eines *paternostro* (Vaterunser) braucht, wird es gekocht (und möglicherweise auch gesegnet!) sein. Die meisten von Maestro Martinos Rezepten haben die Stürme der Zeit in der einen oder anderen Form überlebt.

Eines der köstlichsten Eierrezepte von Maestro Martino behandelt die Zubereitung einer *frittata* (Omelett) – der Eierspeise, die für Italien am typischsten ist. Die *frittata* unterscheidet sich in mehrerer Hinsicht von der französischen Omelette. Sie wird langsam bei schwacher Hitze in einer Pfanne auf dem Herd gegart, bis die Eimasse stockt, aber noch feucht ist. Man

Die Küche (Ausschnitt), Vincenzo Campi (1536–1591); Pinacoteca di Brera, Mailand
Campis Gemälde stellen häufig Alltagsszenen des Volkes im 16. Jahrhundert dar.

serviert sie nicht zusammengeklappt, sondern flach und rund. Vor dem Garen können dem Ei noch weitere Zutaten wie Käse, Schinken und Gemüse hinzugefügt werden. So gibt Maestro Martino zu seiner Käsefrittata auch frische Kräuter wie Petersilie, Borretsch, Minze, Majoran und etwas Salbei hinzu, die auch heutige Feinschmecker schätzen, und regt ganz allgemein die Phantasie und den Wunsch an, eigene Kreationen auszuprobieren.

Bankett nach der Jagd, Carlo Cane (1618–1688); Museo d'Arte Antica, Castello Sforzesco, Mailand

GEFÜLLTE EIER

Uova piene

Dieses Rezept für gefüllte Eier kommt von Maestro Martino da Como, der im 15. Jahrhundert lebte. Neben Eiern werden dafür Rosinen, Kräuter und Gewürze verwendet. In der damaligen Zeit spielten Eier in der Küche eine wichtige Rolle und dienten oft als Grundlage für eine Mahlzeit. Maestro Martinos Buch enthält Rezepte für einfache, mit Butter zubereitete Eier, *frittate* (Omeletts, die nach seiner Empfehlung sehr weich, mit Kräutern gefüllt und nur auf einer Seite gebacken sein sollten) sowie weichgekochte (mitunter in Milch gegarte) Eier, die man – nach seinem Rat – am besten mit einer Mischung aus geriebenem Käse und Orangensaft ißt. Für die moderne Version des Gerichtes wird Béchamelsauce verwendet.

Man koche frische Eier, bis sie hart sind, schält und halbiert sie und löst das Eigelb heraus. Ein Teil des Eigelbs wird mit einer kleinen Menge Rosinen, ein wenig gutem gereiftem Käse und etwas frischem Käse verrieben. Man fügt etwas Petersilie, Majoran und Minze – alles feingehackt – hinzu, wobei man etwas Eiweiß mit süßen oder scharfen Gewürzen dazugibt, entsprechend der Menge, die zubereitet werden soll. Nachdem all diese Dinge vermischt worden sind, wird die Masse mit Safran gelb gefärbt und in die oben erwähnten Eihälften gefüllt, die man anschließend ganz langsam in Öl brät. Um eine passende Sauce zuzubereiten, nimmt man etwas von dem restlichen Eigelb, das mit Rosinen gemischt und gut zerrieben ist, streckt es mit einer kleinen Menge Traubensaft und *sapa* (also gekochtem Wein), streicht das Ganze durch ein Sieb, fügt etwas Ingwer, einige Nelken und reichlich Zimt hinzu und läßt diese Sauce eine Zeitlang kochen. Bevor die Eier aufgetragen werden, gießt man die Sauce darüber.

12 hartgekochte Eier
30 g Butter
30 g Mehl
500 ml Milch
½ TL Safranfäden
3 EL Tomatenmark
Salz

Die Eier schälen und längs halbieren. Bei zwei Hälften das Eigelb herauslösen, die übrigen Eihälften – mit der Schnittfläche nach oben – in eine ofenfeste Form legen.

Die Butter bei schwacher Hitze zerlassen und das Mehl hineinrühren. Die Milch langsam unter ständigem Rühren hinzufügen. Sobald die Mischung zu kochen beginnt, den Topf von der Kochstelle nehmen.

Den Safran in wenig lauwarmem Wasser etwas ziehen lassen und mit dem Tomatenmark zu der Sauce geben. Gut durchrühren, salzen und über die Eier gießen. Das zurückgestellte Eigelb durch ein kleines Sieb drücken und darüberstreuen. Die Eier 20 Minuten in den auf 180 °C vorgeheizten Backofen schieben. Heiß servieren.

Gefüllte Eier (modernes Rezept)

EIER AUF TOAST MIT WÜRZIGER SAUCE

Uova sul crostone

In Italien waren Eierspeisen immer ein klassisches Abendessen, ganz anders als in vielen anderen Ländern, in denen man sie zum Frühstück ißt. Italienische Eier haben dunkles Eigelb und sind relativ klein. Auf dem Land hielten die Leute früher oft Hühner, um immer frische Eier zur Verfügung zu haben.

Je 1 rote und gelbe Paprikschote, abgezogen und feingehackt
2 Tomaten, abgezogen und feingehackt
1 kleine Zwiebel, feingehackt
1 Knoblauchzehe, feingehackt
½ rote Chilischote, feingehackt
60 ml natives Olivenöl
1 EL frischer Thymian
60 ml klare Fleischbrühe
Salz und frisch gemahlener Pfeffer
6 Scheiben Toastbrot
6 Scheiben Panchetta
6 Eier
30 g Butter

Gehackte Paprika, Tomaten, Zwiebel, Knoblauch und Chilischote mit 3 Eßlöffeln Öl in einem kleinen, säurebeständigen Topf vermischen. Thymian, Brühe sowie Salz und Pfeffer hinzufügen. Bei schwacher Hitze einige Minuten garen, bis eine dicke Sauce entstanden ist.

Das Brot toasten. In der Zwischenzeit in einer Pfanne die Panchetta im restlichen Öl 3 Minuten unter häufigem Wenden sautieren.

Die Butter in einer großen Pfanne zerlassen und die Eier darin braten. Das Eiweiß salzen und darauf achten, daß das Eigelb ziemlich weich bleibt.

Die Toastbrote in eine heiße Servierform legen und jeweils eine Scheibe Panchetta und ein Spiegelei daraufsetzen. Etwas heiße Sauce darübergeben und servieren.

Eier auf Toast mit würziger Sauce

EIER AUF POLENTASCHEIBEN

Crostoni di uova e polenta

Dieses Gericht wurde früher nur von den Bauern gegessen, bis jemand auf die Idee kam, als Verfeinerung geraspelte weiße Trüffeln darüberzustreuen. Trüffeln sind eine Spezialität aus Piemont, vor allem aus der Gegend um die Stadt Alba, wo sie besonders herrlich duften. Seit einiger Zeit sucht man Trüffeln mit speziell abgerichteten Hunden auch in der Toskana, doch haben die dortigen Trüffeln keine ganz so hohe Qualität, was ebenso für die schwarzen Trüffeln gilt, die im benachbarten Umbrien wachsen.

Polenta (Rezept und ein Viertel der Menge wie auf S. 66)
6 dünne Scheiben magerer gekochter Schinken, in 12 Dreiecke geschnitten
Eigelb von 12 ganz frischen Eiern
Salz und frisch gemahlener Pfeffer
6 dünne Scheiben Fontinakäse, in 12 Dreiecke geschnitten
60 g Butter

Die Polenta ungefähr 2,5 cm dick auf ein mit kaltem Wasser befeuchtetes Brett streichen. Mit einem Keksausstecher, der etwas größer ist als ein Eigelb, zwölf Kreise ausstechen.

In die Mitte der Polentascheiben eine kleine Vertiefung machen und je ein Stück Schinken und ein Eigelb hineinsetzen. Mit Salz und Pfeffer bestreuen. Ein Stück Fontina darauflegen.

Die Polentascheiben in einer gebutterten ofenfesten Form arrangieren und Butterflöckchen daraufsetzen. Bei 200 °C etwa 10 Minuten backen, dann servieren.

Eier auf Polentascheiben

Eierkroketten

EIERKROKETTEN

Crocchette di uova sode

Kroketten sind ein fester Bestandteil der großartigen neapolitanischen Küche, in der ausgebackene Speisen schon immer eine große Rolle spielten. Früher verwendete man zum Ausbacken Schmalz, aber heute nimmt man lieber das gesündere Olivenöl.

Die Kroketten können aus Kartoffeln, Hühnerfleisch, Gemüsen, Spaghetti und natürlich Eiern hergestellt werden. Mitunter verwendet man weichgekochte Eier, die aber für Kroketten nicht so geeignet sind, denn das Eigelb muß nach dem Ausbacken ja noch weich sein. In den meisten Rezepten allerdings sind sie – wie hier – hartgekocht.

8 Eier
60 g frisches Brot, ohne Kruste, in Milch eingeweicht und ausgedrückt
2 EL Basilikum, gehackt
2 EL Petersilie, gehackt
1 EL Thymian, gehackt
45 g frisch geriebener Parmesankäse
Salz und frisch gemahlener Pfeffer
120 g feine Semmelbrösel
1 l Olivenöl zum Ausbacken

6 Eier in einen Topf geben und mit kaltem Salzwasser bedecken. Das Wasser zum Sieden bringen. Die Eier 10 Minuten kochen. Unter fließendem kaltem Wasser abkühlen und schälen.

Das Brot mit Basilikum, Petersilie, Thymian und Parmesankäse vermischen. Mit Salz und Pfeffer würzen. Die Mischung in sechs Portionen teilen und zu Fladen auseinanderdrücken.

Jeweils ein hartgekochtes Ei in die Mitte setzen und die Brotmasse um es herum zu einer Kugel formen. Die beiden rohen Eier in einer flachen Schüssel verquirlen. Die Kroketten in das verquirlte Ei tauchen und anschließend in den Semmelbröseln wenden. Das Öl in einer tiefen Pfanne auf 180 °C erhitzen und die Kroketten etwa 5 Minuten darin ausbacken, bis sie goldbraun sind.

Auf Küchenkrepp abtropfen lassen, auf einer Platte anrichten und servieren.

Schinken mit Eiern

SCHINKEN MIT EIERN

Pasticcio di uova e prosciutto

Die italienische Küche hatte stets ein reiches Repertoire an Speisen, die sich gut als Ersatz für Fleisch oder Fisch eignen, vor allem auf dem heimischen Tisch. Über Jahrhunderte hinweg wurden in den Familien mündlich zahllose Rezepte für rasch zuzubereitende, einfache Gerichte weitergegeben, von denen die meisten – mit einem Teller Brühe als Vorspeise und frischem Obst als Dessert – sättigende Mahlzeiten ergeben. Nach Belieben kann dieser *pasticcio* mit einem Gemüse wie Spinat, in Scheiben geschnittenen Artischockenherzen oder Brokkoli serviert werden.

60 ml natives Olivenöl
1 kleine Zwiebel, in Scheiben geschnitten
1 Knoblauchzehe, zerdrückt
Salz und frisch gemahlener Pfeffer
4 reife mittelgroße Tomaten, abgezogen und gehackt
180 g gekochter Schinken, in Scheiben geschnitten
6 Eier, verquirlt
1 EL Petersilie, gehackt
1 Handvoll Basilikumblätter

In einer großen Pfanne 2 Eßlöffel Öl erhitzen. Zwiebelscheiben und Knoblauch hinzufügen. Mit Salz und Pfeffer würzen und bei schwacher Hitze glasig braten. Die gehackten Tomaten hinzufügen und garen, bis die Flüssigkeit vollkommen eingekocht ist.

Die Tomatenmischung in eine vorgewärmte Servierschüssel füllen und die Schinkenscheiben darauflegen. Warm stellen.

Das restliche Öl in einem Topf erhitzen. Die Eier hineingeben, salzen und pfeffern und mit einer Gabel gut rühren, bis die Masse stockt. Mit der Petersilie bestreut auf den Schinken heben. Als Garnierung die Basilikumblätter daraufsetzen.

GEMÜSEAUFLAUF MIT SPIEGELEI

Pasticcio di verdure e uova

Seit Jahrhunderten werden in Italien Eierspeisen in endlosen Variationen zubereitet. Schon in den ältesten Kochbüchern finden sich unzählige Eierrezepte, und heute werden ihnen ganze Bücher gewidmet. In den guten Restaurants von Norditalien serviert man besonders gern mit Butter zubereitete Eiergerichte, die mit geriebenem Parmesankäse und Trüffelscheiben bestreut sind.

1 Blumenkohl
Je 1 gelbe und rote Paprikaschote
60 ml natives Olivenöl
1 ½ EL Petersilie, gehackt
Salz
1 EL Semmelbrösel
120 g frisch geriebener Parmesankäse
6 ganz frische Eier

Den Blumenkohl in leicht gesalzenem, siedendem Wasser garen, bis er gerade weich ist. Abtropfen lassen und zum Abkühlen beiseite stellen. Die Paprikaschoten etwa 30 Minuten in den 180 °C heißen Backofen setzen. Dann in einem Tuch abreiben, um die Haut zu entfernen, und in Streifen schneiden.

Eine ovale ofenfeste Form mit etwas Öl einfetten. Die Paprikastreifen auf dem Boden verteilen und mit der Petersilie und etwas Salz bestreuen. Die Blumenkohlröschen daraufschichten und die Hälfte des verbliebenen Öls darübergießen. Semmelbrösel und Parmesankäse vermischen und über das Gemüse streuen.

Die Form 10 Minuten in den auf 200 °C vorgeheizten Backofen schieben. Währenddessen in einer Pfanne die Eier im restlichen Öl braten. Wenn sich auf dem Gemüse eine goldbraune Kruste gebildet hat, den Auflauf herausnehmen und die Eier daraufsetzen. Servieren.

Eßbesteck im Liberty-Stil aus dem Jahr 1885; Mailand

Gemüseauflauf mit Spiegelei

Spinattorte

SPINATTORTE

Torta di spinaci

Pasteli (alte Schreibweise von *pastelli* – Gemüse- oder Fleischpasteten) werden nicht nur von dem Autor des *»Liber de Coquina«* (»Das Buch vom Kochen«) erwähnt, sondern tauchen bereits im 14. Jahrhundert in dem Kochbuch eines unbekannten toskanischen Verfassers sowie im 15. Jahrhundert bei Maestro da Como auf.

Die hier beschriebene Spinattorte mit ihrer Mischung aus süßen und würzigen Zutaten ist eine der ältesten Speisen Italiens. Während des Sommers kann statt Spinat auch Mangold verwendet werden. Brokkoli ist ebenfalls ein ausgezeichneter Ersatz.

1 kg Spinat, geputzt
90 g Panchetta, in kleine Würfel geschnitten
45 g Sultaninen
180 g Ricotta
2 Eier, verquirlt
45 g frisch geriebener Parmesankäse
45 g Pinienkerne
Eine Prise frisch geriebene Muskatnuß
Salz und frisch gemahlener Pfeffer
15 g Butter
400 g Blätterteig (es kann Tiefkühlware verwendet werden)

Den Spinat in sehr wenig kochendem Salzwasser garen, bis er weich ist. Abtropfen lassen und möglichst viel Wasser herausdrücken. Den Spinat grob hacken. In einer großen Pfanne die Panchetta vorsichtig goldbraun braten. Den Spinat hinzufügen und einige Minuten garen, damit die Aromen verschmelzen können.

Die Sultaninen in 250 ml lauwarmem Wasser einweichen. Abtropfen lassen und zu dem Spinat geben. Den Herd ausschalten und Ricotta, Eier, geriebenen Parmesankäse, Pinienkerne und Muskatnuß unter den Spinat mischen. Salz und frisch gemahlenen Pfeffer nach Geschmack hinzufügen.

Eine Backform ausbuttern. Drei Viertel des Teiges ausrollen und die Form damit auslegen. Die Spinatmischung hineinfüllen. Den restlichen Teig zu einem Deckel ausrollen und auflegen. Die Torte etwa 40 Minuten im 180 °C heißen Backofen backen, dann auf einer Platte anrichten und servieren.

FEINE BLÄTTERTEIG-PIZZA

Sfogliata ai sottaceti

Pizzas mit einem normalen Hefeteigboden werden als recht gewöhnlich betrachtet, deshalb findet man sie auf den Tischen des Mittelstandes nur selten. Hier serviert man statt dessen feinere Varianten mit einem Blätterteigboden. Es werden auch verschiedene Käsesorten für den Belag verwendet, und häufig ersetzt man – insbesondere im Norden des Landes – Mozzarella durch Fontina. Die alten Kochbücher enthalten Ratschläge und Rezepte zur Konservierung verschiedener Nahrungsmittel, und zu manchen Zeiten war es für einen Koch Ehrensache, große Mengen von eingelegtem Gemüse vorrätig zu haben, die während des Winters verwendet werden konnten.

180 g Blätterteig (es kann Tiefkühlware verwendet werden)
3 EL natives Olivenöl
300 g Tomatenfruchtfleisch, in Streifen geschnitten
300 g Mozzarella, in dünne Scheiben geschnitten
90 g gefüllte grüne Oliven, abgetropft
90 g in Öl eingelegte Artischockenherzen, abgetropft und in Scheiben geschnitten
60 g Gewürzgurken, in Scheiben geschnitten
3 Sardellenfilets
Salz
1 EL getrockneter Oregano

Den Teig zu einem ½ cm dicken Kreis ausrollen. Eine Pizzaform mit etwas Öl ausfetten und den Teigboden hineinlegen.

Einen etwa 2 ½ cm breiten Rand lassen. In die Mitte des Bodens Mozzarella und Tomatenstreifen geben und die restlichen Zutaten schön angeordnet darauf verteilen. Mit etwas Salz würzen und mit dem verbliebenen Öl beträufeln. In dem 220 °C heißen Backofen etwa 20 Minuten backen.

GEMÜSETORTE

Sfogliata di verdure

Früher wurden Gemüsetorten als erster Gang gereicht. Heute serviert man sie bei großen Essen anstelle von Pasta wie Spaghetti oder Penne, die nicht als etwas Besonderes gelten. Man ißt Gemüsetorten jedoch auch als Hauptgericht, vor allem bei Mittagessen auf dem Land, wo den Gästen oft als Mahlzeit mit einem Gang Gemüsetorten und Frittate (Omeletts) vorgesetzt werden, die es in großer Auswahl gibt. Anschließend gibt es häufig noch einen großen Korb mit frischen Früchten.

1 rote Paprikaschote
1 gelbe Paprikaschote
1 grüne Paprikaschote
1 Zwiebel, in Scheiben geschnitten
3 EL natives Olivenöl
1 Aubergine, geschält und gewürfelt
2 Zucchini, gewürfelt
2 Tomaten, geschält und gehackt
Salz und frisch gemahlener Pfeffer
1 EL Kapern, abgetropft
300 g Blätterteig (es kann Tiefkühlware verwendet werden)
Mehl

Die Paprikaschoten in einer ofenfesten Form 20 Minuten in den auf 180 °C vorgeheizten Backofen setzen. Dann die Haut abziehen, Samen und Rippen entfernen und das Fleisch in dünne Streifen schneiden. In einer großen Pfanne die Zwiebel behutsam in Öl anschwitzen. Auberginenwürfel und Paprikastreifen dazugeben – aber einige Paprikastreifen für die Garnierung des fertigen Gerichtes zurückstellen.

Etwas heißes Wasser dazugießen und dann Zucchini und Tomaten sowie Salz und Pfeffer nach Geschmack hinzufügen. Die Gemüse zugedeckt etwa 30 Minuten garen. Die Kapern dazugeben und den Topfinhalt noch einmal 5 Minuten garen. Zum Abkühlen beiseite stellen.

Den Teig auf einem dünn bemehlten Brett ausrollen und in eine 22 cm große Pizzaform legen. Mit einem Stück Pergamentpapier (Backpapier) abdecken und mit getrockneten Bohnen beschweren. Den Boden etwa 40 Minuten bei 180 °C backen. Aus dem Backofen nehmen, die Bohnen entfernen und den Boden auf Zimmertemperatur abkühlen lassen. Die Gemüsemischung gleichmäßig darauf verteilen und mit den verbliebenen Paprikastreifen garniert servieren.

Feine Blätterteigpizza; Gemüsetorte

»Geschichtete« Artischockentorte für Fastentage (modernes Rezept)

»GESCHICHTETE« ARTISCHOCKENTORTE FÜR FASTENTAGE

Pastello di carciofoli

Dies ist eines von 315 Rezepten in Cristoforo di Messisbugos Kochbuch, das 1549 in Ferrara veröffentlicht wurde. Cristoforo di Messisbugo war Administrator am Hof von Este. Er war also nicht nur Koch, was auch in seinem Schreibstil deutlich zum Ausdruck kommt. Die Rezepte sind in Kapiteln mit den Titeln »Speisen für die Fastenzeit«, »Bries«, »Saucen«, »Eintöpfe«, »Braten« und »Sautierte Gemüse« zusammengefaßt und enthalten nicht nur Anweisungen für die Zubereitung der Gerichte, sondern auch Angaben, wie viele Diener, Tellerwäscher oder Küchenmägde benötigt werden.

Das moderne Rezept ist eine der zahlreichen Variationen der genuesischen Artischockentorte.

> Zunächst bereite man eine Teighülle wie für Gemüse-Grostoli (ausgebackene Gemüse) zu. Dann gebe man etwas gutes Öl, einige Stücke gekochte geräucherte Forelle und ein wenig Pfeffer darauf. Dann setze man die vorbereiteten Artischocken darauf, wobei man noch etwas Öl und Pfeffer sowie einige Stücke Forelle oder in kleine Stücke geschnittenen, gepreßten, getrockneten und gesalzenen Rogen hinzufüge. Dann nehme man etwas Hecht- oder Schleienrogen mit zwei Unzen Zucker und Orangensaft oder Traubensaft, vermische alles gut mit etwas Salz und streiche es durch ein Sieb, so daß man etwas mehr als ein halbes Glas von dieser Mixtur erhält. Diese gieße man in die Teighülle, setze den Deckel auf und backe die Torte.

10 große Artischocken
60 ml natives Olivenöl
2 EL Borretsch, gehackt
1 EL frischer Majoran, gehackt
Salz und frisch gemahlener Pfeffer
400 g Blätterteig
2 Eier, verquirlt

Den Stiel, die harten Außenblätter und das Heu der Artischocken entfernen, die harten Spitzen der Innenblätter abschneiden. In dünne Scheiben schneiden und in einer großen Pfanne im Öl bei schwacher Hitze 10 Minuten garen. Gehackten Borretsch und Majoran hinzufügen und den Pfanneninhalt einige Minuten sautieren, damit die Aromen verschmelzen. Salzen und pfeffern.

Drei Viertel des Teiges ausrollen und eine 20 cm große Kuchenform damit auslegen.

Die Pfanne von der Kochstelle nehmen und die Eier unter die Artischockenmischung rühren. Die Mischung in die Form gießen. Den restlichen Teig zu einem Deckel ausrollen und auf die Füllung legen. Andrücken und die Ränder begradigen. Die Torte etwa 40 Minuten in dem auf 180 °C vorgeheizten Backofen backen oder bis sie gebräunt ist. Dann servieren.

PAPRIKATORTE

Crostata di peperonata

Schon im 14. Jahrhundert enthielten Kochbücher wie das *»Liber de Coquina«* (»Das Buch vom Kochen«), das ein unbekannter Autor am Hof von Neapel verfaßte, Rezepte für *pastelli* – Gemüsetorten mit einer Teighülle oder einem einfachen, herzhaften Teigboden wie in diesem Rezept.

300 g Mehl
90 g Butter, in kleine Stücke geschnitten
2 EL Wasser
Salz
500 g Zwiebeln, in Scheiben geschnitten
60 ml natives Olivenöl
500 g Tomaten, abgezogen und gehackt
4 rote oder gelbe Paprikaschoten, abgezogen, entkernt und gehackt

Das Mehl in einem Hügel auf die Arbeitsfläche sieben. In der Mitte eine Mulde machen und die Butterstückchen hineingeben. Die Butter mit den Fingerspitzen nach und nach in das Mehl einarbeiten. Das Wasser und eine Prise Salz hinzufügen und kneten, bis ein glatter Teig entstanden ist. Etwa 30 Minuten ruhen lassen.

Die Zwiebeln in dem Olivenöl vorsichtig glasig braten. Tomaten, Paprika und Salz dazugeben. Den Deckel auflegen und den Topfinhalt etwa 30 Minuten bei schwacher Hitze garen. Falls die Mischung sehr flüssig ist, den Deckel abnehmen und sie langsam bei niedriger Temperatur etwas einkochen lassen.

Eine Backform ausbuttern. Den Teig ausrollen und in die Form legen. Den Rand fälteln und leicht andrücken. Die Paprika-Tomaten-Mischung einfüllen und die Torte im 180 °C heißen Backofen etwa 40 Minuten backen. Die Form kurz abkühlen lassen, dann die Torte herausnehmen und servieren.

Paprikatorte

LAUCHTORTE

Crostata di porri

Auch wenn es stimmt, daß viele Gerichte, die heute weltweit gegessen werden, französischen Ursprungs sind, stammen sicher weit mehr aus Italien, da seine Küche älter ist. Diese Lauchtorte ist jedoch möglicherweise eine Variation der *quiche lorraine*. Porree ist vor allem im Norden Italiens sehr beliebt, wo er auf vielfältige Weise zubereitet wird. Zumeist kocht man ihn und serviert ihn mit geriebenem Parmesankäse und zerlassener Butter. Er wird dann Porree *parmigiana* genannt.

500 g Porree
120 g weiche Butter
300 g Mehl
300 ml warme Milch
Frisch gemahlener Pfeffer
60 g frisch geriebener Parmesankäse
2 Eigelb
Salz

Dunkelgrüne Teile und Wurzeln der Porreestangen abschneiden. Den Porree gründlich waschen. 10 Minuten in kochendem Salzwasser garen, dann abtropfen lassen. Einige Minuten bei niedriger Temperatur in 30 g Butter sautieren.

In einem Topf 30 g Butter bei mäßiger Hitze zerlassen und 30 g Mehl hineinrühren. Nach und nach unter ständigem Rühren die Milch hinzufügen, bis eine glatte Sauce entstanden ist. Von der Kochstelle nehmen und mit etwas Pfeffer würzen. Parmesankäse und Eigelb unterschlagen. Die Sauce beiseite stellen.

Das restliche Mehl in einem Hügel auf die Arbeitsfläche geben und in der Mitte eine Mulde machen. Die verbliebene Butter, eine Prise Salz und etwas kaltes Wasser hinzufügen. Einen glatten, weichen Teig herstellen.

Den Teig zu einem Kreis ausrollen, passend für eine Form mit 22 cm Durchmesser und 5 cm hohem Rand. Mit einer Gabel einstechen. Ein Stück Pergamentpapier (Backpapier) darauflegen und mit getrockneten Bohnen beschweren. Den Boden etwa 20 Minuten bei 180 °C backen. Bohnen und Papier entfernen. Die Porreestangen sorgfältig nebeneinander auf den Boden legen und die Sauce darübergießen.

Die Torte noch einmal etwa 20 Minuten in den Backofen schieben. Kurz ruhen lassen, dann aus der Form nehmen und servieren.

Lauchtorte; Kartoffelkuchen mit Basilikum

KARTOFFELKUCHEN MIT BASILIKUM

Tortino di patate al basilico

Auf den Mittagstischen des neapolitanischen Mittelstandes ist der Kartoffelauflauf, der *gattò di patate* (abgeleitet von dem französischen Wort *gâteau,* das auf den Einfluß der Bourbonen hinweist), stets ein *pièce de résistance* (Hauptgericht) gewesen. Oft ersetzt er die Pasta, die als Nahrungsmittel der Unterschicht angesehen wird. Es gibt viele Varianten, und jeder Koch hat sein bevorzugtes Rezept.

6 Eiertomaten, abgezogen und gehackt
1 kg Kartoffeln
60 g Butter
Salz und frisch gemahlener Pfeffer
45 g frisch geriebener Parmesankäse
3 Eier
30 g Semmelbrösel
180 g Fontinakäse, in dünne Scheiben geschnitten
1 Bund frisches Basilikum, gehackt

Die Tomaten salzen und 2 Stunden zum Abtropfen beiseite stellen.

Die Kartoffeln mit Schale in kochendem Salzwasser garen. Abtropfen lassen und noch heiß schälen, dann durch eine Kartoffelpresse oder ein Sieb in einen Topf drücken. Den Topf auf den Herd setzen. Bei niedriger Temperatur die Butter hinzufügen. Mit einem Holzlöffel einige Minuten rühren. Den Topf von der Kochstelle nehmen und die Kartoffelmasse in eine Schüssel füllen. Salzen und pfeffern. Parmesankäse und Eier dazugeben und vorsichtig umrühren.

Eine ovale feuerfeste Form ausbuttern und mit Semmelbröseln ausstreuen. Die Hälfte der Kartoffelmischung auf dem Boden der Form verteilen. Fontina und Basilikum darauflegen. Das restliche Kartoffelpüree in die Form füllen und die Oberfläche mit einem in Wasser getauchten Messer glattstreichen. Die gehackten Tomaten darauf anrichten.

Im 180 °C heißen Backofen etwa 40 Minuten backen. Sehr heiß servieren.

GEFÜLLTE OMELETTROLLE

Rotolo di frittata

Die Italiener essen traditionsgemäß wenig Fleisch, denn zum einen war Fleisch vor dem Zweiten Weltkrieg teuer und Italien ein armes Land, und zum anderen mußte sich die Viehzucht auf wenige Gebiete Norditaliens beschränken, weil die übrigen Landesteile entweder bewaldet oder aber zu trocken waren. Häufig wird das Fleisch durch Eier, *frittate* (Omeletts) oder Käsegerichte ersetzt.

Gefüllte Omelettrolle

1 kg Spinat
120 g frisch geriebener Parmesankäse
3 EL natives Olivenöl
2 Eier, hartgekocht und gehackt
Eine Prise frisch geriebene Muskatnuß
6 Eier, verquirlt
Salz und frisch gemahlener Pfeffer

Den Spinat putzen (aber nicht die Stiele entfernen) und gründlich waschen. Mit einer kleinen Menge Salzwasser 5 Minuten garen. Abtropfen lassen und grob hacken. In einer Schüssel den Spinat mit Parmesankäse, 1 Eßlöffel Öl, den hartgekochten Eiern und der Muskatnuß vermischen.

Die verquirlten Eier nach Geschmack salzen und pfeffern. 1 Eßlöffel Öl in einer beschichteten Pfanne erhitzen. Die Eimasse hineingießen und beinahe ganz stocken lassen.

Die Frittata auf einen Teller stürzen – mit großer Vorsicht, damit man sich nicht die Finger mit dem heißen Öl verbrennt – und, mit der weichen Seite nach unten, wieder in die Pfanne zurückgleiten lassen. Dann sofort von der Kochstelle nehmen.

Die Spinatmischung auf der Frittata verteilen. Eine Backform mit dem restlichen Öl ausfetten. Die Frittata aufrollen und in die Form legen. Im auf 200 °C vorgeheizten Backofen etwa 10 Minuten backen, dann servieren.

Grieß-Soufflé; Mozzarella-Auflauf

GRIESS-SOUFFLÉ

Soufflé di semolino

Das Soufflé ist zwar französischen Ursprungs, aber natürlich erhält es in dem Land, in dem es zubereitet wird, seinen besonderen Charakter. Dieses Soufflé könnte nicht italienischer sein, weil man Hartweizengrieß dafür verwendet. Es ist sehr leicht, und häufig fügt man kleine Stückchen geschnittenen gekochten Schinken oder Käse hinzu.

1 l Milch
180 g Hartweizengrieß
Salz und frisch gemahlener Pfeffer
30 g Butter
4 Eier, getrennt
120 g frisch geriebener Parmesankäse

Die Milch in einem schweren Topf zum Kochen bringen. Den Grieß hineinstreuen und bei mäßiger Hitze unter Rühren etwa 20 Minuten garen. Von der Kochstelle nehmen, mit Salz und etwas Pfeffer würzen und die Butter hineinrühren. Zum Abkühlen beiseite stellen.

Das Eiweiß steif schlagen. Wenn die Grießmischung etwas abgekühlt ist, das Eigelb nach und nach hineinrühren. Dann den Parmesankäse sorgfältig untermischen. Zum Schluß den Eischnee unterziehen.

Eine 2 l fassende feuerfeste Form ausbuttern und die Soufflémasse hineingießen. Im 200 °C heißen Backofen etwa 30 Minuten backen. Das Soufflé in der Form servieren.

MOZZARELLA-AUFLAUF

Pasticcio di mozzarella

Die echte Mozzarella aus Büffelmilch bekommt man heute nur sehr schwer, denn sie wird nur in der Gegend von Salerno, Caserta und Battipaglia hergestellt. Der Käse eignet sich für eine Vielzahl von Rezepten. Heute wird anstelle der echten Büffelmilch-Mozzarella oft Mozzarella aus Kuhmilch verwendet, die aber weder im Geschmack noch in der Konsistenz an die echte heranreicht. Dies ist ein typisches italienisches Gericht, das schnell zubereitet ist und gut anstelle von Fleisch serviert werden kann. Wichtig ist, *pane di campagna* (grobes Landbrot) zu verwenden.

60 ml natives Olivenöl
250 ml Milch

6 Scheiben grobes Landbrot
Salz und frisch gemahlener Pfeffer
400 g Mozzarella, in Scheiben geschnitten
6 in Öl eingelegte Sardellenfilets, gehackt
1 EL getrockneter Oregano
60 g frisch geriebener Parmesankäse

Das Öl in eine feuerfeste Form gießen.

Die Milch in ein tiefes Gefäß geben und die Brotscheiben kurz darin einweichen. Die Brotscheiben in einer Lage dachziegelartig in die Form schichten. Salzen und pfeffern und mit der Mozzarella bedecken. Die gehackten Sardellenfilets auf dem Käse verteilen, dann Oregano und Parmesankäse darüberstreuen.

Im 200 °C heißen Backofen etwa 20 Minuten backen. Sofort servieren.

CRÊPES MIT MUSCHELFÜLLUNG

Crespelle alle cozze

Schon in einem Kochbuch aus dem 14. Jahrhundert, das von einem unbekannten Toskaner stammt, sind *crespelle* oder *frittelle* erwähnt. Und ein wenig später gibt es einen Hinweis auf *crespelle, tortelli* und *ravioli,* woraus man schließen muß, daß diese Crêpes nicht von den Franzosen, sondern von den Italienern erfunden wurden; denn in französischen Kochbüchern erscheinen sie erst viel später. *Crespelle* sind feine Crêpes, die gern bei großen Essen serviert werden. Oft reicht man sie anstelle der Lasagne, die für gewöhnlicher gehalten wird. Außerdem sind Crespelle sehr praktisch, weil man sie im voraus zubereiten kann. Vor dem Erhitzen können sie mit einer leichten Béchamelsauce überzogen werden.

1,5 kg Miesmuscheln
1 Schalotte, gehackt
30 g Butter
45 g Mehl
120 ml trockener Weißwein
Salz und frisch gemahlener Pfeffer
1 EL Petersilie, gehackt
2 Eier, verquirlt
2 EL natives Olivenöl
90 ml kochende Milch

Die Muscheln bürsten und unter fließendem Wasser waschen (die bereits geöffneten Muscheln wegwerfen). In einen großen Topf geben. Zugedeckt bei mittlerer Hitze garen, bis sich die Schalen öffnen (Muscheln, die sich nach dem Kochen nicht öffnen, ebenfalls wegwerfen). Das Muschelfleisch herauslösen, die Muschelflüssigkeit durch ein Sieb gießen und beiseite stellen.

Die gehackte Schalotte mit 15 g Butter in einen Topf geben und behutsam sautieren, bis sie weich zu werden beginnt. 2 Eßlöffel Mehl hinzufügen und gut rühren, damit sich keine Klumpen bilden. Wein und zurückgestellte Muschelflüssigkeit dazugießen. Mit Salz und Pfeffer würzen. Die restliche Butter in kleine Stücke schneiden und hineinrühren. Den Topf von der Kochstelle nehmen. Petersilie und Muscheln untermischen.

In einer Schüssel das restliche Mehl mit einer Prise Salz vermischen. Nacheinander die verquirlten Eier hineinrühren. 1 Eßlöffel Öl und die kochende Milch hinzufügen. Der Teig sollte cremig, aber ziemlich flüssig sein.

Eine kleine Pfanne einölen und bei mittlerer Temperatur erhitzen. 2 Eßlöffel Teig hineingießen und die Pfanne so drehen, daß sich die Masse zu einem hauchdünnen Crêpe verteilt. Backen, bis die Unterseite leicht gebräunt ist, dann umdrehen und die andere Seite ebenfalls bräunen. Die Crêpe auf einen Teller gleiten lassen. Aus dem restlichen Teig weitere Crêpes herstellen. Zwischendurch die Pfanne immer wieder etwas einölen.

Die fertigen Crêpes auf die Arbeitsfläche legen und die Muschelmischung auf sie verteilen. Jede Crêpe zweimal falten, so daß eine Fächerform entsteht. Die Crêpes in eine gebutterte feuerfeste Form legen und im 200 °C heißen Backofen 10 Minuten backen. Dann servieren.

Crêpes mit Muschelfüllung

Teigtaschen, 18. Jahrhundert, Keramikfliese aus dem Castello Sforzesco, Mailand

NEAPOLITANISCHE TEIGTASCHEN

Rissole alla Napoletana

Francesco Leonardi, Verfasser eines 1790 erschienenen sechsbändigen Kochbuches mit dem Titel *»L'Apicio Moderno«* (»Der moderne Feinschmecker«), nahm in sein Werk nicht nur eine Fülle von Rezepten auf, sondern schrieb auch eine Art Geschichte der italienischen Küche von römischer Zeit bis in Leonardis Ära. Er war Koch der russischen Kaiserin Katharina II. und kannte sich sowohl in der italienischen wie in der französischen, der deutschen und der englischen Küche aus. Darüber hinaus hatte er gute Kenntnisse über Weine aus Italien und anderen Ländern, von denen sich in seinem Werk eine umfangreiche Liste befindet. Viele seiner Rezepte wurden bis in die heutige Zeit fast unverändert beibehalten. Diese kleinen Teigtaschen sind beispielsweise den *panzarotti* sehr ähnlich, die man immer noch in vielen Lebensmittelgeschäften Neapels findet.

Man hacke zwei frische Büffelkäse, füge ein wenig Parmesankäse, etwas *marzolino* und etwas geriebenen *caciocavallo* (ein ursprünglich aus Schafsmilch zubereiteter Käse) hinzu sowie eine Scheibe Prosciutto, die man gehackt und in einem kleinen Topf über dem Feuer angeschwitzt hat, ein wenig gehackte Petersilie, kein Salz, etwas zerstoßenen Pfeffer, Muskatnuß und zwei ungekochte Eier und vermische all diese Zutaten. Man rolle eine Platte aus Mürbeteig aus, der mit Butter oder Schmalz zubereitet wurde. Die Teigplatte sollte die Dicke eines *paolo* (alte Münze) haben. Man setze kleine Häufchen der obigen Mischung darauf und streiche um jedes herum etwas verquirltes Ei. Dann klappe man die Teigplatte darüber, drücke sie gut an und steche mit einem gewellten Keksausstecher kleine, halbmondförmige Ravioli aus.
Man backe sie in sehr heißem Schweineschmalz aus und trage sie auf, sobald sie hübsch goldbraun sind.

180 g Mehl
60 ml leicht gesalzenes Wasser
90 g Ricotta
1 Ei
2 EL Petersilie, gehackt
60 g frisch geriebener Parmesankäse
90 g Mozzarella, in kleine Würfel geschnitten
90 g Salami, in kleine Würfel geschnitten
Frisch gemahlener Pfeffer
1 l Olivenöl zum Ausbacken

Das Mehl auf die Arbeitsfläche häufen. In der Mitte eine Mulde machen und das gesalzene Wasser hineingießen. Aus Mehl und Wasser einen weichen Teig herstellen.

Die Ricotta durch ein Sieb streichen. Ei, Petersilie, Parmesankäse, Mozzarella und Salami hinzufügen. Alles gut vermischen und nach Geschmack pfeffern.

Den Teig dünn ausrollen und in 10 cm breite Streifen schneiden. Auf die eine Seite eines jeden Streifens längs im Abstand von 5 cm kleine Häufchen Ricottamischung setzen und die andere Seite des Teigstreifens darüberklappen. Den Teig zwischen den Häufchen andrücken und kleine Quadrate ausstechen. Das Öl auf 180 °C erhitzen. Die Rissole etwa 5 Minuten ausbacken, bis sie goldbraun sind. Abtropfen lassen und heiß servieren.

Bankettszene, französische Schule des 14. Jahrhunderts, aus Livius' römischer Geschichtsschreibung; Universitätsbibliothek, Genua

Neapolitanische Teigtaschen (modernes Rezept)

Eier in Aspik

EIER IN ASPIK

Aspic di uova sode

Schon sehr früh zierten großartige Kreationen in Gelee die Tische der Reichen. Im allgemeinen stellte man das Gelee aus Fleisch- oder Hühnerbrühe her, die mit einem Schweinepfötchen und einem Stück Kalbsschnauze gekocht wurde. Heute gibt es gemahlene Gelatine, aber sie hat zweifellos nicht den gleichen wunderbaren Geschmack.

1 ganzes Ei
90 ml natives Olivenöl
Salz und frisch gemahlener Pfeffer
Saft von 1 Zitrone
5 hartgekochte Eier
180 g gekochte Hühnerbrust, in sehr dünne Streifen geschnitten
180 g magerer gekochter Schinken, gewürfelt
2 EL gemahlene Gelatine

Das rohe Ei in einer kleinen Schüssel verquirlen. Unter ständigem Schlagen das Öl langsam dazugießen und eine Mayonnaise herstellen. Mit Salz und Pfeffer würzen und den Zitronensaft unterschlagen.

Die hartgekochten Eier schälen. 1 Ei hacken und in eine Schüssel geben. Hühnerfleisch, Schinken und Mayonnaise dazugeben und alles vorsichtig vermischen.

Die Gelatine nach Gebrauchsanweisung mit warmem Wasser anrühren und abkühlen lassen, aber nicht kalt stellen. Eine 1,5 l fassende Form mit glatten, geraden Wänden innen mit einer dünnen Geleeschicht überziehen und in den Kühlschrank setzen, bis sie ganz fest geworden ist.

Die restlichen vier Eier in Scheiben schneiden. Einige der Scheiben in einem Kreis auf den Boden der Form legen. Mit einer dünnen Schicht Gelee bedecken und sofort in den Kühlschrank zurückstellen, bis sie erstarrt ist. Nun abwechselnd die Huhn-Schinken-Mischung und die Eischeiben in die Form schichten. Dann den Rest des flüssigen Gelees darübergießen und die Form mindestens 3 Stunden kalt stellen.

Zum Servieren die Form kurz in heißes Wasser tauchen. Den Aspik auf eine Platte stürzen und servieren.

AUFLAUF VON ERBSEN UND SCHINKEN

Sformato di piselli

In römischer Zeit wurden Erbsen so wie Linsen, Bohnen und Kichererbsen häufig getrocknet und sogar zu Mehl verarbeitet. Während der Renaissance begann man sie frisch zu essen, und heute werden ganz frische Erbsen manchmal auch in Salaten serviert. Bei *sformati* (Aufläufen) fügt man dem Gemüse mitunter gekochten Schinken hinzu, und wenn der Koch zufällig den Knochen von einem rohen Schinken übrig hat, wirft er ihn nicht fort, sondern gibt ihn in das Garwasser der Erbsen, damit diese noch mehr Geschmack bekommen. Schinkenknochen werden, insbesondere im Norden, oft auch für Minestrone verwendet.

2 kg frische Erbsen, enthülst
60 g Butter
30 g Mehl
180 ml warme Milch
Salz und frisch gemahlener Pfeffer
120 g frisch geriebener Parmesankäse
Etwas frisch geriebene Muskatnuß
4 Eier
180 g gekochter Schinken, sehr fein gehackt
1 EL Semmelbrösel

Die Erbsen in kochendem Salzwasser weich garen. Abtropfen lassen und durch ein Sieb drücken.

In einer Pfanne bei mittlerer Hitze 30 g Butter zerlassen. Das Mehl hineinrühren. Nach und nach unter ständigem Rühren die Milch hinzufügen. Mit Salz und Pfeffer

Auflauf von Erbsen und Schinken

würzen. Von der Kochstelle nehmen und Parmesankäse, Muskatnuß, Eier, gehackten Schinken und Erbsenpüree dazugeben.

Mit der verbliebenen Butter eine 1,5 l fassende Ringform ausfetten und mit den Semmelbröseln ausstreuen. Die Erbsenmischung hineingießen und im vorgeheizten Backofen bei 180 °C 1 Stunde backen. Auf eine Platte stürzen und servieren.

AUFLAUF VON GRÜNEN BOHNEN

Sformato di fagiolini

Gemüseaufläufe kamen früher nur in wohlhabenden Familien auf den Tisch. Im allgemeinen servierte man sie zum Abendessen, und zwar nach dem ersten Gang und vor dem Hauptgericht aus Fleisch oder Fisch. Zu den *sformati* wurde meist geschmortes Bries, eine Sauce hollandaise oder eine leichte Tomatensauce gereicht. Heute ißt man sie mit diesen Beilagen vor allem abends als Hauptgericht anstelle von Fleisch.

600 g frische grüne Bohnen, geputzt
60 g Butter
3 EL Mehl
400 ml warme Milch
Salz und frisch gemahlener Pfeffer
Eine Prise geriebene Muskatnuß
120 g frisch geriebener Parmesankäse
4 Eier

Die Bohnen in reichlich kochendem Salzwasser 10 Minuten garen. Gut abtropfen lassen und durch ein Sieb streichen, so daß ein fast cremiges Püree entsteht.

Für die Zubereitung der Sauce 15 g Butter in einem Topf zerlassen. Das Mehl mit einem Holzlöffel hineinrühren. Langsam die Milch hinzufügen und dabei ständig rühren, bis alle Klümpchen aufgelöst sind. Mit Salz, Pfeffer und Muskatnuß würzen. Die Sauce kochen, bis sie dick geworden ist. Von der Kochstelle nehmen und den Parmesankäse hineinrühren. Die Eier nacheinander hinzufügen und gut untermischen. Die Sauce in das Bohnenpüree rühren.

Eine 1,5 l fassende Ringform ausbuttern. Die Bohnenmischung hineingießen. Im vorgeheizten Backofen bei 180 °C etwa 1 Stunde backen. Auf eine Platte stürzen und servieren.

Auflauf von grünen Bohnen

Fische und Meeresfrüchte

Marcius

Fische und Meeresfrüchte

Schon in alten Zeiten rankten sich in Italien zahlreiche Legenden um das Meer. Und der Anblick des Fischers, der im ersten Licht des Tages mit seinen Fängen in den Hafen zurückkehrt, hat seit Jahrhunderten nichts an Faszination verloren. Unverändert blieben auch viele der Methoden, die üppigen Fänge zuzubereiten und zu garen. Die Fischküche der Italiener ist ein Erbe der alten Griechen, und ihre Ursprünge liegen in römischer Zeit. Seitdem hat Generation auf Generation die Ernte des Meeres in Ehren gehalten.

Lange hat das herrliche Mittelmeer die Menschen Italiens verwöhnt und beschenkte sie mit einer außergewöhnlichen Fülle an eßbaren Meerestieren. Die Italiener brachten diese glitzernden Gaben in ihre Küche und schufen eine Vielfalt von spektakulären Gerichten. Die Bewohner der wenigen im Binnenland gelegenen Regionen fingen dagegen köstliche Süßwasserfische in Flüssen und Seen, die von eisigen Wassern aus den Alpen gespeist werden. Darüber hinaus ist es seit dem Mittelalter in einsamen Gebirgsgegenden Italiens Tradition, getrockneten Kabeljau einzuführen.

Heute zeugen die verwirrende Vielfalt der Fische und Meeresfrüchte auf den Märkten und die oft großartigen Auslagen in den Fenstern guter Fischrestaurants von der herausragenden Stellung, die diese Nahrungsmittel in der italienischen Küche einnehmen.

Krebse, Weichtiere und alle Arten von großen und kleinen Fischen finden in Antipasti, herzhaften Suppen, Saucen für Pasta und Risotto sowie Pizza Verwendung und kommen als herrlicher Hauptgang gebraten, gegrillt, gekocht oder ausgebacken auf den Tisch.

Schon die alten Römer scheuten keine Mühen, um eine ständige Versorgung mit frischem Fisch sicherzustellen. Und so wurden die Fische nicht nur lebend auf die küstennahen Märkte gebracht, sondern von den Fangorten in großen Wassertanks in entlegenere Gebiete transportiert – ein damals wahrhaft abenteuerliches Unterfangen. Heute kann man sich nur noch mit viel Phantasie den Anblick vorstellen, den das Trajansforum bot, wenn dort an Markttagen in riesigen Becken Fluß- und Meeresfische schwammen, deren Regenbogenfarben sich im lichtdurchfluteten Wasser brachen.

Im mittelalterlichen Italien gab es viele klösterliche Gemeinschaften, in denen man nur wenig oder gar kein Fleisch aß, doch wurden in den Teichen der Klöster mit viel Liebe Fische gezogen, die der Koch dann unter Anwendung all seiner Kunst für den Refektoriumstisch zubereitete. Auch bei den Renaissance-Menüs kam Fisch große Bedeutung zu. In einem Werk Bartolomeo Scappis aus dem 16. Jahrhundert finden sich vielfältige Rezepte für Fische und Meeresfrüchte, wie etwa Störköpfe in Aspik, mit Kalmar gefüllte Pastapasteten, *orata* (Goldbrasse) mit Pflaumen, Zimt und Safran oder – eine alte Delikatesse – Aal in einer süß-sauren Sauce gebraten. Darüber hinaus beschreibt er verschiedene Methoden für die Zubereitung einer Meeresschildkröte und erklärt seinen Lesern, wie man sie säubert, ohne die zarten Eier zu zerbrechen, die – wie er meint – beiseite gestellt und später gebraten werden sollten.

SEITE 96/97: *Stilleben mit Fischen* (Ausschnitt), Vincenzo Campi (1536–1591); Pinacoteca di Brera, Mailand
Campi war Vertreter einer Kunstrichtung, die Alltagsszenen des einfachen Volkes realistisch darzustellen versuchte.

SEITE 98: *Das Sternzeichen des Aries: Fischhändler* (Ausschnitt), 14. Jahrhundert, Fresko; Palazzo della Ragione, Padua
In den mittelalterlichen Klöstern Italiens aß man wenig oder gar kein Fleisch, widmete aber um so mehr Arbeit und Zeit der Zucht von Teichfischen.

Marktszene in Venetien mit Fischhändlern, 19. Jahrhundert, kolorierte Lithographie; Sammlung Bertarelli, Mailand
Fisch ist in der gesamten Region Venetien beliebt. Oft wird er in einem Risotto gegart oder als Eintopf mit Polentascheiben gegessen.

Einer der großen Klassiker der italienischen Küche ist die *zuppa di pesce* (Fischsuppe). Bei diesem wunderbaren, nahrhaften Gericht handelt es sich eher um einen Eintopf als um eine Suppe, und im allgemeinen ißt man es als Hauptgang. Wie alle *zuppe* wird dieses schmackhafte Gericht traditionell in tiefen Tellern auf einer Scheibe geröstetem Landbrot serviert. Praktisch jede große Stadt entlang der italienischen Küste hat ihre besondere Version, obwohl die Rezepte oft nur geringfügig voneinander abweichen. Gemeinsam ist allen, daß man für die Zubereitung der Brühe recht gewöhnliche, grätenreiche Fische verwendet, die in erster Linie der Suppe das Aroma geben, und später hochwertigere Zutaten hinzufügt, wie etwa Schaltiere.

Auch die Venezianer benutzen für die Brühe ihres *brodetto di pesce* (Fischsuppe) einfachere Fischarten, die dann mit Stücken von hochwertigeren Fischen ergänzt werden. In der ruhmreichen einstigen Küstenrepublik Genua kennt man zwei gefeierte Variationen dieses Gerichts. Das eine ist die *buridda alla Genovese,* ein herrlicher Eintopf mit Seeteufel, Tintenfisch, Kalmar, einer Handvoll Miesmuscheln, Herzmuscheln und Garnelen, doch kann auch sonst viel von dem verwendet werden, was an kleinen Leckerbissen beim morgendlichen Markt übriggeblieben ist. Dann gibt es noch die *ciuppin,* für die man mehr oder weniger die gleichen Zutaten verwendet, doch wird der Fisch nach dem Garen entgrätet und püriert. Aus Livorno an der Adria kommt der berühmte *cacciucco,* die dickste der Fischsuppen. Als Grundlage dient Drachenkopf *(scorfano)* oder anderer einfacher Fisch, dem dann als Verfeinerung die üblichen Krustentiere zugegeben werden. Oft bekommt jeder Gast als Überraschung noch eine kleine *aragosta* (Languste). Ihren typischen Geschmack erhält die Suppe durch *peperoncini* (Chilischoten). Zum Servieren wird der Fisch auf eine mit Knoblauch eingeriebene, geröstete Brotscheibe gelegt, auf die man dann die dicke Suppe schöpft. Die edelste *zuppa di pesce* besteht aus Mollusken wie etwa *datteri* (Steindatteln), *cannolicchi* (Scheidenmuscheln), *telline* (Tellmuscheln), *vongole* (Herzmuscheln) und *tartufi di mare* (Venusmuscheln). Diese wundervolle Kombination gilt als Spezialität verschiedener Regionen, in denen die aufgezählten Zutaten erhältlich sind.

In guten Restaurants ist es Brauch, daß der Wirt seinem Gast vor und nach dem Garen stolz den ganzen Fisch auf einer Platte präsentiert. Ein herrlicher Anblick, vor allem, wenn es sich um die schöne *orata* (Goldbrasse) handelt, mit ihrem charakteristischen goldschimmernden Kopf. Kein anderes Mitglied ihrer Familie wird so geschätzt wie sie, und man unterstreicht ihren feinen Geschmack durch eine möglichst schlichte Zubereitung. Am besten brät man sie in einer Papierhülle (so daß kein Saft verlorengeht) mit Oliven und Petersilie oder frischen, in Scheiben geschnittenen Steinpilzen. Die stahlblauen *dentice* (Zahnbrassen) haben eine leuchtende Färbung und sind mit ihren silbernen Flanken und dem rötlichen Schimmer besonders reizvolle Fische. Sie werden am besten gegrillt oder – wenn sie groß genug sind – gefüllt und im Backofen gebraten. Kopf und Nacken gelten als besondere Delikatesse.

Die *triglia* (Rotbarbe) wurde schon in alter Zeit hoch geschätzt und eignet sich ebenfalls zur Präsentation auf einer Platte, da ihre Färbung ebenso einzigartig ist wie ihr Geschmack. Die Griechen hatten sie Hekate (Göttin der Zauberei) geweiht, und wie Alan Davidson in seinem Buch *»Mediterranean Seafood«* (»Mediterrane Fischgerichte«) schreibt, sollen die Römer im 1. Jahrhundert n. Chr. versessen auf sie gewesen sein. Zumindest berichteten alle bekannten lateinischen Schriftsteller jener Tage – Cicero, Horaz, Juvenal, Martial und Seneca – von einem »Rotbarbenfieber«, das sich damals unter den Reichen ausgebreitet hatte. Große Exemplare (es werden Barben von mindestens 2,5 Kilogramm Gewicht erwähnt) wurden auch in Gefangenschaft gehalten. Und nach Plinius vertrieb man sich die Zeit damit, zu beobachten, wie sich bei einem sterbenden Fisch die Färbung veränderte. Heute gibt es viele Zubereitungsmethoden für die Rotbarbe. In Venedig mariniert man sie in Weißwein, in Livorno wird sie in Tomatensauce gesimmert, und in den Abruzzen würzt man sie mit Lorbeerblättern. Entscheidend ist nur, daß man ihren Eigengeschmack nicht durch zu viele andere Aromen überdeckt. Auch einfach gegrillt, mit Kräutern wie Fenchel oder Thymian, schmeckt sie ausgezeichnet.

Meeresfauna, römisches Mosaik; Museo Archeologico Nazionale, Neapel
Die alten Römer unternahmen beträchtliche Anstrengungen, um die Versorgung mit frischem Fisch sicherzustellen. Sie brachten die frisch gefangenen lebenden Fische in riesigen Wassertanks zum Markt.

Zwei andere ausgezeichnete und sehr beliebte Fische – *tonno* (Thunfisch) und *pesce spada* (Schwertfisch) – sind leider zu groß, um auf einer Platte präsentiert zu werden, doch kann man sie durchaus in ganzer Schönheit auf den Märkten bewundern. Vielseitiger ist der Thunfisch. Der hochwertige *tonno sott'olio* ist in Öl eingelegt und wird nach Gewicht aus großen Blechbehältern verkauft, um in vielerlei Gestalt auf Antipasti-Tischen und in Pastasaucen zu erscheinen. Es gibt auch zahlreiche Rezepte für Hauptgerichte aus frischem Thunfisch, vor allem in den südlichen Regionen, wo die Laichgebiete vieler Arten liegen, wie etwa von dem gewaltigen Roten Thunfisch, dem Weißen Thun und einer kleinen Art, die *tonnetto* genannt wird. Der kommerzielle Thunfischfang geht im Mittelmeerraum bis in die Zeit der alten Griechen zurück. Bei Sizilien fängt man Thunfische immer noch in langen Netzen, die im Meer ausgelegt und dann an Land gezogen werden. Schon Aischylos gibt eine Beschreibung dieses alten Rituals. Es wird *mattanza* genannt und findet noch heute im Mai oder Juni statt. Dann kann man insbesondere an der Küste von Trapani das Schauspiel beobachten.

In alter Zeit wurde Thunfisch mit den klassischen süß-sauren Saucen aus Honig, Kräutern und Essig serviert. Maestro Martino da Como beschreibt in einem Kapitel seines im 15. Jahrhundert erschienenen Buches *»Libro de Arte Coquinaria«* (»Das Buch von der Kochkunst«) weitschweifig die besten Garmethoden für Fisch. Er empfiehlt, die *ventresca* (den Bauch des

Thunfischfang, Trapani-Schule, 17. bis 18. Jahrhundert, Keramikfliesen; Museo Nazionale Pepoli, Trapani

Thunfischs) zu verwenden, und je dicker, fester und kompakter sie sei, um so besser. Nach seinem Rezept kocht man den Thunfisch und läßt das Fleisch anschließend in Essig ziehen. Da Thunfisch von Natur aus einen ausgeprägten Eigengeschmack hat, bereitet man ihn in Italien traditionell am liebsten einfach zu – klassische Zutaten sind Oliven, Kapern und Tomaten.

Seit der Antike werden vor der sizilianischen Küste Schwertfische mit Harpunen gejagt, ein Ritual, das von Generation an Generation weitergegeben wurde. Es ist ein dramatisches Schauspiel und ein echter Kampf zwischen Mensch und wildem Tier. Während der Augustferien *(Ferragosto)* feiert man in Messina jedes Jahr ein Fest, bei dem die einheimischen Fischer ihre Tapferkeit und Geschicklichkeit vor den Touristen unter Beweis stellen, die sich anschließend am Hafen gegrillte Schwertfischsteaks munden lassen. Auf den Märkten schneiden Verkäufer dicke, weiße Steaks aus riesigen frischen Fischen, deren Schwert daneben zur Schau gestellt wird. Francesco Leonardi, der im 18. Jahrhundert zur Zeit der Bourbonen Koch der neapolitanischen Aristokratie und Verfasser des Buches »*L'Apicio Moderno*« (»Der moderne Feinschmecker«) war, empfiehlt, daumendick geschnittene Schwertfischstücke in einer Marinade mit Trüffeln oder Pflaumen (je nach Saison) einzulegen. Anschließend soll man sie in der Flüssigkeit sautieren und die Pfanne mit Champagner ablöschen. Marinierte Schwertfischsteaks schmecken auch gegrillt herrlich oder – wie nach einem alten Rezept aus Kalabrien – mit Kapern, Olivenöl, Zitrone und Essig gedämpft.

Auch wenn die großen Fische mehr beeindrucken, die Italiener sind auch Experten darin, kleine Fische mit Liebe und Sorgfalt zuzubereiten. Die winzigsten sind die *alici* (frische Sardellen), die häufig als Vorspeise serviert werden. Elizabeth David schwärmt in einem ihrer Bücher: »Frische Sardellen und frische Sardinen sind die beiden köstlichsten Fische des Mittelmeers. Sardellen aber bekommt man mitunter nur schwer, denn sie werden ausschließlich bei abnehmendem Mond gefangen.« Auch Scappi nahm sie in seine Aufzählung kalter Speisen für den *primo servizio di credenza* (erster Gang) auf, und heute werden sie gern als leichtes Mittagessen gegessen. Am köstlichsten schmecken die Sardellen mit ihren blaugrünen Rücken und silbrigen Seiten vielleicht sogar roh – einfach filetiert und mehrere Stunden in Zitronensaft mariniert. Oder man gart sie kurz in Olivenöl, Knoblauch und Kräutern.

Ein wahrer Gaumengenuß sind frische, silberne *sarde* (Sardinen). Ein Klassiker aus Palermo ist *pasta con le sarde* (Pasta mit Sardinen); er wird mit Rigatoni zubereitet, die man mit einer Sauce aus Fenchel, Pinienkernen, Rosinen und gebratenen Sardinen mischt und mit weiteren Sardinen bedeckt im Backofen gart. Als Hauptgericht schmecken frische Sardinen unverfälscht am besten. Gegrillt bewahren sie ihren herrlichen Geschmack besonders gut, aber sie können auch fritiert oder paniert und gebraten werden. Die traditionelle Zubereitungsmethode war jedoch komplizierter. Früher füllte man sie mit einer gehaltvollen Mischung, die Oliven, Nelken, Kapern, Pinienkerne, Rosinen, Pecorino-Käse, Brotkrumen und Eier enthalten konnte. Man kann die Sardinen aber auch zu köstlichen Bällchen aufrollen, wie es Bartolomeo Scappi im 16. Jahrhundert empfahl, oder garen wie beim *sarde a beccafico,* einem berühmten sizilianischen Gericht. Hier werden die Sardinen so dick und rund auf den Tisch gebracht wie die *beccafico,* die Feigendrosseln, die bei Jägern äußerst beliebt sind.

Bei den kleinen Krustentieren werden seit langem vor allem die herrlichen »Juwelen des Meeres« – die Garnelen – gern gegessen und auf vielfältige Weise zubereitet. Leonardi nahm in sein Buch *»L'Apicio Moderno«* eine verfeinerte Version eines Rezeptes aus dem 18. Jahrhundert auf, nach dem sie »auf italienische Art«, das heißt in einer feinen Sauce aus Weißwein, Zitrone und einer Vielzahl gehackter Kräuter, zubereitet werden. Auch heute noch gilt die Kombination der leicht süßlichen Garnelen mit aromatischen Kräutern wie Majoran, Thymian, Estragon, Basilikum und Petersilie als die perfekteste Methode, sie zu servieren.

Der Fischhändler, Schule des Carlo Saraceni, spätes 16. bis frühes 17. Jahrhundert; Galleria Corsini, Florenz
Saraceni war ein großer Bewunderer Caravaggios und malte wie dieser realistische Szenen des einfachen Volkes.

Die wunderbar weichen, kleinen Mollusken aus der Familie der Tintenfische haben in ganz Italien viele Freunde. Man unterscheidet vier Arten – *seppie* (gemeine Tintenfische), *calamari* (Kalmare) und *polipetti* und *moscardini* (winzige Kraken), die manchmal nicht größer als Walnüsse sind. Besonders beliebt sind Tintenfische mit einer Füllung aus Petersilie, Knoblauch, Eiern, Käse, Brotkrumen, Fischstücken und den gehackten Tentakeln. In der Toskana gart man die *seppie in zimino* mit Spinat, Kräutern, Gewürzen und reichlich gemahlenem Pfeffer. Dieses Gericht basiert auf einem Rezept der Renaissance. Es wurde von Scappi überliefert, der vorschlug, die Tintenfische mit gehackten Gemüsen zu köcheln und als Gewürze Zimt und Safran hinzuzufügen. Auch Kalmare können, wie Tintenfische, wunderbar gefüllt werden. Weil sie aber zäher sind, ist es ratsam, sie mit Wein, Zwiebeln, Knoblauch, Tomaten und Kräutern zu schmoren. Alle diese Mollusken findet man jedoch am häufigsten, zusammen mit Fischstücken, in einem *fritto misto mare,* wo sie ausgebacken werden.

Über Jahrhunderte versorgten die von den Wassern der Alpen und Apenninen gespeisten malerischen Bäche, Flüsse und Seen die umliegenden Regionen mit üppigen Mengen an Süßwasserfischen, wie herrlichen Forellen, Barschen, Karpfen, Alsen und Stören. Heute leidet Italien, nicht anders als die übrige Welt, unter der Umweltverschmutzung, was jedoch die Fischer nicht davon abhält, wie ihre Vorfahren weiter auf Fang zu gehen. Man sieht sie nicht nur in den schroffen Gebirgsregionen, sondern auch entlang von Flüssen, wie etwa dem Arno, der durch Florenz fließt. Obwohl heute vor allem Zuchtforellen im Handel sind, gibt es in den Flüssen des Nordens immer noch Lachsforellen. In Werken klassischer Schriftsteller findet man begeisterte Beschreibungen von den köstlichen Forellen des Tiber *(pesce persico),* den Barschen aus dem Lago Maggiore und der riesigen *lasca* (seltene Plötze) aus dem Lago Trasi-

Fische, Giuseppe Recco (1634–1695); Museo Nazionale di San Martino, Neapel
Es ist eine alte Tradition, daß der Wirt eines Restaurants dem Gast vor dem Garen auf einer Platte den ausgewählten Fisch präsentiert.

meno in Umbrien. Während des Mittelalters und der Renaissance sandte der Bischof von Perugia diese Plötzen regelmäßig als Geschenk an den Papst im Vatikan, dem dieser Fisch am Ostersonntag zum Abendessen serviert wurde. Nach Erzählungen aus aller Welt müssen Forellen früherer Zeiten gewaltige Größen erreicht haben. Scappi berichtet von in den Seen Norditaliens gefangenen Exemplaren, die bis zu dreißig Kilogramm wogen. Nach den Rezepten wurden diese Riesen in Stücke geschnitten und mit Zucker und Gewürzen gedünstet. Im 17. und 18. Jahrhundert bereitete man sie gern *alla Francesca* – mit dicken, gehaltvollen Sahnesaucen – zu. Heute bevorzugt man Forellen, die einfach in Weißwein und Kräutern mariniert und anschließend gegrillt werden.

Der Aalverkäufer, Filippo Palizzi (1818–1899), Druck; Stadtbibliothek, Mailand

Capitone, eine riesige Aalart, wird traditionell am Weihnachtsabend als Vorspeise serviert. Man gart ihn in Essig mit Lorbeerblättern und Knoblauch und läßt ihn anschließend einige Tage durchziehen.

Eine seltsam häßliche Meereskreatur, die aber seit dem Mittelalter als Delikatesse gilt, ist die *anguilla* oder der Europäische Flußaal. Dieser Fisch verbringt die meiste Zeit seines Lebens im Süßwasser, zum Laichen zieht er jedoch in den Westatlantik. Wenn die jungen Aale zurückkehren, um in die Flüsse aufzusteigen, werden sie bereits von den Fischern erwartet. So ist beispielsweise Comacchio südlich der Pomündung seit dem Mittelalter ein lebendiges Zentrum der Aalfangindustrie. Die glücklicheren Aale werden wieder ausgesetzt, um einige Jahre später in der Sargassosee zu laichen, die anderen enden als Konserven.

Die ausgewachsenen, großen, schmackhaften Comacchio-Aale werden zunächst gegart, um ihren Fettgehalt zu reduzieren, dann mit Weinessig und Lorbeerblättern konserviert und schließlich verpackt und ins ganze Land transportiert. Das nahrhafte Fleisch frischer Aale wird gewöhnlich in dicke Scheiben geschnitten und mit Kräutern gebraten. In Rom ißt man am Weihnachtsabend traditionell kein Fleisch, sondern *capitone,* eine besonders große Aalart. Nach einem Brauch, der auf die Zeit des römischen Kaisers Trajan zurückgeht, kommen die Aale lebend in Tanks auf die römischen Fischmärkte. Sie werden gesäubert, in Scheiben geschnitten, mit Knoblauch eingerieben, abwechselnd mit Lorbeerblättern auf Spieße gesteckt, in Olivenöl und Essig mariniert und dann gebraten. In ihrem Buch *»Italian Food«* (»Italienische Speisen«) zitiert Elizabeth David dazu den knappen Kommentar von George Augustus Sala, einem Autor des 19. Jahrhunderts: »Einige Leute hegen Vorurteile gegen Aale. Bekämpfen Sie diese Vorurteile! Bezwingen Sie sie!«

Seltsamerweise wird in einem Land, das für seine Liebe zu frischem Fisch bekannt ist und in dem es eine lange Tradition für seine Zubereitung gibt, eines der bedeutendsten Fischgerichte mit getrocknetem Fisch zubereitet, nämlich mit Stockfisch (getrockneter Kabeljau), den man seit dem 16. beziehungsweise 17. Jahrhundert aus Skandinavien und Nordamerika einführt. Auch der Kabeljau ist ein Nahrungsmittel der armen Leute, das die Zeiten und Bräuche überdauert hat, um zu einer Nationalspeise zu werden. Er verdankt seine Popularität vor allem der Tatsache, daß er preiswert und nahrhaft ist und darüber hinaus praktisch nicht verdirbt. Dies sind in einem Land, in dem viele arme Menschen in abgelegenen Gebirgsgegenden keine Kühlvorrichtungen besaßen und oft aus religiösen Gründen auf Fleisch verzichten mußten, wertvolle Eigenschaften. Der Kabeljau, der im Mittelmeer nicht heimisch ist, kam, in Fässern verpackt, per Schiff in große Hafenstädte wie Venedig und Genua und wurde dann über die Alpen und Apenninen entlang der sogenannten Salzstraßen ins Inland gebracht – auf belebten Routen, auf denen neben dem getrockneten Fisch auch andere in Salz konservierte Nahrungsmittel und später Olivenöl transportiert wurden. Das Repertoire an Rezepten für getrockneten Kabeljau ist enorm und stammt aus sämtlichen Regionen Italiens.

Bekannte und verbreitete Arten des getrockneten Kabeljaus sind vor allem *baccalà* und *stoccafisso,* die auf recht unterschiedliche Methoden konserviert werden. Allerdings werden beide Fischarten in italienischen Kochbüchern und auf Speisekarten oft verwechselt, weil man den Begriff *baccalà* für beide Arten verwendet. *Stoccafisso* wird in Norwegen, Island und Neufundland hergestellt, wo man ihn an Schnüren aufhängt und in den Nordwinden trocknet. Auf diese Weise entstehen lange, harte, stabähnliche Trockenfische, die die Farbe und Struktur von Pergament haben. Ihre Zubereitung ist ziemlich zeitraubend und mühsam. Zunächst wer-

Die Fischhändlerin aus Posillipo, Druck
Die Fische und Meeresfrüchte Neapels sind seit Jahrhunderten berühmt. Auf den neapolitanischen Märkten wird eine überraschende Auswahl an frischem Fisch angeboten.

den sie geklopft, damit sich die Fleischfasern lockern, und dann einige Tage eingeweicht, wobei mehrmals das Wasser erneuert werden muß. Dann aber kann man aus ihnen zahlreiche ausgezeichnete Gerichte zubereiten. *Baccalà* hingegen wird eingesalzen, nur teilweise getrocknet, gepreßt und dann gewöhnlich in großen Stücken verkauft. Das Fleisch bleibt weiß und muß nur einen Tag eingeweicht werden. Dieser Fisch wird vom Händler schon garfertig vorbereitet.

Kabeljau erscheint erstmals in Rezepten aus dem Jahr 1570. In Kapitel 112 des dritten Buches seiner *»Opera«,* das den Titel »Viele Methoden zum Garen von getrocknetem Kabeljau« trägt, warnt Scappi davor, den Fisch zu klopfen, und empfiehlt statt dessen, ihn acht Stunden in lauwarmem Wasser einzuweichen. Er schlägt weiter vor, ihn mit gehackten Zwiebeln zu garen oder filetiert mit Kräutern zu sautieren und mit einer Knoblauchsauce zu servieren. Oder man brät den in Mehl gewendeten Fisch und reicht ihn mit einer Orangensauce sowie mit *mostarda* (in Senfsirup eingelegte kandierte Früchte), die man auf einem kleinen Teller anrichtet. Scappis Buch enthält auch Rezepte für feinere Saucen, die mit Pfeffer, Zimt und Nelken gewürzt sind, denn »dieser Fisch liebt Gewürze«, wie er so hübsch sagt.

Danach finden sich etwa zwei Jahrhunderte lang keine weiteren Hinweise auf Kabeljau in den Kochbüchern, und er taucht erst wieder 1790 in Leonardis *»L'Apicio Moderno«* auf. Vielleicht hielten frühere Autoren, die häufig für die Aristokratie schrieben, den bescheidenen Kabeljau für zu »gewöhnlich«, um sich mit ihm abzugeben. Während des 17. und 18. Jahrhunderts erlangte der Kabeljau in Italien jedoch eine enorme Beliebtheit, und die norwegischen Importe steigerten sich von nur 100 auf 11000 Tonnen.

Leonardis Empfehlungen sind denkbar einfach: Danach soll man den *baccalà* kochen, kurz vor dem Servieren etwas *butirro nero* (zerlassene braune Butter) darübergießen und die Platte mit gebratener Petersilie garnieren.

Artusi sang im 19. Jahrhundert Lobeshymnen auf die Qualität des aus Labrador stammenden *baccalà,* der auf den Märkten von Florenz angeboten wurde, und empfahl ihn als Speise für Fastentage, an denen frischer Fisch nur schwer zu bekommen war. Er hat in sein Buch neun Rezepte für getrockneten Kabeljau aufgenommen. Er selbst bevorzugte ihn mit Ei und Semmelbröseln paniert und in Butter gebraten. Auf diese Weise, behauptete er, hätte er, zumindest äußerlich, Ähnlichkeit mit dem edleren panierten Kalbsschnitzel.

Besonders berühmt für ihren Kabeljau sind Venedig und Genua, deren Seehandel eine lange Geschichte hat. Der venezianische *baccalà mantecato* dürfte das raffinierteste *stoccafisso*-Gericht ganz allgemein sein. Wie die *brandade de morue* aus der Provence kann es auch auf die spanische Variante, den *bacalao al ajo arriero,* zurückverfolgt werden. Im venezianischen Dialekt bedeutet *mantecato* »bearbeitet«, was auf die lange Zubereitungszeit dieses Gerichtes anspielt. Man verwendet dazu die schönsten, dicksten Filets, die gedämpft und anschließend enthäutet und entgrätet werden. Dann wird das Fleisch einige Minuten kräftig geklopft, während man nach und nach Olivenöl hinzufügt, bis eine dicke weiße Paste entstanden ist. Unter diese mischt man Salz, Pfeffer, gehackte Petersilie und Knoblauch. Serviert wird das Gericht kalt mit gerösteten Brotscheiben. In Ligurien ißt man gebratenen *baccalà* mit einer Sauce aus Brotkrumen, Weißweinessig und reichlich Knoblauch. Und in einem traditionellen Rezept aus Vicenza in Venetien wird der getrocknete Kabeljau in Milch pochiert und mit Polenta kombiniert.

In unseren etwas nördlicheren Regionen wird man natürlich vergebens nach der immensen Vielfalt an Fischen und Meeresfrüchten suchen, die man überall in Italien auf den Märkten und Speisekarten findet. In größeren Städten allerdings wird auch bei uns das Angebot an frischen Seefischen und Meerestieren immer reichhaltiger und verlockender. Oberstes Gebot beim Kauf aber ist – wie überall in der italienischen Küche –, daß die Ware frisch ist. Man sollte deshalb ausschließlich in gute Fachgeschäfte oder Feinkostläden gehen, sich entsprechend informieren und beraten lassen und nach Möglichkeit vorbestellen.

Tarantella in Mergellina: Fischverkäuferin und Fischer (Ausschnitt), Filippo Falciatore, 18. Jahrhundert; Institute of Art, Detroit
Es ist nicht verwunderlich, daß Fisch einen so wichtigen Platz auf dem Speisezettel der Italiener einnimmt, denn fünfzehn der zwanzig Regionen Italiens liegen an der Küste, in den übrigen fünf liefern Flüsse und Seen eine Fülle von Fischen.

Die große italienische Tradition der Fischgerichte ist, trotz der Anpassung an moderne Zeiten und Gegebenheiten, ein von Generation zu Generation weitergereichtes Vermächtnis, das zu den Wurzeln italienischer Kultur zählt.

SCHLEIE

La tinca

Dieses Rezept entstammt dem zehnten Band von Bartolomeo Platinas Werk »*De Honesta Voluptate ac Valetudine*« (»Von wahrem Genuß und Wohlbefinden«), der 1474 veröffentlicht wurde. In der Einleitung des Buches befaßt sich Platina vor allem mit Fisch und den verschiedenen Zubereitungsmethoden. Wie er bemerkt, seien Fische feucht und so kalt wie das Element, in dem sie leben. Darüber hinaus seien sie unverdaulich und nicht besonders gesund. Diese Behauptung aber steht im Gegensatz zu der heutiger Ernährungswissenschaftler, die Fisch wegen des niedrigen Cholesteringehaltes empfehlen. Platina gibt eine kurze Beschreibung jedes Fisches und erklärt, wie man ihn säubert, bevor er Vorschläge für die Zubereitung macht. Wie der Karpfen, ist auch die Schleie ein Süßwasserfisch, der vorwiegend in Gewässern mit Schlammgrund lebt. Dies verleiht ihr einen leicht schlammigen Geschmack, der aber bei richtiger Zubereitung verschwindet. Das hier beschriebene Rezept ist inspiriert durch ein sehr ähnliches von Maestro Martino da Como aus dem 15. Jahrhundert. In der modernen Version wird der Fisch mariniert, damit er seinen Schlammgeschmack verliert.

> Ich glaube, daß der Fisch, der heute als Schleie bekannt ist, einst *mena* genannt wurde. Wenn er groß ist und durch Kochen gegart werden soll, ißt man ihn zubereitet mit Sauermost, Gewürzen und sehr fein gehackter Petersilie. Oder man schneidet ihn auf, dreht das Innere heraus und füllt eine Mischung hinein, die aus seinem Rogen, gehackter Petersilie, zerstoßenem Pfeffer, Knoblauch und etwas Safran besteht. Einige Leute fügen dieser Mischung schwarze oder rote Kirschen oder Sultaninen, geschälte Pinienkerne und ein verquirltes Ei hinzu. Schließlich gart man ihn bei schwacher Hitze über Kohlen, richtet ihn mit etwas Essigtunke und Öl an und befeuchtet ihn mit Sauermost und Orangensaft. Falls die Schleie klein ist, kann man sie auch, wie oben beschrieben, aufschneiden, und, nachdem man sie in Mehl gewälzt hat, in Öl braten. Wenn sie gar ist, befeuchtet man sie mit Sauermost und Orangensaft. Doch wie man sie auch gart, es gibt nichts Schlimmeres als Schleie.

1 kleine Zwiebel, gehackt
2 Knoblauchzehen, gehackt
3 EL natives Olivenöl
120 ml Essig
120 ml trockener Weißwein
1 Handvoll frischer Salbeiblätter
Salz
6 Schleien oder Forellen (je etwa 180 g schwer), gesäubert
1 l Öl zum Fritieren

Gehackte Zwiebel und Knoblauchzehen im Olivenöl bei schwacher Hitze glasig werden lassen. Essig, Wein und Salbei hinzufügen. Salzen und zum Kochen bringen.

Die Fische im 200 °C heißen Öl goldbraun braten. Abtropfen lassen, in ein tiefes Gefäß legen und mit der Marinade übergießen. Das Ganze abgedeckt zwei Tage beiseite stellen. Abtropfen lassen, auf einer Platte anrichten und servieren.

Fischfang im Fluß, 15. Jahrhundert, Illustration aus dem »*Theatrum Sanitatis*« (Code 4182); Biblioteca Casanatense, Rom

GEBRATENER BONITO

Ad arrostire la palamite

Dieses einfache, bis zum heutigen Tag beliebte Rezept stammt aus der Sammlung eines unbekannten Verfassers aus dem Süditalien des 15. Jahrhunderts. Die Zubereitung des Fisches wird darin in allen Einzelheiten und sehr unterhaltsam beschrieben. Das Kochbuch wurde für Familien des Adels- und gehobenen Mittelstandes verfaßt und enthält zahlreiche Rezepte für Pasteten aus Fleisch, Fisch und Gemüse, die sich zur damaligen Zeit besonderer Beliebtheit erfreuten. Am bemerkenswertesten ist die üppige Verwendung von Gewürzen, wie Kreuzkümmel, Koriander und dem mittlerweile sehr teuren Safran, die heute in der italienischen Küche kaum noch Verwendung

Um einen Bonito zu braten, nehme man die Innereien des Fisches durch die Kiemen heraus, schiebe einen hölzernen Spieß, der wie ein Schwert geformt ist, so durch sein Maul, daß er beim Schwanz wieder herauskommt, und lasse ihn nahe beim Feuer ein wenig garen. Dann wickele man ihn so, als handle es sich um einen Fasan, vorsichtig in Schweinefett und gart ihn vollkommen, um ihn mit dem Saft von Zitronen oder mit Rosenwasser zu essen.

finden, sowie die Kombination von Süßem und Herzhaftem, wie etwa in einem Rezept für Fischinnereien, die mit Mandeln, Gewürzen und Zucker gegart werden. In dem modernen Rezept wird Forelle genommen und mit einer einfachen Zitronensauce zubereitet.

6 frische Rosmarinzweige
60 ml Essig
6 Forellen, gesäubert
Salz und frisch gemahlener Pfeffer
6 dünne Scheiben Panchetta
90 ml natives Olivenöl
Saft von 1 Zitrone

Die Rosmarinzweige in den Essig tauchen und in die Fische schieben. Die Fische mit Salz und Pfeffer würzen. Jeden in eine Scheibe Panchetta wickeln. Die Forellen auf Spieße stecken und etwa 20 Minuten grillen, dabei häufig drehen und immer wieder mit etwas Öl bestreichen. Dann auf eine Servierplatte legen.

Eine Prise Salz im Zitronensaft auflösen und das restliche Öl untermischen. Die Sauce getrennt reichen.

Schleie (modernes Rezept); Gebratener Bonito (modernes Rezept)

Gegrillte Lachsfilets

GEGRILLTE LACHSFORELLE (ODER LACHSFILETS)

Trota salmonata alla griglia

Die Lachsforelle hat einen feineren Geschmack als Lachs und eignet sich gut für die schlichte italienische Küche, in der versucht wird, die natürlichen Aromen von Nahrungsmitteln hervorzuheben, statt sie durch schwere Saucen zu überdecken. Dies ist zweifellos eine der besten Methoden, eine Forelle zuzubereiten, aber auch Lachsfilets schmecken, auf die gleiche Weise zubereitet, köstlich.

6 Lachsforellen, je etwa 180 g schwer, oder Lachsfilets
60 ml natives Olivenöl
Salz
Saft von 1 Zitrone
Frisch gemahlener Pfeffer
60 ml trockener Weißwein
15 g Butter
1 EL frisches Basilikum, gehackt

Die Fische nebeneinander auf einen Teller legen und mit etwas Öl bestreichen. Salzen, mit der Hälfte des Zitronensaftes beträufeln und mit etwas Pfeffer würzen. Den Wein darübergießen. Die Fische zum Marinieren zwei Stunden beiseite stellen, zwischendurch hin und wieder drehen.

Den Grill auf hoher Stufe vorheizen. Die Fische aus der Marinade nehmen, abtropfen lassen, in eine Grillpfanne legen und auf jeder Seite einige Minuten grillen.

In der Zwischenzeit das restliche Öl und die Butter in einem Topf erhitzen, aber nicht braun werden lassen. Den Herd ausschalten. Verbliebenen Zitronensaft und gehacktes Basilikum in den Topf geben. Mit Pfeffer würzen.

Den Fisch auf einer Platte anrichten, die Öl-Butter-Sauce darübergießen und servieren.

SCHWERTFISCH MIT KAPERN, IN FOLIE GEBRATEN

Pesce spada ai capperi

Dies ist ein weiteres sehr altes, aber einfaches Rezept zum Garen von Fisch, für das man Papier beziehungsweise Folie verwendet. Auf diese Weise zubereiteter Fisch bewahrt sein ganzes Aroma. Zum Würzen werden lediglich Kapern, gehackte Kräuter oder frische Tomaten verwendet – Fett ist nur wenig notwendig.

6 Schwertfischsteaks oder Steaks von Thunfisch oder Snapper, je etwa 180 g schwer
90 ml natives Olivenöl
Etwas Weinessig
Salz und frisch gemahlener Pfeffer
1 EL Petersilie, gehackt
6 Zitronenscheiben
60 g Kapern, abgetropft

Sechs Stücke Alufolie bereitlegen und auf jedes ein Fischsteak setzen. Die Steaks dünn mit Öl bestreichen und etwas Essig darüberträufeln. Salzen und pfeffern und mit ein wenig Petersilie bestreuen. Eine Zitronenscheibe und einige Kapern darauflegen.

Den Fisch in die Folie packen. Die Päckchen müssen fest verschlossen sein. Auf ein Backblech setzen und im 200 °C heißen Backofen etwa 15 Minuten braten, bis sie gar sind.

Die Päckchen auf eine vorgewärmte Platte legen und bei Tisch öffnen, dabei darauf achten, daß kein Saft herausrinnt.

Schwertfisch mit Kapern, in Folie gebraten

Gegrillte Rotbarbe mit Thymian

GEGRILLTE ROTBARBE MIT THYMIAN

Triglie al timo

Das sechste Kapitel von Maestro Martino da Comos *»Libro de Arte de Coquinaria«* (»Das Buch von der Kochkunst«) ist Fisch gewidmet und enthält zahlreiche Rezepte mit Kräutern, die oft mit Gewürzen kombiniert werden. Heute verwenden wir weniger Gewürze und greifen des frischen Geschmacks wegen häufiger zu Kräutern.

Obwohl die Rotbarbe viel Gräten hat, gehört sie dennoch zu den feinsten Fischen des Mittelmeers und ist mit ihrer rötlichen Färbung auch hübsch anzuschauen. Da sie einen intensiven Geschmack hat, muß dieser nicht durch andere kräftige Aromen ergänzt werden. Eine Rotbarbe und ein Zweig frischer Thymian oder Rosmarin reichen aus, um ein ganz besonderes Gericht zuzubereiten, vor allem, wenn die Rotbarbe in einer Papierhülle *(al cartoccio)* gegart wird.

6 Rotbarben, je etwa 180 g schwer, gesäubert
60 ml natives Olivenöl
12 frische Thymianzweige
6 Scheiben Zitrone
Salz und frisch gemahlener Pfeffer

Die Fische waschen. Sechs Stücke Alufolie einölen und auf jedes eine Rotbarbe legen. In jede einen Thymianzweig stecken. Eine Zitronenscheibe und einen zweiten Thymianzweig daraufsetzen. Salzen und pfeffern.

Die Pakete schließen und die Ränder der Folie fest zusammenrollen. Den Grill vorheizen und die Fische auf jeder Seite 5 Minuten grillen. Sofort servieren.

Goldbrasse mit Champignons

GOLDBRASSE MIT CHAMPIGNONS

Orata ai funghi

Bereits in einem Buch aus dem 14. Jahrhundert, das von einem unbekannten Venezianer verfaßt wurde, finden wir ein Rezept für eine »schmackhafte und wahrlich vollkommene« Pilzpastete, die mit Champignons und Fischstücken zubereitet wird. Der große venezianische Koch Giulio Cesare Tirelli beschreibt die Goldbrasse im 16. Jahrhundert so: »Die Fische, die die Krone tragen, sind in der Tat Königinnen ..., und ihr Fleisch ist von überaus zarter Beschaffenheit.« Die Goldbrasse ist einer der edelsten und teuersten Fische, die es in Italien gibt. Sie eignet sich ausgezeichnet für festliche Essen, vor allem, wenn sie nach diesem einfachen Rezept zubereitet wird, bei dem ihre Schuppen durch in Scheiben geschnittene Champignons ersetzt werden. Noch besser schmecken in Scheiben geschnittene kleine Steinpilze oder die herrlichen *ovuli* (Butterpilze), sofern Saison ist und sie frisch zu haben sind.

1 Goldbrasse, etwa 1,5 kg schwer
Salz und frisch gemahlener Pfeffer
180 g Champignons, in dicke Scheiben geschnitten
60 ml natives Olivenöl

Den Fisch kurz in kochendes Salzwasser tauchen. Abtropfen und abkühlen lassen, dann die Haut entfernen. In eine geölte ofenfeste Form legen, etwas salzen und pfeffern, die Pilzscheiben darauf arrangieren und Öl darüberträufeln.

Die Form mit Alufolie abdecken und den Fisch im vorgeheizten Backofen bei 180 °C etwa 20 Minuten backen.

ROTBRASSE AUF EINEM GEMÜSEBETT

Pagello alle verdure

Im Mittelalter zählte dieses Gericht aus Ligurien zur »Küche der Armen«. Da die Fischer von den täglichen Fängen soviel wie möglich verkaufen mußten, begnügten sich ihre Familien meist mit den kärglichen Resten. Dieses Rezept, in dem reichlich Gemüse und Kräuter verwendet werden, bietet die Möglichkeit, mit wenig Fisch ein Gericht für viele Personen zuzubereiten.

Die Rotbrasse ist eine Verwandte der Goldbrasse, und beide können im Austausch verwendet werden. Für dieses Gericht eignet sich auch die Zahnbrasse. Als perfekte aromatische Ergänzung bereitet man aus Gemüsen eine Sauce zu, die mit dem Fisch gereicht wird. Als Beilage eignen sich mit gehackter Petersilie bestreute Salzkartoffeln, oder man reicht weißes Landbrot dazu.

1 Rotbrasse, etwa 2 kg schwer
60 ml natives Olivenöl
500 g reife Tomaten, abgezogen und gehackt
1 mittelgroße Zwiebel, gehackt
1 Stange Bleichsellerie, gehackt
1 Möhre, geputzt und gehackt
2 EL Petersilie, gehackt
2 Knoblauchzehen, gehackt
3 frische Salbeiblätter, gehackt
1 EL frische Rosmarinblätter, gehackt
Salz und frisch gemahlener Pfeffer

Den Fisch säubern, ausnehmen und die Schuppen entfernen. Kopf und Schwanz ganz lassen. Waschen und troktupfen.

Rotbrasse auf einem Gemüsebett

Eine große, flache, feuerfeste Kasserolle bei niedriger Temperatur erhitzen. 2 Eßlöffel Öl, Gemüse und Kräuter hineingeben und etwa 10 Minuten garen. Den Fisch vorsichtig darauflegen und das restliche Öl darübergießen. Mit Salz und Pfeffer würzen und etwa 30 Minuten garen.

Ist der Fisch zu groß für eine Kasserolle, kann man ihn im Gänsebräter garen und dann auf eine Platte legen.

GOLDBRASSE IN DER PAPIERHÜLLE

Orata al cartoccio

Eines der klassischen Gerichte der italienischen Fischküche ist Goldbrasse, die in eine Papierhülle gewickelt und im Backofen gegart wird. Früher verwendete man dazu eingefettetes Papier, heute kann man statt dessen Pergamentpapier (Backpapier) benutzen. Es gibt auch spezielle Tontöpfe, mit denen man den gleichen Effekt erzielt. Der Fisch wird dabei praktisch ohne Gewürze hineingelegt und mit fest aufgelegtem Deckel im Backofen gegart.

1 Goldbrasse, etwa 1,5 kg schwer
15 g Butter
2 EL Petersilie, gehackt
Salz und frisch gemahlener Pfeffer
180 g Champignons, gehackt
4 in Öl eingelegte Sardellenfilets, gehackt
60 ml natives Olivenöl
Saft von 1 Zitrone

Die Brasse säubern und mit einem kleinen Messer die Schuppen abschaben. Waschen und trockentupfen.

Die Butter mit 1 Eßlöffel gehackter Petersilie verkneten und mit etwas Salz und Pfeffer, der Hälfte der Pilze sowie den gehackten Sardellen in die Bauchhöhle des Fisches geben.

Die restliche Petersilie mit Öl und Zitronensaft vermischen. Ein Stück Pergamentpapier mit der Mischung bestreichen, den Fisch darauflegen und die übrigen Champignonscheiben darüberstreuen. Mit der restlichen Öl-Zitronen-Mischung begießen und mit einem zweiten Papier abdecken. Das Päckchen gut verschließen und in die Fettpfanne des Backofens legen.

Bei 200 °C etwa 20 Minuten backen. Das Päckchen öffnen und den Fisch servieren.

Goldbrasse in der Papierhülle

Panierte Thunfischkoteletts mit Petersilie

PANIERTE THUNFISCH-KOTELETTS MIT PETERSILIE

Costolette di tonno al prezzemolo

In Italien wird Fisch häufig paniert, was besonders dann sehr hübsch aussieht, wenn die Semmelbrösel mit etwas Petersilie vermischt werden. Mitunter verwendet man auch aromatischere Kräuter wie Rosmarin oder Salbei. Italienische Petersilie ist glatt und hat einen intensiveren Geschmack als die häufig verwendete krause Petersilie, die sich besser zum Garnieren eignet.

6 Thunfischsteaks, je etwa 180 g schwer
120 ml Weißweinessig
90 g Mehl
1 Ei, verquirlt
90 g Semmelbrösel
1 EL Petersilie, gehackt
180 ml natives Olivenöl
Salz
1 Zitrone, in Spalten geschnitten

Den Fisch waschen und trockentupfen. Essig, Mehl und verquirltes Ei getrennt in flache Schüsseln geben. In einer weiteren Semmelbrösel und gehackte Petersilie vermischen. Die Thunfischsteaks nacheinander in den Essig tauchen, abtropfen lassen und im Mehl wenden. Dann im Ei und anschließend in der Semmelbröselmischung drehen. Die Steaks sollen gleichmäßig von der Panade bedeckt sein.

Das Öl in einer gußeisernen Pfanne erhitzen. Die Thunfischsteaks auf jeder Seite einige Minuten bräunen. Mit Salz bestreuen und auf Küchenkrepp abtropfen lassen.

Mit Zitronenspalten sofort servieren.

THUNFISCH MIT ARTISCHOCKEN

Tonno con carciofi

Thunfisch hat einen recht ausgeprägten Geschmack und ist von jeher sehr beliebt. Darüber hinaus ist er in den Gewässern um Italien reichlich vorhanden, und man erhält für einen vergleichsweise niedrigen Preis stets gute Ware.

6 Artischocken
Saft von 2 Zitronen
60 ml natives Olivenöl
6 Thunfischsteaks, je etwa 180 g schwer
2 EL Semmelbrösel
1 EL Petersilie, feingehackt
2 Knoblauchzehen, feingehackt
Salz

Die Artischocken stutzen, die harten Außenblätter und das Heu entfernen. In Spalten schneiden. Die Hälfte des Zitronensaftes in eine Schüssel mit Wasser geben und die Artischocken hineinlegen, damit sie sich nicht verfärben.

Eine feuerfeste Form einölen. Drei Fischsteaks hineinlegen und 1 Eßlöffel Semmelbrösel darüberstreuen. Gehackte Petersilie und Knoblauch vermischen und die Hälfte über die Semmelbrösel geben. Salz nach Geschmack hinzufügen. 2 Eßlöffel Öl darüberträufeln und die Hälfte der Artischockenspalten darauf verteilen. Die übrigen Fischsteaks hineinlegen und noch verbliebene Semmelbrösel, Petersilie und Knoblauch sowie Artischockenspalten hinzufügen. Restliches Öl und Zitronensaft darübergießen.

Die Form mit Alufolie fest abdecken und etwa 30 Minuten in dem auf 180 °C vorgeheizten Backofen garen. Den Fisch in der Form servieren.

Thunfisch mit Artischocken

Thunfisch mit Oliven und Kapern

THUNFISCH MIT OLIVEN UND KAPERN

Tonno con le olive e capperi

Früher einmal garte man Thunfisch wegen seines spezifischen, kräftigen Eigengeschmacks gern mit einer Vielzahl von Gewürzen, Rosinen, Pinienkernen und sogar Honig und Zucker. Heute werden diese aromareichen Zutaten durch feinere ersetzt, wie Kapern oder Oliven beispielsweise, die für den Mittelmeerraum sehr typisch sind.

60 ml natives Olivenöl
6 frische Thunfischsteaks, je etwa 180 g schwer
1 EL frisches Basilikum, gehackt
1 EL Kapern, abgetropft
90 g grüne Oliven, entsteint und in Scheiben geschnitten
500 g reife Tomaten, abgezogen und gehackt
30 g Semmelbrösel
Eine Messerspitze getrockneter Oregano
Salz und frisch gemahlener Pfeffer

Das Öl in einer tiefen Pfanne erhitzen. Die Thunfischsteaks hineinlegen und einige Minuten in dem heißen Öl bräunen. Basilikum, Kapern, Oliven, Tomaten, Semmelbrösel, Oregano, etwas Salz und reichlich gemahlenen Pfeffer darüberstreuen. Noch einmal zehn Minuten garen, dann servieren.

GEGRILLTE SEEZUNGE MIT RADICCHIO

Sogliole al radicchio

Radicchio ist ein Salatgemüse, das in alter Zeit viel gegessen wurde und wild wuchs. Für dieses Rezept wird der hochgeschätzte *radicchio di Treviso* verwendet. Treviso ist eine kleine Stadt nahe Venedig, wo man den Radicchio mit bestimmten Methoden bleicht, damit seine Blätter zart werden und etwas von ihrem typischen, leicht bitteren Geschmack verlieren.

6 Seezungen, je etwa 180 g schwer
60 ml natives Olivenöl
1 EL Petersilie, gehackt
1 Knoblauchzehe, gehackt
Salz und frisch gemahlener Pfeffer
6 kleine Köpfe Radicchio
1 Zitrone, in Spalten geschnitten

Die Fische säubern und ausnehmen, aber nicht die Haut entfernen. Waschen und trockentupfen.

In einer großen Schüssel das Öl mit der Petersilie und dem Knoblauch vermischen. Salz und eine großzügige Prise Pfeffer hinzufügen. Die Fische hineinlegen und etwa 2 Stunden marinieren, dabei häufig drehen.

Den Radicchio waschen und trockentupfen, dann jeden Kopf längs halbieren. Eine Grillpfanne unter dem Grill erhitzen, bis sie sehr heiß ist. Den Radicchio hineinlegen und auf jeder Seite 2 Minuten garen. Herausnehmen und warm stellen.

Die Fische in der gleichen Pfanne 3 Minuten grillen, dann umdrehen und noch einmal 3 Minuten garen.

Seezungen und Radicchio mit den Zitronenspalten auf einer Servierplatte anrichten und servieren.

Gegrillte Seezunge mit Radicchio

Sardellen mit Oregano

SARDELLEN MIT OREGANO

Alici all'origano

Bereits im 16. Jahrhundert nahm Bartolomeo Scappi in seine Liste kalter Gerichte frische Sardellen auf. Im Frühjahr kommen die Sardellen in großen Schwärmen dicht an die italienische Küste. Wie Sardinen und Makrelen werden auch sie zu den »blauen« Fischen gerechnet – keine Delikatesse, aber sehr schmackhaft. In früheren Zeiten fanden sich Sardellen nur auf den Tischen der ärmeren Leute, heute werden sie auch in sehr anspruchsvollen Küchen zubereitet. Besonders im Süden Italiens pflegte man sie, ebenso wie Sardinen, mit Rosinen und Pinienkernen zu garen. Oder man legt die Sardellen, die ja sehr klein sind, nach dem Entgräten mehrere Stunden in Zitronensaft, wodurch sich das Garen erübrigt.

1 kg frische Sardellen
60 ml natives Olivenöl
4 Knoblauchzehen
120 ml trockener Weißwein
1 EL getrockneter Oregano
Salz und frisch gemahlener Pfeffer
Saft von ½ Zitrone

Die Sardellen säubern und ausnehmen, die Köpfe entfernen. Anschließend waschen und auf einem Küchentuch abtropfen lassen.

Öl, Knoblauch, Wein, Oregano, Salz und Pfeffer in einer Pfanne vermischen. Zum Kochen bringen und 5 Minuten garen. Die Sardellen hinzufügen und bei ziemlich schwacher Hitze 5 Minuten garen.

Die Pfanne von der Kochstelle nehmen, den Saft der halben Zitrone über dem Fisch ausdrücken und die Sardellen servieren.

Klippfisch mit Paprikaschoten

KLIPPFISCH MIT PAPRIKASCHOTEN

Baccalà ai peperoni

Gesalzener und getrockneter Kabeljau war schon immer sehr begehrt, vor allem in jener Zeit, als der Transport von frischem Fisch noch sehr schwierig war und Fisch meistens in den Gegenden gegessen wurde, wo man ihn gefangen hat. Klippfisch aber hält sich sogar bei großer Hitze lange und ist sowohl nahrhaft als auch wohlschmekkend. Seeleute nahmen ihn deshalb früher auf größere Reisen mit. Lange Zeit wurde gesalzener Kabeljau vorwiegend in den nördlichen Regionen Italiens gegessen.

500 g getrockneter, gesalzener Kabeljau
90 ml natives Olivenöl
2 rote Paprikaschoten, in Streifen geschnitten
1 kg Kartoffeln, in Scheiben geschnitten
Salz
2 EL Semmelbrösel
1 EL getrockneter Oregano

Den Kabeljau 12 Stunden in kaltem Wasser einweichen; das Wasser mehrmals erneuern. Abtropfen lassen und in kleine Stücke schneiden.

Das Öl in einer Pfanne erhitzen. Die Paprikastreifen hinzufügen und 15 Minuten behutsam braten. Eine feuerfeste Form dünn mit etwas Öl einfetten. Auf den Boden der Form eine Schicht Kartoffelscheiben legen und darauf eine Schicht Kabeljau. Die Paprikastreifen darübergeben. Salzen und mit etwas von dem Öl, in dem die Paprikastreifen gebraten wurden, beträufeln. Weiter abwechselnd Kartoffeln, Kabeljau und Paprikastreifen einschichten, bis alle Zutaten aufgebraucht sind.

Die Semmelbrösel mit dem Oregano vermischen und über dem Forminhalt verteilen. Den Auflauf bei 180 °C etwa 40 Minuten backen, dann servieren.

KABELJAU MIT ERBSEN

Palombo alla pescatora con pisellini

Kabeljau ist zwar kein Fisch der feinen Küche, doch auf häuslichen Tischen findet man ihn häufig, vermutlich wegen seines erschwinglichen Preises. Da er sehr wenig Eigengeschmack besitzt, wird er häufig zusammen mit Gemüsen wie Erbsen oder Spinat gegart. Die Kombination von Gemüse und Fisch oder Meeresfrüchten war in Italien schon immer sehr beliebt. Ein berühmtes Beispiel ist *seppie in zimino*, ein altes, aber noch häufig zubereitetes Gericht, bei dem Tintenfisch unter einer Schicht Spinat und Tomaten gegart wird.

1 EL Zwiebel, gehackt
90 ml natives Olivenöl
500 g junge Erbsen, enthülst
90 ml heißer Fischfond
6 Stücke Kabeljaufilet, je etwa 180 g schwer
90 g Mehl
1 Knoblauchzehe, gehackt
Salz und frisch gemahlener Pfeffer
60 ml trockener Weißwein
1 EL Tomatenpüree
1 EL Petersilie, gehackt

Die gehackte Zwiebel in einer großen Pfanne in 2 Eßlöffeln Öl behutsam braten. Die Erbsen hinzufügen, gut umrühren und den Pfanneninhalt noch einmal 5 Minuten garen, dabei gelegentlich etwas heißen Fond dazugießen.

Kabeljau mit Erbsen

Zahnbrasse mit Mandelfüllung

In der Zwischenzeit das Fischfilet vorsichtig im Mehl wenden, so daß alles gleichmäßig damit überzogen ist. Das restliche Öl in einer zweiten Pfanne erhitzen. Knoblauch und Fisch in die Pfanne geben und die Filets bei starker Hitze auf jeder Seite einige Minuten braten, bis sie leicht gebräunt sind. Mit Salz und Pfeffer würzen. Den Wein darübergießen und einkochen lassen. Dann die enthülsten Erbsen hinzufügen.

Den restlichen Fond in das Tomatenpüree rühren und die Mischung in die Pfanne geben. Abschmecken. Den Pfanneninhalt zugedeckt bei niedriger Temperatur noch einmal etwa 5 Minuten garen.

In eine Servierschüssel geben und mit Petersilie bestreut servieren.

ZAHNBRASSE MIT MANDELFÜLLUNG

Dentice alle mandorle

Mandeln wurden bereits während der Renaissance in den aufwendigen Küchen der Wohlhabenden zum Kochen verwendet. Auch heute tauchen sie noch in vielen Rezepten auf, vorwiegend aber in solchen für Süßspeisen. Doch auch in einigen Fisch-, Fleisch- und selbst Gemüserezepten sind sie noch zu finden. Ein berühmtes Beispiel ist ein Rezept für Spinat, dem zum Schluß eine Handvoll gehackter Mandeln zugefügt wird.

1 Zahn- oder Rotbrasse, etwa 2 kg schwer, gesäubert
90 ml natives Olivenöl
Saft von 1 Zitrone
60 ml trockener Marsala
1 Lorbeerblatt
Salz und frisch gemahlener Pfeffer
180 g Garnelen, geschält und ohne schwarzen Darm
180 g blanchierte Mandeln, feingehackt
3 EL Semmelbrösel
1 Eigelb

Den Fisch waschen und trockentupfen. In einer flachen Schüssel 3 Eßlöffel Öl, Zitronensaft, Marsala, Lorbeerblatt sowie je eine Prise Salz und Pfeffer vermischen. Den Fisch hineinlegen und 2 Stunden marinieren, dabei gelegentlich drehen.

In einer Pfanne 1 Eßlöffel Öl bei mittlerer Temperatur erhitzen. Die Garnelen hinzufügen und garen, bis sie gebräunt sind. Abtropfen lassen und hacken. In einer kleinen Schüssel die gehackten Garnelen mit der Hälfte der Mandeln, 1 Eßlöffel Semmelbröseln, dem Eigelb sowie Salz und Pfeffer nach Geschmack gut miteinander vermischen.

Den Fisch aus der Marinade nehmen und trockentupfen. Die vorbereitete Mischung in die Bauchhöhle füllen. Die restlichen Semmelbrösel mit den verbliebenen Mandeln mischen. Den Fisch mit dieser Mischung überziehen. In eine feuerfeste Form legen und mit dem übrigen Öl beträufeln. Im 180 °C heißen Backofen etwa 30 Minuten braten, dann servieren.

Antiker Teller mit Fischdekor (1206); Museo Archeologico, Pegli, Genua

FISCH IN EINEM MANTEL

Pesce a cappucciolo

Cristoforo di Messisbugos Werk mit dem Titel *»Banchetti Composizioni di Vivande e Apparecchio Generale«* (»Bankette, Zusammenstellung von Mahlzeiten und allgemeine Vorbereitung«) stellt nicht nur eine Fundgrube für Rezepte dar, sondern man findet darin auch Serviervorschläge, Mengenangaben und Menüzusammenstellungen, wie man einen Tisch deckt, was in der Küche benötigt wird und tausend andere wichtige Dinge, die das Buch im 15. Jahrhundert zu einem wichtigen Nachschlagewerk machten. Der Verfasser wußte zweifellos aus eigener Erfahrung, wie man in den Häusern der Wohlhabenden und bei Hof lebte. Er liefert einige faszinierende Beschreibungen von Empfängen, die seine Herrschaften zu Ehren wichtiger Persönlichkeiten der damaligen Zeit gegeben haben. Das hier ausgewählte Rezept ist typisch für jene Tage, die moderne Version allerdings wird dem heutigen Geschmack eher gerecht.

Von allen Fischarten eignen sich meiner Ansicht nach *meggia* (ein Name für die Meeräsche), Goldbrasse, Zahnbrasse, Flußbarsch und Äsche, um nach dieser Methode gegart zu werden, die *cappucciolo* genannt wird. Man nimmt einen der oben erwähnten Fische, schneidet ihn entlang der Rückengräte auf, entfernt die Innereien und legt ihn dann in etwas Essig, Wein, Salz und gemahlenen Koriander oder zerstoßene Fenchelsamen. In dem beschriebenen Essig-Wein-Bad läßt man ihn drei oder vier Stunden liegen, aber nicht länger. Dann wäscht man ihn gut, überzieht ihn dünn mit Mehl, steckt ihn auf einen Bratspieß und legt ihn auf das Feuer, wobei man den Spieß ein wenig in die eine oder ein wenig in die andere Richtung dreht. Wenn der Fisch gar ist, nimmt man einige geschälte Walnüsse, hartgekochtes Eigelb, Rosinen, ein wenig Honig oder Zucker und etwas Petersilie und Minze, zerreibt alles zusammen und feuchtet alles mit Sauermost an. Dies streicht man durch ein Sieb und bringt es dann in einem Topf zum Kochen, so daß die Masse etwas eindickt. Wenn man den Fisch zerteilt hat, gibt man die Sauce darauf. Will man diese Sauce nicht zubereiten, kann man statt dessen Essig und Petersilie verwenden.

1 Zahnbrasse, Rotbrasse oder Lachs, etwa 2 kg schwer
120 ml Essig
120 ml trockener Weißwein
1 TL ganze schwarze Pfefferkörner
Eigelb von 2 hartgekochten Eiern
1 EL Petersilie, gehackt
Saft von 1 Zitrone
90 ml natives Olivenöl
Salz

Den Fisch säubern und in eine tiefe Form legen. Essig und Wein darübergießen und die Pfefferkörner dazugeben. Den Fisch etwa 3 Stunden marinieren.

Abtropfen lassen und trockentupfen. Auf beiden Seiten über einem Holzkohlenfeuer oder unter dem heißen Grill braten, bis er gerade durch ist.

Das Eigelb hacken, Petersilie, Zitronensaft, Öl und Salz nach Geschmack hinzufügen. Den Fisch auf einer Servierplatte anrichten, die Sauce getrennt dazu reichen.

Stilleben, Baccio del Bianco (1604–1656); Casa Buonarroti, Florenz

Fisch in einem Mantel (modernes Rezept)

SUPPE VON MEERESFRÜCHTEN

Zuppa di frutti di mare

Fischsuppen sind ein traditioneller Bestandteil der italienischen Küche, und jede Region hat ihre besonderen Rezepte. Gewöhnlich werden sie mit einfachen Fischen zubereitet, mitunter verwendet man jedoch auch edlere Sorten und sogar Meeresfrüchte. Dieses Rezept enthält auch Steindatteln, zarte Schaltiere, die heute äußerst selten geworden sind.

3 kg gemischte Muscheln (kleine Herzmuscheln, Steindatteln, Tellmuscheln, Venusmuscheln, Kreiselschnecken, Miesmuscheln oder andere kleine Muschelarten)
60 ml natives Olivenöl
1 Knoblauchzehe, feingehackt
1 kleine Zwiebel, gehackt
120 ml trockener Weißwein
500 g Tomaten
Salz und frisch gemahlener Pfeffer
1 frische Chilischote
1 Handvoll Petersilie, gehackt
6 Scheiben Weißbrot, im Backofen geröstet

Die Muscheln in einer Wanne mit Wasser aufbewahren. Unter fließendem Wasser gründlich waschen und bürsten. Dann in einen breiten Topf geben. Zugedeckt bei mittlerer Hitze garen, bis sie sich öffnen. Abtropfen lassen und die Garflüssigkeit zurückstellen. Die leeren Schalenhälften entfernen, aber das Muschelfleisch nicht aus den unteren Schalenhälften herauslösen. Die Garflüssigkeit durch ein Stück feuchtes Nesseltuch gießen und beiseite stellen.

Das Öl erhitzen und Knoblauch und Zwiebel darin bräunen. Die Garflüssigkeit, Wein und Tomaten dazugeben. Salzen und pfeffern. Etwa 15 Minuten garen und die Chilischote hinzufügen. Falls notwendig, noch etwas Wasser dazugeben. Die Suppe sollte recht dünn sein.

Alle Muscheln zufügen und 1 Minute garen. Die Petersilie darüberstreuen.

In jeden Suppenteller eine geröstete Brotscheibe legen. Die Suppe daraufschöpfen und servieren.

Suppe von Meeresfrüchten

Garnelen mit frischen Kräutern

GARNELEN MIT FRISCHEN KRÄUTERN

Gamberi alle erbe aromatiche

In Italien werden von jeher reichlich Kräuter in der Küche verwendet, deren frisches Aroma schwere und komplizierte Saucen ersetzt. Sie sind ein ausgezeichnetes Würzmittel für alle Arten von Nahrungsmitteln und sollten stets frisch verwendet werden. In Italien findet man Kräuter auf allen Märkten in Hülle und Fülle.

1 kg Garnelen
1 Knoblauchzehe, zerdrückt
60 ml natives Olivenöl
Salz und frisch gemahlener Pfeffer
1 Bund Petersilie, feingehackt
45 g frischer Majoran
45 g frischer Thymian
45 g frischer Estragon
45 g frisches Basilikum
60 ml trockener Weißwein

Jeweils die Hälfte der Kräuter fein hacken.

Die Garnelen schälen und die Köpfe entfernen. Waschen und mit einem Küchentuch trockentupfen.

Den Knoblauch im Öl goldbraun braten, dann herausnehmen. Die Garnelen in das Öl geben und 5 Minuten bräunen. Mit Salz und Pfeffer würzen, die gehackten Kräuter hineinrühren und den Wein dazugeben. Die Mischung noch einmal einige Minuten garen, dann heiß, mit den übrigen Kräutern garniert, servieren.

SALAT VON KLEINEN TINTENFISCHEN

Polipetti al prezzemolo

Die verschiedenen Arten von kleinen Kalmaren beziehungsweise Tintenfischen, die heute in vielen italienischen Geschäften angeboten werden, sind bereits im 14. Jahrhundert bei einem unbekannten toskanischen Kochbuchverfasser erwähnt, der vorschlug, man sollte sie mit Saucen servieren, die mit »Gold, Edelsteinen und ausgewählten Gewürzen angereichert« sind. Diese jungen, nur wenige Zentimeter langen Tintenfische haben einen zarten, herrlichen Geschmack.

1 kg kleine Tintenfische, Kalmare oder kleine Kraken, gesäubert
2 EL Essig
60 ml natives Olivenöl
Saft von 1 Zitrone
Salz und frisch gemahlener Pfeffer
1 EL Petersilie, feingehackt
1 Knoblauchzehe, feingehackt

Die Tintenfische waschen. In einem Topf Salzwasser zum Kochen bringen. Den Essig dazugießen. Die Tintenfische hinzufügen, 15 Minuten garen und dann in der Garflüssigkeit zum Abkühlen beiseite stellen. Abtropfen lassen und trockentupfen. Die Arme in kleine Stücke, den Körper in dünne Ringe schneiden.

Öl und Zitronensaft in einer kleinen Schüssel vermischen. Salz und Pfeffer dazugeben. Petersilie und Knoblauch hineinrühren und gut untermischen. Das Dressing über den Tintenfisch gießen und sorgfältig unterheben. Den Salat vor dem Servieren bei Zimmertemperatur 1 Stunde durchziehen lassen.

Salat von kleinen Tintenfischen

Fleisch, Wild und Geflügel

Fleisch, Wild und Geflügel

In Italien gibt es eine große Vielfalt an einfachen und dennoch köstlichen Fleischgerichten und Wurstwaren. Aus der Toskana stammt das zarte, würzige *bistecca alla Fiorentina* (Florentinisches Beefsteak – auf Holzkohlenfeuer gegartes, saftiges Steak); aus Parma der milde Prosciutto, der gewöhnlich mit Melone oder Feigen serviert wird; aus Bologna die vorzügliche Mortadella; aus der Lombardei zartes Kalbfleisch, zubereitet mit einer Vielzahl appetitanregender Saucen; und aus der Emilia-Romagna saftiges Schweinefleisch sowie hochgeschätzte Delikatessen aus jungem Lamm und junger Ziege, um nur einige zu nennen. Dennoch haben Besucher Italiens mitunter den Eindruck, als ernährten sich die Italiener vorwiegend vegetarisch. Und zweifellos trifft es zu, daß man in Italien weniger Fleisch ißt als etwa in Nordamerika oder im Norden Europas. Dies liegt vermutlich daran, daß es dort keine großen Weideflächen gibt wie etwa in Nordamerika und Australien. Deshalb ist das Fleisch teuer, und Italien war lange ein armes Land. Darüber hinaus könnten Italiens köstliche Salate und Gemüse selbst den unbelehrbarsten Fleischesser bekehren. Wenn die Italiener aber Fleisch zubereiten, dann verwenden sie nur die beste Qualität, und ihre Rezepte sind ebenso phantasievoll wie schmackhaft.

Alte Bücher über Gastronomie und auch alte Speisekarten belegen außerdem, daß man früher in Italien sehr wohl Fleisch aß, obwohl diese Dokumente natürlich nur zeigen, wie die Reichen speisten. Im 16. Jahrhundert listete Bartolomeo Scappi für ein Menü mehr als vierzig Fleischgerichte auf, unter ihnen zahlreiche Braten, kleines Wildgeflügel, kunstvoll angerichtete Pfauen und Truthähne, ganze und halbe Spanferkel, junge Kälbchen wie auch verschiedene Schmortöpfe und Pasteten. Diesen Überschuß findet man auch heute noch bei besonderen Anlässen wie etwa Hochzeiten, bei denen der Hauptgang mit geschmortem Fleisch beginnt, dann folgt eine Reihe von Braten, und gekochtes Fleisch beendet den Gang.

Heute gilt allgemein folgendes: Gutes Kalb- und Rindfleisch findet man praktisch nur in den nördlichen Regionen, wo verhältnismäßig große Weideflächen existieren. Eine erwähnenswerte Ausnahme ist das fruchtbare Chiana-Tal in der Toskana, wo die *Chianina*-Rinder für das echte *bistecca alla Fiorentina* gezogen werden. Diese Rinder sind immer weiß und in ganz Italien für ihr hochwertiges Fleisch bekannt. Heute bekommt man allerdings selbst in Florenz nur noch selten Fleisch von dieser Qualität. In den hügeligeren und trockeneren südlichen Landesteilen wird das Fleisch von Lämmern und teilweise auch von jungen Ziegen geliefert. Schweinefleisch ist in ganz Italien erhältlich, obwohl Schweinefleischprodukte eher für die nördlichen Regionen Mittelitaliens typisch sind. Aus Modena in der Emilia-Romagna stammen *cotechino* (Kochwurst) und *zampone* (gefüllter Schweinsfuß), aus Bologna kommt die Mortadella und aus Parma der Prosciutto. Die Toskana und Umbrien sind für eine Vielzahl von Salamisorten und anderen Würsten berühmt.

Hühner gibt es in ganz Italien, doch in der Toskana soll das beste Freilandgeflügel gezogen werden. Auch das hochwertige Wild stammt aus den nördlichen Regionen Mittelitaliens, wo

Seite 124/125: *Stilleben,* Jacopo Chimenti, genannt Jacopo da Empoli oder »l'Empoli« (um 1551–1640); Uffizien, Florenz
Die Italiener essen viele Arten von Geflügel, von kleinen Drosseln bis zu großartigen Pfauen.

Seite 126: *Der Monat Juni: Melken und Käsemachen* (Ausschnitt), 15. Jahrhundert, Fresko; Castello del Buonconsiglio, Trient
Da es in Italien sehr wenig Weideflächen gibt, essen die Menschen dort weitaus weniger Fleisch als die Bewohner anderer europäischer Industrienationen.

Der Innereien-Verkäufer, Giuseppe Maria Mitelli (1634–1718); Biblioteca Nazionale, Florenz
Innereien werden in Italien sehr gern gegessen, weil sie gut, preiswert und nahrhaft sind. Zu den vielen angebotenen Arten gehören Hirn, Bries, Zunge, Lunge, Nieren und natürlich Kutteln. Auch Kalbskopf und Schweinspfoten sind beliebt.

in der bewaldeten Landschaft Hasen, Wildgeflügel, etwas Rotwild und zahlreiche Wildschweine ideale Lebensbedingungen vorfinden.

Wie man Fleisch in den einzelnen Regionen zubereitet, hängt von den dort erhältlichen Sorten ab. Im Norden (Piemont, Lombardei und Emilia-Romagna) verwendet man gewöhnlich hochwertige Fleischstücke, die gekocht oder geschmort werden. In den mittleren Regionen bevorzugt man gebratenes Fleisch, im Süden wird es meist gegrillt. Alle Regionen haben ihre besondere Art und Weise, auch aus kleinsten Fleischresten noch köstliche Füllungen oder Frikadellen herzustellen oder spezielle Methoden für die Zubereitung der klassischen und komplizierten Koteletts oder Rouladen.

Eine Überraschung für jeden Besucher Norditaliens ist der *bollito misto,* ein Gericht aus verschiedenen Sorten gekochtem Fleisch, das sich in vielen guten Restaurants auf der Speisekarte befindet. Die in verschiedenen Gefäßen angerichteten und mit dampfender Brühe bedeckten Fleischsorten werden auf einem Servierwagen an den Tisch gebracht. Dann schneidet der Ober sie unter den Augen des Gastes auf. Traditionell reicht man dazu zwei klassische Saucen – *salsa verde,* eine würzige grüne Sauce aus Petersilie, Kapern, Sardellen, Senf, Rotweinessig und Olivenöl, und *salsa rossa,* eine mildere rote Sauce, die aus Tomaten, Zwiebeln und Paprikaschoten zubereitet wird. Zu dem Gericht gehören gewöhnlich Bug vom Rind, Zunge, Kalbskopf, Kalbfleisch, Huhn und – in der Emilia-Romagna – *cotechino* (Kochwurst) und *zampone* (gefüllter Schweinsfuß). Das Fleisch wird zusammen einige Stunden in einem großen Topf mit Wasser geköchelt, wobei die verschiedenen Sorten zu unterschiedlichen Zeiten hinzugefügt werden, damit sie vollkommen zart werden. Dieses Gericht beschwört Bilder aus der Vergangenheit herauf, als die Hausfrau noch Zeit hatte, ihre Töpfe aufmerksam im Auge zu behalten, während sie ihren anderen Pflichten nachging. Heute wird ein vollständiger *bollito misto* meist nur noch in Restaurants serviert, obwohl seine Zubereitung eigentlich nicht schwierig ist und sich eine einfache Version des köstlichen Fleischgerichts sehr gut als Essen für die Familie eignet.

Auch allein gekocht ergeben *cotechino* und *zampone* eine feine, schmackhafte Mahlzeit. Beide werden aus Schweinefleisch hergestellt und sind Spezialitäten aus Modena in der Emilia-Romagna. Älter und berühmter ist der *zampone,* von *zampa* (Fuß), ein mit fein durchgedrehtem Schweinefleisch, Zimt, Nelken, Salz und Pfeffer gefüllter Schweinsfuß. Wann er erstmals zubereitet wurde, ist nicht bekannt, doch in volkstümlichen Überlieferungen des 18. Jahrhunderts taucht er immer wieder auf. Der Historiker Marco Cesare Nannini hat den *zampone* bis ins Jahr 1511 zurückverfolgt, in dem die Stadt Modena belagert wurde und die *modenesi,* die damals schon seit Jahrhunderten berühmte Wurstmacher waren, gezwungenermaßen Vorderpfoten von Schweinen als Wursthülle verwendeten. Der italienische Komponist Gioacchino Rossini ließ sich per Post *zampone* aus Modena schicken, und Giuseppe Garibaldi schrieb aus seinem Exil auf der Insel Capri an die Firma Bellentani in Modena – einem bekannten Wursthersteller der damaligen Zeit –, wie dankbar er sei, daß er ihre Wurst probieren durfte, die zweifellos ihren Ruf verdiene, die beste zu sein. Selbst der französische Schriftsteller Emile Zola nannte den *zampone* im 19. Jahrhundert eine »köstliche, himmlische« Speise. Heute gibt es zwei kulinarische Vereinigungen, die sich der Verehrung dieser Wurst verschrieben haben. Die eine ist die Bruderschaft des heiligen Antonius, die alle Schweinefleischprodukte in Ehren hält, die andere der *Ordine dei Cavalieri dello Zampone* (Ritter vom Orden des Zampone).

Die traditionelle Zubereitung von *zampone* trägt manche Züge eines Rituals. Zunächst wird die Wurst für mehrere Stunden in kaltes Wasser gelegt. Dann wickelt man sie in ein Tuch, damit während der langen Kochzeit (mindestens drei Stunden) die Hülle nicht platzt. Am besten gart man sie in einer *zamponiera* – einem besonderen Topf, in dem die Wurst mit wenig Wasser vollkommen bedeckt werden kann. Nach altem Brauch werden Schweine im Frühwinter geschlachtet, und dann stellt man im Norden auch frischen *zampone* her, um damit das

Die Köchin, Bernardo Strozzi (1581–1644); Palazzo Rosso, Genua
Strozzi war Kapuzinermönch und zählte im frühen 17. Jahrhundert zu den größten malerischen Begabungen Italiens. Neben religiösen Themen malte er Porträts und Genreszenen. Er war Meister des koloristischen Effekts.

neue Jahr zu begrüßen. Als Beilage gibt es dann gedünstete Linsen, die einen Regen kleiner Münzen symbolisieren und Wohlstand beschwören. Mit *zabaglione* (Sauce aus Ei, Zucker und Marsala) servierter *zampone* ist ein außergewöhnliches und feines Abendessen.

Cotechino wird manchmal der arme Vetter des *zampone* genannt. Er wird weitgehend aus den gleichen Zutaten zubereitet, doch ist das Fleisch gröber, und anstelle des schmackhaften und so geschätzten Schweinsfußes wird eine normale Wursthülle verwendet. Der *cotechino* läßt sich einfacher und rascher garen als *zampone,* schmeckt aber dennoch wunderbar. Als Beilage gibt es häufig Kohl. Beide Würste werden heute kommerziell hergestellt – der *zampone* ist oft vorgegart – und sogar in andere Länder ausgeführt.

Eine kleinere Wurst, die von Österreich über die Grenze nach Trentino-Südtirol eingeführt wurde, ist das *würstel.* Obwohl sie heute in Norditalien hergestellt und im ganzen Land gegessen wird, behielt man ihren ursprünglichen deutschen Namen bei. Sie wird aus Rind- und Schweinefleisch hergestellt und in ebenso vielen Rezepten verwendet wie Frankfurter Würstchen, doch benutzen die Italiener sie darüber hinaus auch für Pastasaucen oder als Pizzabelag.

Landleben: das Bauernhaus (Triptychon, Ausschnitt), 20. Jahrhundert, A. Magri; Sammlung Matter, Carpenedo di Mestre

Zampone ist eine Art Wurst, für die Schulter, Kopf-, Hals- und Beinfleisch vom Schwein fein durchgedreht und in die Haut einer entbeinten Schweinspfote gefüllt werden.

Eines der klassischen Fleischgerichte des Nordens ist der *brasato* (geschmortes Rindfleisch). Aufgrund seiner langen Garzeit wird er traditionell jedoch nur sonntags oder zu besonderen Gelegenheiten serviert. Man brät das Fleischstück (Blume eignet sich dafür gut) zunächst in Fett an, um die Poren zu schließen, und schmort es anschließend drei bis fünf Stunden langsam in Rotwein mit Kräutern. In Piemont verwendet man dazu eine gute Flasche Barolo, in der Lombardei gibt man Zimt, Nelken und Lorbeer dazu. Wenn man den Braten serviert, sollte er saftig und so weich sein, daß er sich mit einer Gabel teilen läßt.

Der bekannte *ossobuco alla Milanese* wird ebenfalls geschmort. Es handelt sich dabei um eine Kalbshachse, die, mit Knochen und Mark, quer in dicke Scheiben geschnitten wird (*ossobuco* bedeutet »Knochen mit einem Loch«). Vor dem Servieren gibt man eine Mischung aus gehackter Petersilie, Knoblauch und abgeriebener Zitronenschale – sogenannte *gremolata* – darüber, und als Beilage reicht man traditionell *risotto alla Milanese*.

Diese Methode, Fleisch sehr langsam über lange Zeit in einer geringen Menge Flüssigkeit zu garen, damit es besonders saftig und zart wird, ist ideal für Wild und Fleischstücke von geringerer Qualität. Für den *brasato* werden alternativ auch die Bezeichnungen *stracotto* (»besonders lang gegart«) und *umido* (geschmort) verwendet.

Eine ganz andere Methode zum Garen von Fleisch, mit der jedoch auch optimaler Geschmack und Zartheit garantiert werden sollen, ist die italienische Art und Weise, *scaloppine* zuzubereiten – dünne Fleischscheiben von Milchkälbern, die quer zur Faser geschnitten und geklopft werden. Früher gab es dieses »weiße« Fleisch nur im Norden Italiens, doch heute bekommt man es überall. Das Kalbfleisch wird nur wenige Minuten in einer großen Pfanne gebraten und kann durch vielfältige Aromazutaten ergänzt werden wie, etwa Marsala, Zitrone oder sautierte Artischocken. In Rom sehr beliebt sind die *saltimbocca alla Romana* – dünne Kalbsschnitzel, die mit einer Scheibe Prosciutto und einem Blatt frischem Salbei belegt, aufgerollt und mit einem Zahnstocher zusammengesteckt werden. Diese Rollen (die manchmal auch flach sind) werden behutsam in Butter gebräunt und dann in Weißwein geköchelt. Sie duften so herrlich, daß sie einem beim Servieren »in den Mund springen«, wie ihr Name besagt.

Trippa (Kutteln) haben in Italien viele begeisterte Anhänger gefunden, besonders in der Gegend der großen Städte des Nordens und der Mitte. Der Brauch, den Vormagen von Wiederkäuern mit weiteren Aromazutaten zu garen, ist alt. In seinem *»L'Apicio Moderno«* (»Der moderne Feinschmecker«) nahm Leonardi im 18. Jahrhundert ein Rezept für *trippa di manzo alla Romana* (Rinderkutteln) auf, in dem in Streifen geschnittene Kutteln in Wein und Kräutern gegart und dann mit geriebenem Parmesankäse in eine Hülle aus Brot und Pasta geschichtet werden. Anschließend bäckt man sie, mit gehackter Minze bestreut, im Backofen. Einmal abgesehen von der Hülle, serviert man in Roms altem Stadtteil Trastevere die Kutteln auch heute noch so.

In Florenz sind Kutteln seit Jahrhunderten ein typisches Gericht für das bekannte Viertel um die Via S. Frediano am Ufer des Arno, wo *trippai* (Kuttelmacher) es einst für arme Künstler zubereiteten, die in dieser Gegend lebten. Doch oft kamen auch wohlhabende Bürger aus dem Zentrum der Stadt über die Ponte Vecchio, um sich diese Spezialität munden zu lassen. Selbst die Brühe, in der die Kutteln zubereitet wurden – *»il brodo di San Frediano«* (San-Frediano-Brühe) genannt –, erfreute sich großer Beliebtheit. Etwa um fünf Uhr am Nachmittag schickten Handwerker ihre Lehrlinge mit einer Flasche los, um diese mit Brühe aus den Kesseln füllen zu lassen. Nach deren Rückkehr brach man Brot in die Brühe und hielt eine schmackhafte Vesper. Auch heute noch bekommt man in Spezialgeschäften der Stadt bereits vorgegarte Kutteln. Man kann sie mit nach Hause nehmen und zubereiten oder an Ort und Stelle *alla Fiorentina* mit den üblichen Aromazutaten essen, denen frische Tomaten und Basilikum hinzugefügt werden.

Wer sich in Rom aufhält, sollte es den Römern und den anderen Bewohnern Mittel- und Süditaliens gleichtun und das hervorragende Lammfleisch genießen. *Abbacchio* (Milchlamm) ist eine köstliche Spezialität der Hauptstadt. Sie wurde bereits zur Zeit des römischen Kaisers

Die junge Hirtin, Filippo Palizzi (1818–1899); Galleria d'Arte Moderna, Florenz

Lammfleisch ist in Italien ein traditionelles Osteressen. Man serviert es auf viele verschiedene Arten – ganz am Spieß gebraten, mit Wein im Topf gebraten und in Sauce geschmort.

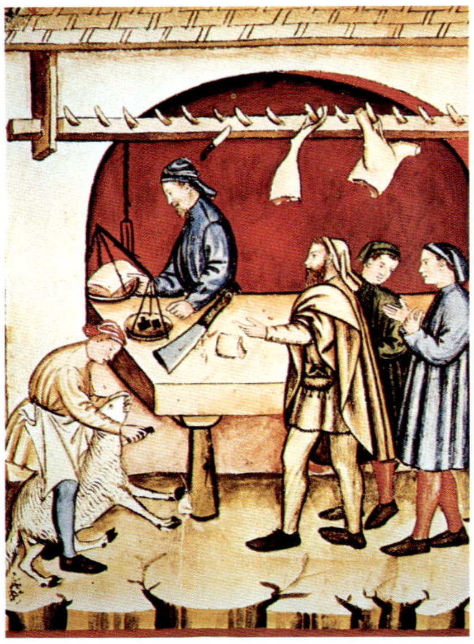

Der Metzgerladen, 15. Jahrhundert, Illustration aus dem »Theatrum Sanitatis« (Code 4182); Biblioteca Casanatense, Rom
In römischer Zeit standen die Fleischhauer in dem Ruf, minderwertige Ware zu verkaufen. Deshalb mußten alle Metzger der Hauptstadt ihre Läden in ein Viertel außerhalb der Stadt verlegen, wo ihre Methoden besser überwacht werden konnten.

Domitian hoch geschätzt und von dem lateinischen Dichter Juvenal besungen, der schrieb, »Sie« müsse mit einem Lamm zubereitet werden, das seine »Keuschheit« noch nicht durch das Fressen von Gras verloren habe. Ein solches Lamm sollte zwischen dreißig und sechzig Tagen alt sein, da jüngere Tiere noch zuviel Fett haben und ältere Tiere nicht mehr vollkommen zart sind. Traditionell wird Milchlamm zu Ostern serviert, und zwar *al forno* – gebraten mit Knoblauch und Rosmarin sowie einigen neuen Kartoffeln. Die kleinen Koteletts kann man sehr gut heiß vom Grill essen (*a scottadito* – so daß man sich die Finger verbrennt) oder in Salbei gebeizt und kurz in Butter gebräunt.

Da in Italien Fleisch immer recht knapp war, hat sich in der dortigen Küche eine wunderbare Tradition entwickelt, auch die kleinsten Fleischreste sparsam, aber auf köstliche Weise zu verwerten, so etwa als *polpette* (Fleischfrikadellen), *polpettone* (Hackbraten) und *involtini* (Rouladen). Diese feinen, schmackhaften Gerichte erfreuen sich auf dem häuslichen Tisch großer Beliebtheit, weil so auch einkommensschwächere Familien nicht auf Fleisch verzichten müssen. Noch aus der Zeit der Renaissance stammen Rezepte für Frikadellen, die aus durchgedrehtem Kalbfleisch, Eiern, Käse, Kräutern und Gewürzen zubereitet werden. Im 19. Jahrhundert leitete Artusi sein Rezept für *polpette* quasi mit einer Entschuldigung an seine Leser ein, er wolle sich nicht anmaßen, Anweisungen für die Zubereitung eines Gerichtes zu geben, von dem jeder wisse, wie es gemacht wird – selbst ein Esel, »der vielleicht als erster dem Menschengeschlecht das Vorbild dafür lieferte«. (Die Mischung von Obszönitäten mit Kulinarischem hat ebenfalls eine lange Tradition!) Die von Artusi empfohlenen Zutaten werden auch heute noch verwendet: Fleischreste mit Prosciutto gehackt, Parmesankäse, Salz, Pfeffer, Gewürze, Rosinen, Pinienkerne, in Brühe oder Milch eingeweichte Brotkrumen sowie Eier zum Binden der Masse. Aus dieser sollte man nach Artusi eigroße Klößchen formen, die in Semmelbröseln gewendet, in Olivenöl oder Schweineschmalz gebraten und mit Zitrone abgeschmeckt werden.

Für *involtini* hat jede Region und jede Familie ihr eigenes Rezept. Diese Rouladen werden aus kleinen, dünnen Fleischscheiben und einer pikanten Füllung hergestellt und in Butter gebraten. Im allgemeinen verwendet man Kalbfleisch, manchmal aber auch Rindfleisch, Prosciutto oder – wie in einem Rezept aus Piemont – Schweinsnetz. Oft werden auf diese Weise auch Fischfilets, insbesondere von der Seezunge, aufgerollt. Als Füllung dient alles, was schmeckt, und Rezepte aus dem Süden basieren oft auf Gemüse. Häufig gibt man beim Garen der *involtini* zum Schluß noch einen Schuß Wein dazu. Auf dem Tisch sind damit in bewundernswerter Weise zwei charakteristische Eigenschaften der italienischen Küche vereint – Wohlgeschmack und Schlichtheit.

Italienische Gourmets vergangener Tage hegten eine besondere Vorliebe für Pfauen, obwohl der Verdacht naheliegt, daß dabei mehr optische als kulinarische Gründe ausschlaggebend waren. In einem berühmten Text aus der Mitte des 15. Jahrhunderts gibt Maestro Martino da Como Anweisungen für die Zubereitung eines Pfaus »... mit allen seinen Federn, so daß er gegart wie lebendig wirkt und Feuer aus seinem Schnabel speit ...« – mit Hilfe von etwas Aquavit oder *»de bon vino grande«* (gutem Wein). Immerhin erfreuten sich Pfauen so großer Beliebtheit, daß in Rezepten *»pavone nostrale«* (eine einheimische Züchtung) empfohlen wurde, da offenbar der normale Zierpfau nicht zart genug war. Heute ißt man in Italien nur noch selten Pfauen, und für die traditionellen Rezepte wird als Ersatz Truthahn oder Wildgeflügel verwendet.

Typischer für die italienische Küche ist hingegen Huhn. Früher wurden Hühner vor allem ihrer Eier wegen gehalten und kamen erst im vorgerückten Alter in den Kochtopf; gewöhnlich, um eine kräftige Brühe zuzubereiten. Nur die Wohlhabenden konnten es sich leisten, zarte junge Hühner zu füllen und zu braten. Die besten Hühner Italiens sollen aus der Toskana kommen, wo sie *ruspante* (freilaufend) gehalten werden. In ganz Italien werden mit Körnern gefütterte Hühner angeboten, die nicht künstlich gemästet wurden; allerdings befindet sich die

Die Köchin in der Küche, Vincenzo Campi (1536–1591); Galleria Doria Pamphilj, Rom
Huhn war in Italien früher hochgeschätzt und im allgemeinen nur auf den Tischen der Reichen zu finden. Während der Renaissance servierte man Huhn entbeint und mit allen möglichen Zutaten gefüllt – von Nüssen bis zu getrockneten Früchten.

Käfighaltung auch hier auf dem Vormarsch. Wenn ein Huhn aus Freilandhaltung stammt und einen guten Geschmack hat, bereitet man es häufig *alla diavola* (wörtlich: nach Art des Teufels) zu. Dazu wird es halbiert, flachgedrückt, mit gutem Olivenöl bepinselt und auf einem Holzkohlenfeuer gegrillt. Wenn es auf einer Seite braun zu werden beginnt, bestreut man es mit Salz und Pfeffer, dreht es um und brät die andere Seite. So fährt man unter häufigem Begießen fort, bis die Haut knusprig ist. Artusi schreibt den Namen des Gerichtes der Verwendung von Cayennepfeffer zu, der, wie er sagt, dafür sorgt, daß einem der Mund brennt und man sowohl das Huhn als auch denjenigen, der es zubereitet hat, »zum Teufel wünscht«. Aber es gibt auch eine »christlichere« Version des Rezeptes: Andere erklären den Namen mit den Flammen, die emporlodern, wenn das Huhn gegrillt wird.

Römer und Italiener der Renaissance hatten eine besondere Vorliebe für das zarte Fleisch des *cappone* (Kapaun) – des kastrierten Hahns. Nach einer Legende entdeckte man diesen kulinarischen Leckerbissen, als einst Geflügel das Forum verunreinigte und der Befehl erlassen wurde, Hähne entweder in Käfige zu sperren oder zu kastrieren, um der Vermehrung der Hühner Herr zu werden. Cristoforo di Messisbugo, ein Kochbuchverfasser des 16. Jahrhunderts, liefert ein Rezept, in dem Kapaun in süßem Weißwein mit einer süß-sauren Sauce gegart wird, die man mit einer Prise Safran färbt. Gekochter Kapaun wird in vielen italienischen Familien immer noch traditionell am Weihnachtsabend gegessen.

Die Italiener sind berühmt, wenn nicht sogar berüchtigt dafür, von den winzigen *uccellini* (Drosseln und Lerchen) bis zu den dicken *fagiani* (Fasanen) alle Arten von Vögeln zu verspei-

Stilleben mit Rebhuhn und Granatäpfeln, römisches Fresko aus Herculaneum; Museo Archeologico Nazionale, Neapel
Rebhuhn erfreute sich im kaiserlichen Rom großer Beliebtheit, aber auch anderes Geflügel, wie Perlhuhn, Ente, Huhn, Gans und Taube, war sehr begehrt.

sen. Während der Renaissance legten die bedeutenden landbesitzenden Familien in den Regionen des Nordens und der Mitte Italiens auf ihrem Grund eigene Schutzgebiete für Wild an, in denen sie – oft nur wenige Kilometer vom Anwesen entfernt – auch Jagdhütten errichteten. Da in diesen Gebieten nur der Besitzer und seine Freunde jagen durften, war Wild eine Delikatesse, die den Reichen (und gelegentlich der Familie eines armen Wilderers) vorbehalten blieb. In späterer Zeit schuf man dann auf dem einen oder anderen Anwesen *corridoi* (Flure), wo jedem die Jagd erlaubt war. Heute sind nur noch wenig Tiere übrig, und so ist einheimisches Wild auf dem Eßtisch ein eher seltenes Vergnügen.

Uccellini werden meist auf Spieße gesteckt, gebraten und mit allem gegessen, während man

Fasan und *faraona* (Perlhuhn) mit Kräutern in einem Topf brät. Wie schon in der Vergangenheit gehören unter Jägern und Köchen auch heute noch *piccioni* (Wildtauben) zu den beliebtesten Vögeln. Auch Bartolomeo Scappi widmet ihnen ein Kapitel seiner *»Opera«,* die zu einer Zeit (im 16. Jahrhundert) geschrieben wurde, als noch ganze Schwärme über Rom hinwegflogen. In dem Kapitel finden sich unter anderem Ratschläge, wie man junge Tiere von alten unterscheidet. Das Fleisch der ersteren sei, wie Scappi sagt, zart, voller Geschmack und dunkel, und außerdem hätten sie weiße Füße. Meiden sollte man aber Vögel mit weißem Fleisch und roten Füßen. Nach einem Rezept werden sie an einem Spieß gebraten, bis sie fast gar sind, und dann in einer Kruste aus Mehl, Fenchel, Zucker, Salz und Semmelbröseln gebacken. Wie Scappi schreibt, sollten Tauben sofort gerupft und gegart werden, und auch heute läßt man sie nicht abhängen, sondern bereitet sie frisch zu.

Wildenten, Cesare Dandini (1596–1668); Corridoio Vasariano, Florenz

Gekochtes Rindfleisch mit Gemüse

GEKOCHTES RINDFLEISCH MIT GEMÜSE

Bollito con verdure

Der Bollito ist ein typisch italienisches Gericht, das man in den Restaurants des Nordens gewöhnlich donnerstags auf der Speisekarte findet. Da es sich aber einfach zubereiten läßt und ausgezeichnet schmeckt, ist es auch bei Hausfrauen sehr beliebt. Im allgemeinen serviert man es – je nach Region – mit Salsa verde (siehe S. 242), eingelegtem Gemüse oder Meerrettichsauce. Das älteste Rezept für Salsa verde entstammt dem »*Liber de Coquina*« (»Das Buch vom Kochen«), das ein unbekannter Verfasser im 15. Jahrhundert am angevinischen Hof schrieb. Darin wird empfohlen, mit gehackten Kräutern, wie Minze, Petersilie und Kardamom, und mit Muskatnuß und Ingwer zu würzen. Oft wird Bollito mit einer Schüssel Gemüse und ein wenig Brühe gegessen.

1,5 kg Rindfleisch zum Kochen
2 l Wasser
3 Markknochen (500 g)
6 junge Möhren, geputzt und gehackt
6 Stangen Porree, geputzt und gut gewaschen
6 Stangen Bleichsellerie, gehackt
6 kleine Zwiebeln, abgezogen
300 g Wirsingkohl
1 Hühnerbrust, entbeint und in dünne Streifen geschnitten

Das Rindfleisch in Scheiben schneiden. In einen Topf geben, mit Wasser bedecken und die Markknochen hinzufügen. Den Deckel auflegen, zum Kochen bringen und bei schwacher Hitze etwa 2 Stunden garen.

Gehackte Möhren, Porree, Bleichsellerie, Zwiebeln und Wirsingkohl hinzufügen und alles noch einmal 30 Minuten garen.

Fleisch und Gemüse aus der Brühe nehmen und auf einen großen Teller legen. Die Knochen wegwerfen.

Die Brühe entfetten. Die Hühnerbruststreifen hineingeben und die Brühe zum Kochen bringen. Das Fleisch 10 Minuten garen. Rindfleisch und Gemüse wieder hinzufügen und die Brühe noch einmal zum Kochen bringen. Dann servieren.

WÜRSTCHEN UND PANCETTA

Würstel alla pancetta

Dies ist eines jener einfachen Gerichte, die in Italien zubereitet werden, wenn unerwarteter Besuch vor der Tür steht. Früher war es vor allem in der Region Trentino eine Spezialität, wo es eine große Vielfalt besonders schmackhafter Würstchen gibt.

Heute werden diese Würstchen leider nicht mehr in der heimischen Küche hergestellt; allerdings kann man sie mittlerweile in ganz Italien kaufen.

6 Brühwürstchen (Frankfurter)
6 sehr dünne Scheiben Fontina-Käse
6 frische Salbeiblätter
6 Scheiben geräucherte Pancetta

Jedes Würstchen in eine Scheibe Käse einrollen, ein Salbeiblatt darauflegen und dann das Ganze noch in eine Scheibe Pancetta einwickeln. Die so vorbereiteten Würstchen mit einem Zahnstocher zusammenstecken.

Nebeneinander in eine feuerfeste Form legen. Im auf 200 °C vorgeheizten Backofen 15 Minuten backen, dabei von Zeit zu Zeit drehen.

Würstchen und Pancetta

COTECHINO MIT KOHL

Cotechino con le verze

In früheren Zeiten enthielten Kochbücher immer eine Vielzahl von Rezepten zur Herstellung verschiedener Wurstsorten wie Cotechini und Cervellate.

Wurst selbst herzustellen ist in vielen Familien noch immer üblich, insbesondere in der Toskana und Umbrien, wo man im Herbst ein Schwein schlachtet und Vorräte für den Winter anlegt. Aber natürlich bekommt man heute auch im Handel Würste von guter Qualität. Cotechino und Salsiccia sind nur mild gewürzt.

1 Cotechino-Wurst, etwa 800 g schwer
1 Kohl (Wirsing, Weiß- oder anderen Kohl), etwa 1 kg schwer
1 Zwiebel, feingehackt
60 g Pancetta, feingehackt
20 g Butter
2 EL natives Olivenöl
Salz und frisch gemahlener Pfeffer
120 ml trockener Weißwein
250 ml kochende klare Fleischbrühe
3 EL heller Essig

Die Wurst mit einer Nadel einstechen. Fest in Nessel wikkeln und in einen Topf mit kaltem Wasser legen. Das Wasser langsam zum Kochen bringen. Die Temperatur herunterschalten und die Wurst etwa 2 Stunden köcheln lassen. Zum Abkühlen in der Garflüssigkeit beiseite stellen, dann auswickeln und in Scheiben schneiden.

Die Kohlblätter trennen, harte Außenblätter und Strunk entfernen. Die Blätter gründlich waschen. Gut abtropfen lassen und in dünne Streifen schneiden.

Gehackte Zwiebel und Pancetta mit der Butter und dem Öl in einen Topf geben. Bei schwacher Hitze unter häufigem Rühren 5 Minuten garen, bis sie weich sind. Kohlstreifen, etwas Salz und ein wenig Pfeffer hinzufügen. Den Kohl garen. Wenn er zusammengefallen ist, den Wein dazugeben. Den Deckel auflegen, die Temperatur herunterschalten und den Kohl noch einmal etwa 2 Stunden garen, dabei von Zeit zu Zeit etwas kochende Brühe dazugießen.

10 Minuten vor Ende der Garzeit den Essig und die in Scheiben geschnittene Wurst hinzufügen. Den Topfinhalt zugedeckt bei schwacher Hitze weitergaren.

Die Wurst entweder im Topf oder auf einer vorgewärmten Servierplatte anrichten und den Kohl um sie herum verteilen.

Sofort servieren.

Cotechino mit Kohl

EIN FEINES GERICHT AUS KUTTELN

Per un buon piatto di trippa

Der 1887 geborene Ippolito Cavalcanti, Herzog von Buonvicino, verfaßte ein Buch mit dem Titel *»La Cucina Teorico – Pratica«* (»Theorie und Praxis des Kochens«), das bei der zweiten Auflage jedoch in *»Cucina Casareccia in Dialetto Napoletano«* (»Die häusliche Küche im neapolitanischen Dialekt«) umbenannt wurde. In seine Rezepte flocht der Herzog amüsante Ratschläge, Anekdoten und Bemerkungen über Freunde ein, die das Buch zu einem großen Lesevergnügen machen. So stellt er beispielsweise in seinem Rezept für *fritto di pesce* (ausgebackener Fisch) fest, daß ihm das Rezept eigentlich nutzlos schiene, da ja ohnehin jeder wisse, wie das Gericht zubereitet wird. Die meisten Gerichte stammen aus der Region.

Vorbereitung des Fleisches und anderer Nahrungsmittel, Szene aus der Geschichte des verlorenen Sohnes, Philipp Galle (1537–1612), Kupferstich; Drucksammlung, Mailand

Dies ist ein gutes Hauptgericht, sofern man weiß, wo man die Zutaten einkaufen muß. Am besten geht man zum Pennino, wo es eine Reihe von Händlern gibt, darunter einen besonders gewissenhaften, der in Begleitung einer alten Frau dort ist: Er hat immer gute Kutteln. Man wäscht sie schön sauber, und wenn das Wasser zu kochen beginnt, gibt man sie hinein. Sind sie halb gegart, wechselt man das Wasser und fügt mehr Wasser hinzu, das aber kochen muß. Wenn die Kutteln gar sind, kann man auf zweifache Weise verfahren. Erstens: Man schneidet sie in kleine Stücke, vermischt sie mit geriebenem Käse, verquirltem Ei, gehackter Petersilie, Salz und Pfeffer sowie etwas ausgelassenem Schweinefett und gart sie wie einen Eintopf. Die zweite Methode ist die der Kapuzinermönche: Man läßt die Brühe einkochen und gibt sie dann mit einer Handvoll geriebenem Käse in einen Topf und röstet sie im Backofen oder, mit aufgelegtem Deckel, in der Glut. Verfahret auf diese Weise und berichtet mir dann, was ihr gegessen habt.

Ein feines Gericht aus Kutteln (modernes Rezept)

1 kg Kutteln
Salz
2 Knoblauchzehen, gehackt
1 Zwiebel, gehackt
60 g Prosciutto, gehackt
1 Handvoll Petersilie, gehackt
2 EL natives Olivenöl
500 g geschälte Tomaten aus der Dose

Die Kutteln in Streifen schneiden. Mit etwas Salz in kaltes Wasser geben und dieses zum Kochen bringen. Bei schwacher Hitze etwa 5 Stunden garen. Abtropfen lassen.

In einem Topf gehackten Knoblauch, Zwiebel, Prosciutto und Petersilie mit dem Öl vermischen und bei niedriger Temperatur bräunen. Anschließend die geschnittenen Tomaten und Kutteln hinzufügen und 30 Minuten garen, bis die Sauce eingekocht ist. In eine Schüssel füllen und servieren.

Lammkoteletts mit Salbei

LAMMKOTELETTS MIT SALBEI

Costolette di agnello alla salvia

In alten Rezepten wurden für Lammkoteletts vielfältige Aromazutaten verwendet, darunter auch süße; während man sie heute wesentlich einfacher zubereitet.

Für die Zubereitung dieses Rezeptes benötigt man Koteletts von jungen Schafen, die nur wenige Monate alt sind und daher zartes, saftiges Fleisch haben. Da die Koteletts nicht sehr intensiv sind in ihrem Geschmack, sollte man sie vor allem nicht mit zu kräftigen anderen Aromen kombinieren.

Will man sie traditionell zubereiten, werden sie am besten gegrillt (die Römer nennen dies *a scottadito* – auf daß du dir den Finger verbrennst) oder mit Salbei gebeizt und anschließend kurz in Butter gegart.

1,5 kg Lammkoteletts, jeweils 1 cm dick
2 EL natives Olivenöl
Salz und frisch gemahlener Pfeffer
1 Handvoll frische Salbeiblätter
60 g Butter
90 ml trockener Weißwein

Die Koteletts vollständig von Fett befreien, Knorpel am Knochen und das herausstehende Knochenende entfernen. Das Fleisch leicht klopfen, mit Öl bestreichen und mit Salz und reichlich gemahlenem Pfeffer bestreuen. Die Salbeiblätter in das Fleisch drücken und einölen. Die Koteletts beiseite stellen und 2 Stunden durchziehen lassen.

Die Butter in einer Pfanne erhitzen. Die Koteletts mit dem Salbei hineinlegen und bei hoher Temperatur auf jeder Seite etwa 5 Minuten braten. Wenn das Fleisch gut gebräunt ist, den Wein dazugießen und 2 Minuten kochen lassen. Die Koteletts auf eine Platte legen und servieren.

RINDFLEISCH IN PAPRIKASAUCE

Fettine in salsa di peperoni

Heute verwendet man statt eines großen Stücks Fleisch oft einzelne Scheiben, die rascher gar werden. Früher dagegen war es mitunter Sitte, ganze Tiere zu garen. Zerlegtes Fleisch benutzte man hauptsächlich für gebackene Speisen (wie Becherpasteten), die mit Safran und Gewürzen überzogen und manchmal sogar mit Gold gefüllt waren. In einem solchen Fall soll man nach einem Rat des *»Liber de Coquina«* (»Das Buch vom Kochen«), das im 15. Jahrhundert von einem unbekannten Autor verfaßt wurde, die Pastete lieber heimlich füllen, damit der Bäkker (dessen Ofen zum Garen benutzt wurde) nicht das Gold heraushole und durch etwas anderes ersetze.

2 Zwiebeln, in dünne Scheiben geschnitten
1 Stange Bleichsellerie, in dünne Streifen geschnitten
800 g Rindfleisch, in ½ cm dicke Scheiben geschnitten
Salz und frisch gemahlener Pfeffer
1 Lorbeerblatt
Saft von ½ Zitrone
1 Thymianzweig
250 ml trockener Rotwein
1 EL Mehl

Rindfleisch in Paprikasauce

3 EL natives Olivenöl
1 rote Paprikaschote, gehackt
1 grüne Paprikaschote, gehackt

Zwiebelscheiben und Selleriestreifen auf dem Boden einer feuerfesten Form verteilen. Die Fleischscheiben darauflegen und mit Salz und Pfeffer würzen. Lorbeerblatt, Zitronensaft und Thymianblätter hinzufügen, dann den Wein darüberträufeln.

Die Form abdecken und zum Marinieren für mindestens 2 Stunden in den Kühlschrank stellen.

Das Fleisch gut abtropfen lassen und trockentupfen. Die Marinade durch ein Sieb gießen, Flüssigkeit und feste Bestandteile getrennt zurückstellen. Die Fleischscheiben im Mehl wenden. Das Öl in einer großen Pfanne erhitzen, das Fleisch hineinlegen und auf beiden Seiten etwa 5 Minuten bräunen. Die Marinadenflüssigkeit dazugießen und etwas einkochen lassen, bevor die anderen Marinadenzutaten hinzugefügt werden. Einige Minuten garen. Die gehackten Paprikaschoten dazugeben und den Pfanneninhalt zugedeckt bei möglichst schwacher Hitze auf dem Herd oder im 140 °C heißen Backofen etwa 2 Stunden garen, dabei gelegentlich umrühren.

Wenn das Fleisch vollkommen gar ist, die Scheiben vorsichtig aus der Sauce heben und auf einer Servierplatte anrichten. Die Sauce durch ein Sieb streichen und über das Fleisch schöpfen. Servieren.

Rosmarin, 16. Jahrhundert, aus dem »New Kreuterbuch« des Leonart Fuchs

GEFÜLLTE KALBSBRUST

Petto di vitello ripieno

Für die Zubereitung eines Rollbratens eignet sich besonders Kalbsbrust, weil sie sich leicht füllen und aufrollen läßt. Das leicht fetthaltige Fleisch macht dieses Gericht besonders zart.

Die Füllung wird aus Eiern, Prosciutto und Spinat hergestellt, aber es können statt dessen auch andere Zutaten wie Speck (Pancetta), eine Mischung aus Mandeln und Wurst, Hühnerleber oder Pastete mit Trüffeln verwendet werden.

Gefüllte Kalbsbrust

500 g Spinat, geputzt
120 g frisch geriebener Parmesankäse
3 Eier
Salz und frisch gemahlener Pfeffer
1 große Scheibe Kalbsbrust, etwa 1 kg schwer
90 g Prosciutto, in dünne Scheiben geschnitten
20 g Butter
2 EL natives Olivenöl
2 frische Salbeizweige
2 frische Rosmarinzweige
120 ml trockener Weißwein
120 ml klare Rinderbrühe

Den vorbereiteten Spinat in sehr wenig kochendem Salzwasser garen.

Abtropfen lassen und zum Abkühlen beiseite stellen. Möglichst viel Wasser herausdrücken. In eine Schüssel geben und den Parmesankäse und die Eier hinzufügen. Alles gut vermischen, dann nach Geschmack salzen und pfeffern.

Das Fleisch flachklopfen, etwas salzen und die Spinatmischung darauf verteilen. Das Ganze mit dem Prosciutto bedecken und das Fleisch so aufrollen, daß die Füllung fest umschlossen ist. Mit Küchengarn umwickeln.

In einer flachen Kasserolle Butter und Öl vorsichtig erhitzen. Salbei und Rosmarin hinzufügen und bei mittlerer Temperatur sautieren. Den Rollbraten hineinlegen und für etwa 15 Minuten rundherum bräunen, dabei immer wieder drehen. Etwas Salz und den Wein dazugeben. Zugedeckt im vorgeheizten Backofen bei 180 °C etwa 1 Stunde braten. Häufig drehen und gelegentlich mit 1 oder 2 Eßlöffel Brühe befeuchten.

Den Deckel abnehmen und die Temperatur auf 200 °C erhöhen. Noch einmal 10 Minuten garen. Den Rollbraten aus dem Backofen nehmen und nach Entfernen des Garnes in Scheiben schneiden. Servieren.

Kalbsschnitzel mit Spinat

KALBSSCHNITZEL MIT SPINAT

Scaloppine agli spinaci

Kalbsschnitzel gehören zu den klassischen Speisen der norditalienischen Küche. Traditionell brät man sie kurz bei hoher Temperatur, damit sie eine schöne Farbe bekommen, und fügt dann Dessertwein wie Marsala hinzu, um ihren Geschmack hervorzuheben. Früher gab man noch Gewürze oder *salsa cammellina* – eine braune Sauce für Fleisch – dazu. Als Beilage serviert man häufig *risotto alla Milanese*. Für dieses Rezept wird zusätzlich Spinat verwendet.

1 kg Spinat
90 g Butter
800 g Kalbsschnitzel
Salz und frisch gemahlener Pfeffer

Den Spinat putzen und waschen. Mit wenig kochendem Salzwasser in einem Topf garen. Abtropfen lassen und hacken.

Die Hälfte der Butter in eine Pfanne geben. Die Schnitzel darin auf beiden Seiten bei hoher Temperatur 10 Minuten bräunen, dabei häufig drehen. Spinat, restliche Butter und etwas Salz dazugeben. Den Deckel auflegen, die Hitze reduzieren und den Pfanneninhalt 5 Minuten garen.

Den gegarten Spinat mit Salz und Pfeffer würzen und auf einer Servierplatte anrichten. Die Schnitzel darauflegen und servieren.

Mittagessen auf dem Lande, 18. Jahrhundert, Schale von der Rubati-Keramikfabrik, Mailand; Privatsammlung, Mailand

KALBSBRATEN IN ROTWEIN

Arrosto di vitello al vino rosso

Bartolomeo Platina, Kochbuchverfasser des 15. Jahrhunderts, empfahl in seinen Rezepten häufig die Verwendung von Wein, weil er der Verdauung förderlich sei.

Für den *arrosto di vitello al vino rosso* eignet sich am besten das Fleischstück direkt beim Schwanz, das *arrosto di codino* (wörtlich: Braten vom Schwanzstück) genannt wird. Durch das Fett, das dieses Fleisch durchzieht, ist es zarter als andere Stücke. Wenn der Braten fast gar ist, ergänzt man den Geschmack durch verschiedene Gemüse, deren aromatischer Saft ihn noch zarter werden läßt.

800 g Kalbsbraten
60 g Butter
3 EL natives Olivenöl
2 Stangen Porree, geputzt und in Ringe geschnitten
2 Zwiebeln, gehackt
2 Möhren, geputzt und gehackt
1 Stange Bleichsellerie, gehackt
4 Kartoffeln, gehackt
1 Handvoll gemischte frische Kräuter (Thymian, Petersilie und 1 Lorbeerblatt)
Salz und frisch gemahlener Pfeffer
500 ml trockener Rotwein
1 EL Mehl
250 ml klare Rinder- oder Kalbsbrühe
2 EL pürierte Tomaten

Das Fleisch fest mit feinem Garn umwickeln, damit es beim Garen nicht die Form verliert. In einem großen Schmortopf die Butter und das Öl erhitzen. Den Braten hineinlegen und etwa 20 Minuten sanft bräunen, dabei gelegentlich drehen. Die Gemüse und Kräuter hinzufügen. Mit Salz und Pfeffer würzen. Den Rotwein dazugießen und den Topfinhalt etwa 1½ Stunden köcheln lassen.

Die Brühe in eine Schüssel geben und das Mehl nach und nach hineinrühren, so daß keine Klümpchen entstehen. Das Tomatenpüree untermischen. Die Mischung in den Topf gießen und gut mit der Garflüssigkeit verrühren. Die Sauce behutsam etwa 30 Minuten rühren, bis sie dick wird. Den Herd ausschalten. Das Fleisch herausnehmen und nach Entfernen des Garns in Scheiben schneiden. Auf einer vorgewärmten Servierplatte anrichten. Das Gemüse auf und um den Braten herum verteilen. Die heiße Sauce über Fleisch und Gemüse schöpfen und das Ganze sehr heiß servieren.

Kalbsbraten in Rotwein

KALBSROULADEN MIT SENFFRÜCHTEN

Involtini alla mostarda di Cremona

Über die Jahrhunderte sind viele Variationen von *involtini* (Fleischrouladen) entstanden, und jede Familie hat noch immer ihr besonderes Rezept. Das folgende ist einem Rezept aus der Lombardei entlehnt, wo die herrlichen *mostarda di Cremona* – eine Art von Senffrüchten – hergestellt werden. Man reicht sie im allgemeinen als Beilage zu gekochtem Fleisch, aber sie eignen sich auch ausgezeichnet für Braten (Rezept für *mostarda di Cremona* S. 249).

180 g milde Wurst, enthäutet
2 EL in Milch eingeweichtes Brot
2 Eigelb
2 EL frisch geriebener Parmesankäse
Salz und frisch gemahlener Pfeffer
800 g Kalbsschnitzel, in sehr dünne, regelmäßige Scheiben geschnitten
180 g Mostarda di Cremona (Senffrüchte)
60 g Butter
60 ml trockener Weißwein

Für die Füllung Wurstfleisch, eingeweichtes Brot (zuvor möglichst viel Flüssigkeit herausdrücken), Eigelb und Parmesankäse vermischen. Salz und Pfeffer hinzufügen und gut einarbeiten.

Die Fleischstücke leicht klopfen und die vorbereitete Füllung auf ihnen verteilen. Ein wenig von den Senffrüchten daraufsetzen und das Fleisch aufrollen. Die Rouladen mit Küchengarn umwickeln. In einer Pfanne die Butter bei mittlerer Temperatur erhitzen. Die Rouladen etwa 15 Minuten darin braten und dabei häufig drehen, damit sie rundum bräunen.

Den Bodensatz in der Pfanne mit dem Wein ablöschen. Einige Eßlöffel Wasser dazugeben und die Rouladen zugedeckt bei schwacher Hitze noch einmal 10 Minuten garen, dabei gegebenenfalls noch etwas Wasser hinzufügen, damit der Pfannenboden benetzt bleibt. Die Rouladen entweder in der Pfanne oder auf einer vorgewärmten Platte servieren.

Kalbsrouladen mit Senffrüchten

Kalbsschnitzel mit Artischocken

KALBSSCHNITZEL MIT ARTISCHOCKEN

Scaloppine di vitello con carciofi

Früher wurde für dieses Gericht Lammfleisch verwendet, doch nach und nach verfeinerte man es, und heute wird es, vor allem im Norden, mit Fleisch von Milchkälbern zubereitet. Mitunter gart man nach dieser Methode auch Hühnerbrust oder in Scheiben geschnittenes Putenfleisch. Die Schnitzel können mit frischen, in Butter geschwenkten Tagliatelle oder mit einem Risotto serviert werden.

6 große Artischocken
Saft von 1 Zitrone
2 EL natives Olivenöl
15 g Butter
800 g Kalbsschnitzel
Salz und frisch gemahlener Pfeffer
60 ml trockener Weißwein
1 EL Petersilie, gehackt
60 ml Crème double

Die Artischocken putzen, harte Außenblätter, Heu und Blattspitzen entfernen. In Spalten schneiden und sofort in eine Schüssel mit Wasser legen, das mit dem Zitronensaft angesäuert wurde, damit sie sich nicht verfärben.

Öl und Butter in einer großen Pfanne erhitzen. Das Fleisch hinzufügen und bei mittlerer Hitze behutsam in etwa 10 Minuten bräunen. Die Artischockenspalten dazugeben, mit Salz und Pfeffer würzen und den Wein darüberträufeln. Sobald der Wein verdampft ist, Petersilie und Crème double in die Pfanne rühren. Den Deckel auflegen und auf niedrige Temperatur herunterschalten. Den Pfanneninhalt noch etwa 15 Minuten garen.

Die Schnitzel auf eine Servierplatte legen. Die Artischocken anrichten und mit der Sauce überziehen. Sofort servieren.

WIE MAN EINEN PFAU FÜLLT

A riempire un pavone

Das Original dieses Rezeptes stammt von einem unbekannten toskanischen Verfasser aus dem 14. Jahrhundert. Später wurde es jedoch von Maestro Martino übernommen und auch von Bartolomeo Platina, der ausführlich beschreibt, wie man einen Pfau schlachtet. Er schließt mit der Warnung, daß das Fleisch von Pfauen nicht sehr nahrhaft sei und die Galle schwarz werden lasse. Es sei deshalb für jeden schädlich, der Probleme mit der Leber oder Milz habe. Dennoch wird in diesem Rezept deutlich, auf welch großartige Weise man damals Fleischgerichte präsentierte. Platina beschreibt auch, wie man ein halbes Kalb mit Enten, Hühnern und Kapaunen füllt. In dem folgenden modernen Rezept kann zum Füllen auch ein Perlhuhn verwendet werden.

> Man enthäutet den Pfau, bewahre aber den Kopf und die Federn auf. Dann nehme man etwas Schweinefleisch, nicht zu fett, und drehe es mit dem Fleisch des besagten Pfaus durch. Man zerreibe nach Belieben Gewürze, Zimt und Muskatnuß, verrühre sie mit Eiklar und mische sie dann unter das Fleisch – die Eigelb behalte man zurück. Dann fülle man den Pfau mit dem durchgedrehten Fleisch und wickle den Vogel in Schweinsnetz. Man lege den Pfau in einen Topf mit lauwarmem Wasser und bringe es zum Köcheln. Wenn er geschrumpft ist, brate man ihn am Spieß oder auf dem Rost und gebe ihm Farbe mit dem verquirlten Eigelb. Dabei nicht alles aufbrauchen. Mit dem Rest bereite man Klößchen, was ich erklären will: Man nehme etwas rohe Schweinelende, hacke sie sehr fein und mische das Fleisch mit den aufbewahrten Eiern und den schon erwähnten Gewürzen. Die Masse muß dick genug sein, um kleine Bällchen formen zu können. Dann färbe man sie und lege sie in kochendes Wasser. Wenn sie gar sind, können sie gebraten und mit in Eigelb getauchten Federn gefärbt werden. Diese Klößchen kann man in den Pfau und außen unter das Schweinsnetz schieben. Ist dies geschehen, schmücke man den Pfau wieder mit seiner Haut und seinen Federn, die man beiseite gestellt hatte. So trage man ihn auf, und nach Entfernen der Haut reiche man ihn herum zum Verzehr.

300 g Wurst, enthäutet
90 g grüne Oliven, entsteint und gehackt
1 Pfau (Perlhuhn), etwa 2 kg schwer
1 Stange Bleichsellerie, gehackt
1 Möhre, geputzt und gehackt
1 kleine Zwiebel, gehackt
3 EL natives Olivenöl
Salz und frisch gemahlener Pfeffer
15 g Butter
60 ml trockener Marsala

Das Wurstfleisch mit den gehackten Oliven mischen. Diese Mischung in den vorbereiteten Pfau füllen und die Öffnung mit Garn zunähen, damit die Füllung nicht herausläuft.

Gehackten Bleichsellerie, Möhre und Zwiebel mit dem Öl in einen Schmortopf geben. Den Pfau daraufsetzen und mit Salz und Pfeffer würzen. Ein Stück Pergamentpapier (Backpapier) in Größe des Topfes dick einbuttern und mit der gebutterten Seite nach unten auf den Pfau legen. Den Pfau mit aufgelegtem Deckel im auf 180 °C vorgeheizten Backofen etwa 2 Stunden braten. Während des Garens zweimal drehen, die Gemüse umrühren.

Den Pfau auf eine Servierplatte legen und warm halten. Den Topf mit dem Marsala ablöschen und den Bodensatz abschaben. Die Sauce durch ein Sieb gießen. Wieder erhitzen und über den Pfau schöpfen, dann servieren.

Küchenszene, Druck; Sammlung Bertarelli, Mailand

GEFÜLLTE »KALBSOHREN«

»Orecchi« di vitella pieni

Im 18. Jahrhundert trug in Reggio nell'Emilia ein unbekannter Autor, der in den Diensten des Grafen Cassoli stand, eine Rezeptsammlung mit dem Titel *»Libro Contenente la Maniera di Cucinare e Vari Segreti e Rimedi per Malattie e Altro«* (»Das Buch von der Manier des Kochens und verschiedenen Geheimnissen und Mitteln für Krankheiten und anderen Dingen«) zusammen. Die Rezepte geben den alltäglichen Speisezettel einer relativ bescheidenen Adelsfamilie wieder. In dem Buch finden sich Anweisungen für die Herstellung von Likör und Kräuteressig wie auch für die Konservierung von Gemüsen. Die verwendeten Zutaten waren damals in dieser Region allgemein beliebt, und es überrascht nicht, darunter Kalbsohren zu finden. Sie gelten in der Emilia-Romagna und

Wie man einen Pfau füllt (modernes Rezept); Gefüllte »Kalbsohren« (modernes Rezept)

> Man nimmt sechs Ohren und gart sie mit einem Glas Weißwein und Consommé, Salz, Pfeffer, Grünzeug, kleinen Zwiebeln, Knoblauch, zwei Nelken, einem halben Lorbeerblatt, Thymian, Basilikum und ein wenig Butter. Wenn sie gar sind, rührt man eine Handvoll geriebenes Brot und die gleiche Menge Käse hinein und gart alles mit etwas Milch, bis es dick ist. Dann läßt man es abkühlen. Man fügt der Mischung drei Eigelb und eine kleine Menge Butter hinzu, füllt sie in die Ohren, fettet diese mit Butter ein, überzieht sie mit Semmelbröseln und Käse und gibt sie mit etwas Butter in einen Topf. Dann legt man den Deckel auf und läßt sie über dem Feuer bräunen.

der Lombardei auch heute noch als Delikatesse und werden, gewöhnlich gekocht, als Salat mit Öl, Zitronensaft und Petersilie angemacht, serviert. Bei der modernen Rezeptversion werden anstelle von Kalbsohren Koteletts gefüllt.

90 g frisch geriebener Parmesankäse
180 g Semmelbrösel
3 Eigelb
6 Kalbskoteletts
20 g Butter
1 EL gemischte frische Kräuter, gehackt (Rosmarin, Thymian, Salbei)
Salz
120 ml trockener Weißwein

In einer Schüssel den Parmesankäse mit 90 g Semmelbröseln und dem Eigelb gründlich vermischen.

Die Kalbskoteletts quer zum Knochen aufschneiden und – wie Schmetterlingsflügel – aufklappen. Die Käsemischung darauf verteilen und das Fleisch wieder zusammenlegen. Die Butter mit den Kräutern in einem Topf erhitzen.

Sechs kleine Stücke Butterbrotpapier einfetten. Je ein Kotelett daraufsetzen, mit etwas Salz bestreuen und die Kräuterbutter darübergeben. Mit etwas Wein beträufeln. Die Päckchen gut verschließen und im auf 200 °C vorgeheizten Backofen etwa 20 Minuten backen.

Die Koteletts aus dem Papier nehmen. In eine Grillpfanne legen und auf jeder Seite 2 Minuten grillen, bis sie gebräunt sind. Bratensaft darübergießen und servieren.

Stilleben mit Vögeln, Schule des Michelangelo Caravaggio, 17. Jahrhundert; Galleria Borghese, Rom

PASTETE VON »LEBENDEN« VÖGELN

Pasticcio di uccelli vivi

Das *»Liber de Coquina«* (»Das Buch vom Kochen«), welches ein unbekannter Autor im 15. Jahrhundert am angevinischen Hof verfaßt hat, ist vielleicht das älteste Buch über die italienische Küche. Es ist Charles II. von Anjou gewidmet und ein außerordentlich abwechslungsreiches Werk, das Rezepte aus Frankreich, vom englischen Hof wie auch aus Rom, Kampanien, Genua und Parma enthält. Es wurde in lateinischer Sprache geschrieben, obwohl der Einfluß des Italienischen offenbar ist (Latein wich zu jener Zeit der italienischen Schriftsprache), und belegt die Tatsache, daß die Rezepte für den Hochadel bestimmt waren, vor allem für Familien bei Hofe. Dieser *pasticcio di uccelli* ist auch in Schriften anderer Autoren, die um diese Zeit lebten, zu finden.

Auf die folgende Weise kann man eine Pastete mit lebenden Vögeln zubereiten. Man stelle eine Teighülle mit Deckel her und fülle sie mit Kleie. Wenn sie ausgebacken und gut abgekühlt ist, mache man in den Boden ein kleines Loch, um die Kleie zu entfernen, und stecke einige lebendige kleine Vögel und reichlich Blätter von einem Baum hinein. Dann setze man das Teigstück, das man für das Loch herausgenommen hatte, genau wieder an der gleichen Stelle ein. Man vergesse nicht, auf der Oberseite mehrere winzige Löcher zu machen, damit die kleinen Vögel nicht erstikken. Will man etwas Spaß haben, serviere man Gästen die besagte Pastete. Wenn sie die Pastete anschneiden, fliegen die oben erwähnten Vögel davon.

400 g Mehl
180 g Butter
2 EL Wasser
12 Wachteln
1 EL frische Wacholderbeeren
12 hauchdünne Scheiben Pancetta
120 ml trockener Weißwein
1 Stange Bleichsellerie, in Scheiben geschnitten
1 Möhre, geputzt und in Scheiben geschnitten
3 Kartoffeln, geschält und gewürfelt
Salz und frisch gemahlener Pfeffer

Das Mehl in einem Hügel auf die Arbeitsfläche geben. In der Mitte eine Mulde machen und fast die ganze Butter in kleinen Stückchen hineingeben. Die Butter mit den Fingern in das Mehl einarbeiten. Wasser hinzufügen und gut untermischen. Den Teig zu einer Kugel formen. In ein Stück Klarsichtfolie wickeln und etwa 30 Minuten in den Kühlschrank stellen.

In der Zwischenzeit die Wacholderbeeren in die Wachteln geben und diese in die Pancetta-Scheiben wickeln. Die Wachteln in der restlichen Butter bei mittlerer Hitze braten, bis sie rundum goldbraun sind. Wein, Bleichsellerie, Möhren und Kartoffeln hinzufügen. Mit Salz und Pfeffer würzen. Zugedeckt etwa 20 Minuten garen.

Eine Form mit hohem Rand ausbuttern und mit Mehl ausstreuen. Zwei Drittel des Teiges ausrollen. Die Form damit auskleiden. Wachteln und Gemüse hineingeben. Nach Belieben den restlichen Teig zu einem Deckel ausrollen. Auflegen, andrücken und die Ränder fälteln. Den Deckel mit einer Gabel einstechen und die Pastete bei 180 °C im Backofen etwa 40 Minuten backen, bis sie braun zu werden beginnt. Aus der Form nehmen und servieren.

Stilleben mit Vogel, Grab des Clodius Hermes, Fresko; Sebastianskatakomben, Rom

Pastete von »lebenden« Vögeln (modernes Rezept)

KANINCHEN-KARTOFFEL-TOPF

Coniglio in umido con patate

Geschmortes Fleisch gehörte zu den Gerichten, die bei italienischen Banketten in früheren Zeiten als Hauptgang serviert wurden. Die Hausfrau zieht das Schmoren dem Braten häufig vor, weil man dafür auch preiswertere Fleischstücke verwenden kann, die aufgrund des langen Garens dennoch zart und schmackhaft werden. Mit dem Fleisch gegarte Kartoffeln sind besonders köstlich, da sie seine Aromen aufnehmen.

3 EL Mehl
Salz und frisch gemahlener Pfeffer
1 Kaninchen, etwa 1 kg schwer, in Portionsstücke geschnitten
3 EL natives Olivenöl
1 Zwiebel, feingehackt
1 Knoblauchzehe, gehackt
2 EL gehackte Petersilie
500 ml kochende klare Rinderbrühe
1 kg Kartoffeln, in Scheiben geschnitten
15 g Butter

Das Mehl auf einer großen, flachen Platte mit etwas Salz und reichlich Pfeffer vermischen und die Kaninchenteile darin wenden.

Das Öl in einen großen Schmortopf gießen. Kaninchenteile und gehackte Zwiebel hinzufügen und bei mittlerer Hitze etwa 15 Minuten unter gelegentlichem Rühren bräunen, bis das Fleisch goldbraun ist. Den kleingehackten Knoblauch und ungefähr die Hälfte der Petersilie darüberstreuen.

Die heiße Brühe dazugießen. Den Deckel auflegen und den Topfinhalt im vorgeheizten Backofen bei 180 °C etwa 20 Minuten garen. Die Kartoffeln hinzufügen und zugedeckt 1 Stunde mitgaren. 10 Minuten vor dem Servieren den Deckel abnehmen und Butterflöckchen auf die Kartoffeln setzen. Die Temperatur auf 220 °C erhöhen, um sie zu bräunen.

Kaninchenteile und Kartoffeln in eine flache Schüssel füllen und anrichten. Mit der restlichen Petersilie bestreut servieren.

Kaninchen-Kartoffel-Topf

Tauben mit Oliven

TAUBEN MIT OLIVEN

Piccioni alle olive

Am schmackhaftesten sind Wildtauben, doch heute werden speziell für den Verzehr Tauben gezüchtet. Da ihr Fleisch aber recht trocken ist, wickelt man sie gewöhnlich in Speck. Dieser Speck zergeht beim Garen und liefert das Fett, das den Tauben fehlt.

Das folgende Rezept wurde in einem Notizbuch mit der Jahreszahl 1905 gefunden und stammt von dem neapolitanischen Koch einer bekannten Familie.

Solche sehr sorgfältig geführten Notizbücher wurden streng gehütet und den Nachfolgern der Köche nur dann übergeben, wenn sie sich ihrer als uneingeschränkt würdig erwiesen hatten.

3 Tauben
1 dicke Scheibe Prosciutto, etwa 150 g schwer
2 Frühlingszwiebeln, gehackt
2 Lorbeerblätter
1 EL frische Wacholderbeeren
60 ml natives Olivenöl
250 ml klare Rinderbrühe
60 ml trockener Marsala
Salz und frisch gemahlener Pfeffer
3 Scheiben Pancetta
180 g grüne Oliven, entkernt

Die vom Händler vorbereiteten Tauben säubern, die Lebern zurückstellen.

Den Prosciutto in kleine Stücke schneiden. In einem Topf Prosciutto, Taubenlebern, gehackte Frühlingszwiebeln, Lorbeerblätter, Wacholderbeeren und 2 Eßlöffel Öl vermischen. Einige Minuten bei starker Hitze garen. 120 ml Brühe und den Marsala hinzufügen. Die Temperatur reduzieren. Mit Salz und Pfeffer würzen und den Deckel auflegen. Den Topfinhalt etwa 30 Minuten garen, bis die Flüssigkeit verdampft ist.

Diese Füllmasse fein hacken und in die Tauben füllen. Die Pancetta-Scheiben um die Tauben wickeln und zusammenbinden. Mit 1 Eßlöffel Öl bestreichen und mit Salz und Pfeffer würzen. Im vorgeheizten Backofen bei 180 °C etwa 1 Stunde braten, zwischendurch mit dem restlichen Öl bepinseln. Die verbliebene Brühe und die Oliven hinzufügen. 5 Minuten garen und dabei rühren, um den Bodensatz zu lösen.

Die Tauben auf einer großen, ovalen Servierplatte anrichten. Die Oliven darum verteilen, mit dem Bratenfond überziehen und servieren.

Ente in Weißwein mit Gemüsen und Kräutern

ENTE IN WEISSWEIN MIT GEMÜSEN UND KRÄUTERN

Anatra alle verdure

Früher verwendete man für diese Gerichte meist eine unterdessen ausgestorbene Wildentenart, deren Fleisch besonders beliebt war. Auch heute sollte man Wildenten den Vorzug geben, da sie einen besseren Geschmack als Zuchtenten haben.

1 Ente, etwa 2 kg schwer
60 g Butter
90 g Pancetta, gewürfelt
½ Flasche trockener Weißwein
1 Handvoll Petersilie
1 frischer Rosmarinzweig
1 Handvoll frischer Salbei
2 Lorbeerblätter
Salz und frisch gemahlener Pfeffer
500 g Zwiebeln
2 Möhren, geputzt und in Scheiben geschnitten

Die Ente vorbereiten und säubern. In mittelgroße Portionsstücke teilen. In einer großen Pfanne oder Kasserolle die Butter mit der Pancetta bei mittlerer Temperatur erhitzen. Die Ententeile dazugeben und etwa 20 Minuten bräunen. Den Wein dazugießen, dann die Kräuter sowie Salz und Pfeffer hinzufügen. Den Deckel auflegen und den Topfinhalt bei schwacher Hitze etwa 1 Stunde garen.

In einem zweiten Topf die Zwiebeln behutsam in der restlichen Butter braten. Die Möhrenscheiben hinzufügen und mit Salz und Pfeffer würzen. Zugedeckt etwa 40 Minuten bei niedriger Temperatur garen.

Vor dem Servieren die Kräuter entfernen und wegwerfen. Die Gemüse zu der Ente geben und zusammen noch einmal 5 Minuten garen. Auf einer Platte anrichten und servieren.

PUTENROLLBRATEN MIT SCHINKENFÜLLUNG

Petto di tacchino al prosciutto

Rollbraten ist ein besonders typisches Gericht der italienischen Küche, von dem es unzählige Versionen gibt. Ich kann mich nicht erinnern, zu Hause jemals den gleichen Braten öfter als zweimal gegessen zu haben.

Neben Putenfleisch kann auch Kalb- oder Rindfleisch verwendet werden, und natürlich eignet sich auch durchgedrehtes Fleisch für die Füllung.

Eines der ältesten Rezepte für Rollbraten findet sich im Werk eines unbekannten venezianischen Autors des 14. Jahrhunderts. Die Aufzählung der für dieses aufregende Gericht benötigten Zutaten, die sich für die Füllung eignen (Schweinefleisch, frisch und gesalzen, Gewürze, Milz und so weiter), nimmt bei ihm eine klein- und dichtbeschriebene Seite ein.

800 g Putenbrust
4 Eier
1 Rosmarinzweig, gehackt
Salz und frisch gemahlener Pfeffer
30 g Butter
180 g gekochter Schinken, in Scheiben geschnitten
2 EL natives Olivenöl
120 ml trockener Weißwein

Die Putenbrust mit einem Fleischklopfer so bearbeiten, daß sie eine rechteckige Form bekommt. Dann die Frittata-Füllung zubereiten: Die Eier in einer Schüssel verquirlen. Den gehackten frischen Rosmarin sowie je eine Prise Salz und Pfeffer hinzufügen und gut untermischen.

Die Hälfte der Butter in einer Pfanne zerlassen. Die Eimasse hineingießen und stocken lassen, so daß eine 1 cm dicke *frittata* (Omelett) entsteht. Die Frittata drehen und die andere Seite backen.

Die Schinkenscheiben auf die Putenbrust legen und darauf die Frittata. Das Fleisch aufrollen und mit Küchengarn zusammenbinden.

Die restliche Butter und das Öl in einem ovalen Schmortopf erhitzen. Den Rollbraten salzen und pfeffern und in den Topf legen. Bei mittlerer Hitze etwa 15 Minuten garen, dabei häufig drehen. Sobald er gleichmäßig gebräunt ist, in den auf 180 °C vorgeheizten Backofen schieben und etwa 1 Stunde braten.

Den Rollbraten aus der Sauce nehmen und kurz ruhen lassen. Das Garn entfernen, das Fleisch aufschneiden und die Scheiben fächerartig auf einer Servierplatte anrichten. Den Wein in den Topf gießen, erhitzen und dabei den Bodensatz ablösen. Die Sauce durch ein Sieb über das Fleisch geben und servieren.

Putenrollbraten mit Schinkenfüllung

Huhn mit Mangold

HUHN MIT MANGOLD

Pollo con le bietole

In Italien gibt es noch (und in Deutschland vereinzelt wieder) freilaufende Hühner, die mit Körnern gefüttert werden und festes, schmackhaftes Fleisch haben. Früher hielt jede Familie eigene Hühner, die nicht nur erstklassiges Fleisch, sondern auch Eier lieferten. Einige Bauernfamilien tun dies bis heute, da in Käfigen gehaltene Hühner zwar wenig Fett, aber minderwertiges, weiches Fleisch haben. Auch zu fette Hühner mögen die Italiener nicht.

1 Huhn, etwa 1,5 kg sch
2 Möhren
1 Stange Bleichsellerie, gehackt
Salz
180 g Zwiebeln, in dünne Scheiben geschnitten
60 ml natives Olivenöl
1 kg Mangold, geputzt und gehackt
Frisch gemahlener Pfeffer
180 ml Crème double (dicke Sahne)

Das Huhn rupfen, ausnehmen und sorgfältig waschen. Hals, Füße und Flügel beiseite stellen, das restliche Huhn in kleinere Stücke teilen. Hals, Füße und Flügel in einen Keramiktopf geben und mit kaltem Wasser bedecken. Eine Möhre und den gehackten Sellerie als Aromazutaten hinzufügen. Mit Salz würzen und 1 Stunde kochen. Dann die Brühe durch ein Sieb gießen und beiseite stellen.

Die verbliebene Möhre hacken. In einem Schmortopf gehackte Möhre, Zwiebeln und Öl vermischen. Unter ständigem Rühren bei schwacher Hitze 10 Minuten sautieren. Bevor die Gemüse Farbe annehmen, die Hühnerteile hinzufügen und unter häufigem Rühren bei mittlerer Temperatur etwa 15 Minuten bräunen.

Von der zurückgestellten Brühe 120 ml über das Huhn gießen und zum Kochen bringen. Den Mangold und etwas Pfeffer hinzufügen und etwa 1 Stunde garen. Falls notwendig, noch Brühe dazugeben. Abschmecken. Die Crème double in den Topf gießen und 2 Minuten erhitzen. Das Gericht kann im Topf serviert werden.

GESCHMORTES HUHN MIT PAPRIKASCHOTEN

Pollo ai peperoni

In früherer Zeit wurden Hühner zunächst gekocht und dann mit gesalzenem Schweinefleisch, Zwiebeln und anderen Gemüsen wie Paprikaschoten oder Auberginen gebraten. Manchmal fügte man auch Rosinen (Sultaninen), Trockenpflaumen, Mandeln oder Datteln hinzu.

Der *spezzatino* ist ein leichtes Ragout und ein sehr populäres Gericht in Italien. Er kann aus Huhn-, Kalb- oder Rindfleisch zubereitet werden, und jeder Koch hat sein geheimes Rezept oder übernimmt das Rezept eines anderen, um daraus eine eigene Spezialität zu kreieren. Diese Version mit Paprikaschoten ist sehr aromatisch und hat wunderbare Farben – ein Genuß für das Auge und den Gaumen.

1 Huhn, 1,5 kg schwer
1 EL Mehl
60 ml natives Olivenöl
2 EL Butter
Salz und frisch gemahlener Pfeffer
60 ml trockener Weißwein
120 ml klare Rinderbrühe
3 rote Paprikaschoten
1 Knoblauchzehe, gehackt
1 kleines Stück Chilischote, gehackt
1 EL Basilikum, gehackt

Das Huhn waschen und trockentupfen. In mittelgroße Portionsstücke teilen und diese dünn mit Mehl überziehen.

Öl und Butter in einer großen Pfanne erhitzen. Die Hühnerteile hineinlegen und bei mittlerer Hitze 20 Minuten bräunen. Die gut gebräunten Teile salzen und pfeffern, dann den Wein darübergießen. Das Fleisch weitergaren, zwischendurch immer wieder mit etwas Brühe begießen. In der Zwischenzeit die Paprikaschoten über einer offenen Flamme oder unter dem Grill rösten. Die verkohlte Haut entfernen und die Schoten in kleine Stücke schneiden.

Wenn das Huhn halb gegart ist, Paprikastücke, Knoblauch und Chilischote hinzufügen. Das Gericht bei schwacher Hitze fertiggaren. Von Zeit zu Zeit etwas Brühe darübergeben und rühren, damit das Fleisch nicht am Boden der Pfanne ansetzt.

Von der Kochstelle nehmen und, mit dem Basilikum bestreut, heiß servieren.

Geschmortes Huhn mit Paprikaschoten

Gemüse und Salate

Gemüse und Salate

In Italien wird Gemüse sehr hoch geschätzt. Duftende Kräuter und frische Gemüse bilden seit Jahrhunderten das Fundament der italienischen Küche, und diese Leidenschaft der Italiener für Gemüse findet seinen rührenden Ausdruck in jenen winzigen grünen Gärten, die an der Peripherie großer Städte gehegt und gepflegt werden. An warmen Sommerabenden kann man dort Familien beobachten, die in dieser meist schmutzigen, häßlichen Umgebung fröhlich die Ernten ihrer Miniaturoasen genießen. Die Parzellen, auf denen meist ein kleiner Schuppen steht, sind ein Symbol für die lange Tradition, frische Gemüse zu kultivieren und zuzubereiten. Gewöhnlich werden diese kleinen Grundstücke von der Stadtverwaltung kostenlos an ehemalige Bauern unter der Stadtbevölkerung abgegeben, von denen viele das Land nur zögernd verließen, um sich in der Stadt anzusiedeln. Sie fühlen sich der Erde immer noch verbunden und wollen auf den unvergleichlichen Geschmack selbstgezogener Gemüse nicht ganz verzichten. Während der Sommermonate essen viele Italiener fast nur Gemüse.

Die italienische Küche ist seit jeher für die Verwendung einer großen Vielfalt von Kräutern bekannt. In vergangenen Tagen hing in manchen Gegenden der anregende Duft von Basilikum über ganzen Berghängen und war noch kilometerweit in der Umgebung auszumachen. Alte Rezepte beginnen häufig mit dem Satz: »Man nehme eine Handvoll der üblichen *aromi*.« Bei den *aromi* handelt es sich um eine spezielle Mischung aus Kräutern und Gewürzen, die der Koch oder die Köchin für viele Rezepte verwendet. In Italien bitten heute viele Kunden ihren Gemüsehändler (meist nachdem sie schon bezahlt haben), ihnen *»un po' di aromi«* einzupaken, damit sie ihren *soffritto* zubereiten können. Das Wort *soffritto* läßt sich kaum übersetzen, doch es ist von dem italienischen *soffriggere* abgeleitet, was »bräunen« bedeutet. Gewöhnlich besteht der *soffritto* aus etwas Zwiebel, Bleichsellerie, Möhre sowie den *aromi,* und man verwendet ihn als Aromazutat für Fleisch, Fisch oder Gemüse. Die Gemüse werden mit einer *mezzaluna* gehackt – einer Art Wiegemesser, mit dem ein erfahrener Koch solche Zutaten besonders fein zerkleinern kann – und anschließend in Olivenöl, Butter oder einer Mischung aus beidem behutsam sautiert, bis sie gerade Farbe anzunehmen beginnen.

In alter Zeit dienten aromatische Kräuter in der Küche vor allem dazu, den Geschmack von verdorbenem Fleisch oder Fisch zu verdecken und schädliche Organismen abzutöten. Sie wurden in den Gärten von Klöstern und herrschaftlichen Häusern gezogen oder von Bauern in freier Natur gesammelt. Man glaubte, daß sie nicht nur den Geschmack der Speisen verbesserten, sondern auch die Verdauung förderten. Auch heute noch benutzt man in Italien reichliche Mengen der traditionellen Kräuter, wobei man natürlich in jeder Gegend besondere Präferenzen hat.

Bei der Verwendung von Kräutern gibt es in den einzelnen Regionen erhebliche Unterschiede. Ligurien ist berühmt für Kräuter, die die Luft mit ihrem wunderbaren Duft erfüllen, und auf den Wiesen in dieser Region sieht man häufig Frauen, die schwatzend zusammen mit ihren Kindern wilde *borragine* (Borretsch) für ihren *preboggion* (Kräuterstrauß) sammeln. In ihrem Buch *»Italian Food«* (»Italienische Speisen«) bemerkt Elizabeth David, daß »man dem

SEITE 156/157: *Stilleben mit Blumen und Früchten,* Schule des Michelangelo Caravaggio, 17. Jahrhundert; Galleria Borghese, Rom
Gemüse bilden von jeher die Grundlage der italienischen Küche. Besucher Italiens gewinnen häufig den Eindruck, daß sich die Italiener fast vegetarisch ernähren.

SEITE 158: *Landleben,* Ruggero Focardi (1864–1934); Galleria d'Arte Moderna, Florenz
Seit Jahrhunderten suchen italienische Bäuerinnen in der Natur nach eßbaren Pflanzen für ihre *misticanza* – eine Mischung aus Wildkräutern, die bis heute als eine Spezialität Roms gilt.

Marktszene mit Händlern und Kunden (Ausschnitt), spätes 15. Jahrhundert, Fresko; Castello di Issogne, Aostatal

Borretsch immer nachgesagt habe, er besitze anregende Eigenschaften und mache mutig, was zweifellos seine traditionelle Verwendung in Weinbechern erklärt«. *Preboggion* ist eine Mischung aus dem etwas bitteren Löwenzahn, Kerbel und Zichorie, die als Füllung für *pansoti* (ligurische Ravioli) verwendet wird. Wenn die Ligurier *frittata* (Omelett) zubereiten, würzen sie diese mit *maggiorana* (Majoran), der in Ligurien ebenfalls sehr verbreitet ist. Auf den Fensterbrettern ihrer Stadtwohnungen oder in ihren Gärten auf dem Land ziehen die Ligurier *basilico* (Basilikum), das mit seinem würzigen Geruch Haus und Garten erfüllt. Seine Blätter werden im Mörser zerrieben, um das berühmte *pesto* herzustellen (eine Sauce aus Basilikum, Pinienkernen, Olivenöl und Knoblauch).

Die Toskaner haben eine besondere Vorliebe für Salbei, den sie ehrfurchtsvoll »das heilige Kraut« nennen. (Sein Name leitet sich vom lateinischen *salvare,* »heilen«, ab.) Wie es in einer Legende heißt, wurde dem Salbei diese Kraft verliehen, weil er seine Zweige niederbeugte, wann immer das Christuskind, auf der Flucht mit der Heiligen Familie aus Ägypten, einen Platz zum Ausruhen suchte. Deshalb verwenden die frommen Toskaner dieses Kraut mit besonderer Vorliebe und stellen, mit Salbei quasi als Mittelpunkt, sogar viergängige Menüs zusammen. Für ein Antipasto überziehen sie seine großen Blätter dünn mit einem Teig aus Mehl und Eiern, um sie dann in Olivenöl auszubacken. *Tortelli* (Pasta) werden in der Toskana mit Butter und Salbei sautiert. Salbei dient auch zum Einwickeln von Kalbfleisch oder zum Füllen von *involtini* (Rouladen), und darüber hinaus verwendet man ihn als Aromazutat für *fagioli all'uccelletto,* ein Gericht aus weißen Bohnen. Schließlich wird er sogar für ein Dessert, die *salviata,* verwendet, eine Art Eiercreme, die man mit frischem jungem Salbei zubereitet. In Siena wiederum liebt man den *dragoncello* (Estragon), der dort mit seinem typischen, feinen Aroma Pastasaucen und Fleischgerichte abrundet.

Manche Köche behaupten, Chili könne den Geschmack eines jeden Gerichts heben. Vermutlich waren sie in den Abruzzen und Basilicata zu Besuch, wo Chilischoten äußerst beliebt sind. Spanische Eroberer brachten sie erstmals von Südamerika nach Europa, und häufig werden sie liebevoll *diavolillo* (Teufelchen) genannt. Sie geben einem der einfachsten, aber schmackhaftesten Pastagerichte seinen Charakter – *spaghetti con aglio, olio e peperoncino* (Spaghetti mit Olivenöl, Knoblauch und Chilischoten).

Der Monat September (Ausschnitt), 15. Jahrhundert, Fresko; Castello del Buonconsiglio, Trient
Während der Renaissance wurden Gemüse nicht wie heute mit dem Hauptgericht serviert, sondern separat, etwa als Salat zu Beginn oder am Ende der Mahlzeit, in süßen Torten und Pasteten oder in einer Sauce.

Die Spargelernte, 15. Jahrhundert, Illustration aus dem »Theatrum Sanitatis« (Code 4182); Biblioteca Casanatense, Rom
Spargel ist heute in Italien noch ebenso beliebt wie in römischer Zeit. Das älteste Rezept für Spargel stammt von einem unbekannten Toskaner des 14. Jahrhunderts, der empfahl, ihn mit Safran zu garen.

Um Salat hat sich in Italien fast schon etwas Kultartiges entwickelt. Noch in vorgeschichtlicher Zeit liegen die Wurzeln der unvergleichlichen *misticanza,* einem Salat aus einer erstaunlichen Vielfalt von Wildgemüsen und Wildkräutern. Seit vielen Jahrhunderten suchen Bauersfrauen in der Natur nach eßbaren Pflanzen, um daraus für ihre Familien Mahlzeiten zuzubereiten. Wie häufig in der italienischen Küche, hat so die durch Armut beflügelte Phantasie ein Erbe geschaffen, das von Generation an Generation weitergegeben wurde und immer noch die Gourmets entzückt. *Misticanza* ist eine Spezialität Roms, für die man bis heute alle Zutaten in den Hügeln findet, die die Ewige Stadt umgeben. Auf den pulsierenden Märkten der Umgebung putzen alte Frauen die Kräuter und schneiden sie zurecht, um sie anschließend zu verkaufen. Die Liste der Pflanzen, die für *misticanza* verwendet werden, ist endlos, und viele gibt es nur in bestimmten Gegenden. Platina gab im 15. Jahrhundert dreizehn Wildpflanzen dafür an, doch moderne römische Gastronomen haben der Liste noch eine Vielzahl anderer Kräuter hinzugefügt. In eine echte *misticanza* gehören im allgemeinen *rughetta* (Rauke), verschiedene Arten wilde *cicoria* (Zichorie), wie etwa *barba di frate,* Löwenzahn, Borretsch und Minze, die gut für die Verdauung sein soll. Angemacht werden sie mit dem klassischen Dressing aus Salz, Essig und Olivenöl – doch Platina bemerkt, daß man für diesen besonderen Salat mehr Öl als Essig verwenden sollte. Außerdem weist er seine Leser höflich darauf hin, daß Wildgemüse gut gekaut werden sollten.

Für die Italiener war die Zubereitung von Salat offenbar immer ein wichtiges Thema. Im 16. Jahrhundert schrieb der Botaniker Salvatore Massonio darüber eine Abhandlung, die ihrer Zeit in vielerlei Hinsicht voraus war. Er zog die griechischen und lateinischen Klassiker heran, um den bedeutenden Stellenwert von Wildgemüsen und Kräutern in Medizin und Küche zu erklären, und nannte darüber hinaus die Gründe für die Verwendung von Salz, Essig und Olivenöl. Heute ist es Aufgabe der Hausfrau, das »Ritual« des Salatanmachens durchzuführen. Damit die zarten Blätter aromatisch, frisch und knackig bleiben, findet es erst kurz vor dem Servieren statt. Zuerst gibt die Hausfrau das Salz in einen großen Löffel, dann fügt sie den Essig hinzu und rührt, bis das Salz aufgelöst ist. Diese Sauce hebt sie sorgfältig unter den Salat, und zum Schluß gibt sie das Olivenöl dazu. Wieviel von den einzelnen Zutaten verwendet wird, hängt von der Art des Salates ab. Der Salat sollte ganz von dem Dressing überzogen, aber nicht naß sein, und es darf sich auch keine Flüssigkeit auf dem Boden der Schüssel ansammeln. Ein durchweichter Salat ist in Italien unverzeihlich!

Costanzo Felici, ein Arzt und Naturforscher des 16. Jahrhunderts, ist Verfasser mehrerer Abhandlungen über Kräuter und Gemüse, die zahlreiche Ratschläge enthalten, wie man sie

Der Gemüsemarkt, Achille Beltrame (1871–1945); Mailand

Schale mit Artischocken, Giovanna Garzoni (1660–1670); Galleria Palatina, Florenz
Ein traditionelles Gericht, das bis zum Mittelalter zurückverfolgt werden kann, sind »Artischocken auf jüdische Art«. Es wird auch heute noch in römischen Restaurants serviert, in denen man *mammole*-Artischocken dafür verwendet.

am besten, roh und gegart, ißt. So vertrat er beispielsweise die Auffassung, daß Rettiche den Appetit anregen und roh verzehrt werden sollten – eine Erkenntnis, die vierhundert Jahre später wiederentdeckt worden ist.

Felicis Verwendungsvorschlag für den beliebten *finocchio* (wilder und kultivierter Fenchel) hat bis heute nichts an seiner Aktualität verloren. Besonders in der Toskana und in Umbrien werden Fenchelstengel in Bündeln getrocknet und als Kraut zum Würzen von Hühner- und Schweinefleischgerichten verwendet. Mit Fenchelsamen würzt man die *finocchiona,* eine toskanische Wurst, und die berühmten getrockneten Feigen aus Puglia. Fenchelknollen mit ihrem anisartigen Duft und Geschmack sind roh, mit einem Dressing aus Zitrone und Olivenöl, besonders erfrischend. In der Renaissance aß man nach dem Dessert, wenn die Gäste sich die Hände gewaschen hatten, rohen Fenchel, um den Geschmackssinn zu regenerieren.

Ein vielsagendes Anzeichen für die entschuldbare Eßleidenschaft der Italiener ist, daß das italienische Wort *la gola* – »Gefräßigkeit« – nicht den negativen Klang wie im Deutschen hat, obwohl sie zu den sieben Todsünden gehört. Die *carciofi* (Artischocken) wuchsen ursprünglich wild auf Sizilien, und Felici schreibt es dem Hang zur Schlemmerei zu, daß sie so rasch zu Kulturpflanzen wurden. In seinen Tagen waren sie jedenfalls schon »... weit verbreitet und von den Reichen und Mächtigen hoch geschätzt«. Während der Renaissance glaubte man, daß ihre großartigen Blüten stark aphrodisisch wirken. Und heute sieht man im Winter auf den Märkten Italiens große Sträuße aus verschiedenen Arten von Artischockenblüten mit üppig belaubten Stengeln.

Die leuchtendgrüne, runde Artischockensorte *mammole* wird unter anderem für ein Gericht verwendet, das man bis ins Mittelalter zurückverfolgen kann – *carciofi alla Giudea* (Artischocken auf jüdische Art). Dieses Gericht hat seinen Ursprung im alten jüdischen Viertel von Rom, dem ältesten Europas. Auch heute noch bekommt man in den dortigen Restaurants, die sich in der Umgebung der Synagoge befinden, als Spezialität dieses alte traditionelle Artischockengericht, für das die *mammole* auf ihre zartesten Blätter zurückgeschnitten, flachgedrückt und behutsam in Olivenöl ausgebacken werden, bis sie außen knusprig und goldbraun, die Herzen aber feucht und zart sind.

Stilleben mit Kürbis, Giacomo Ceruti (1700–1768); Pinacoteca di Brera, Mailand
Frühe italienische Kochbuchverfasser unterschieden nicht zwischen *zucche* (Kürbis) und *zucchine* (Zucchini). Kürbis wird in den verschiedenen Regionen Italiens auf vielfältige Weise zubereitet – in Mailand beispielsweise als Suppe und in der Lombardei als Risotto.

Die kleinen, länglichen Artischocken, die zugespitzte, violettgrüne Blätter haben, werden in schmale Spalten geschnitten, in Olivenöl sautiert und zu vielen Fleisch- und Pastagerichten serviert. Eine Gemüsetorte aus Ligurien, deren Zubereitung einiges Können erfordert, ist die *torta pasqualina* (Ostertorte), für die man nur die zartesten Blätter und die Herzen dieser Artischockensorte verwendet. Dieses Gericht wird, wie sein Name verrät, zur Osterzeit serviert, wenn die Artischocken besonders fleischig und zart sind. Die Füllung der Torte besteht aus Artischocken, die mit Olivenöl, Knoblauch, Borretsch und Majoran gegart und mit einer gehaltvollen Sauce aus frischem Käse vermischt werden; die Tortenhülle besteht aus vielen dünnen Blätterteigschichten. In Gedenken an die Apostel, die am ersten Ostermahl teilnahmen, sollten es nach alter Tradition sowohl oben als auch unten zwölf Schichten sein.

Aus der heutigen italienischen Küche sind Tomaten nicht mehr wegzudenken, obwohl sie erst im 16. Jahrhundert nach Italien kamen, nachdem Hernán Cortés Mexiko erobert hatte. Felici, der zu jener Zeit lebte, schmähte den *pomo d'oro* (»goldenen Apfel« oder »Apfel aus Peru«) als »... piu presto bello che buona«, was bedeutet, daß er nicht so gut schmeckt, wie er aussieht ... Was heute als beliebtestes Salatgemüse gilt, betrachtete Felici als »viel zu auffällig« und nur von jenen geschätzt, die »... um jeden Preis auf Neues ausseien«. Erst im 18. Jahrhundert kam die Tomate, vor allem in Neapel und Kampanien, in der Küche zu Ansehen, und hier war es auch, wo man über zwei Jahrhunderte ihre Kultur vervollkommnete. 1773 räumte der neapolitanische Koch Vincenzo Corrado in seinem Buch *»Il Cuoco Galante«* (»Der galante

Koch«) ihr die Stellung ein, der sie sich heute erfreut, und verwendete sie für zahlreiche Rezepte. Als Antipasto serviert man frische Tomaten mit in Scheiben geschnittener Mozzarella. Feiner und noch köstlicher sind Tomaten, die mit Bohnen oder Reis gefüllt werden. Ein sehr beliebtes Rezept, das einer kulinarischen Kreation von Corrado gleicht, sind die *pomodori gratinati alla Napoletana* – Tomatenhälften mit einer Füllung aus Petersilie, Knoblauch und Oregano, die, mit Semmelbröseln bestreut, im Backofen gebacken werden. Ein weiteres Gericht, das bescheidene Ursprünge hat, sich aber dennoch herrlich als Sommeressen eignet, ist ein Salat aus Tomaten und Brot, der mit frischen Kräutern und gutem Olivenöl angemacht wird. Am köstlichsten schmeckt die saftige, reife italienische Tomate jedoch nur mit etwas Olivenöl angemacht und eventuell mit einigen Zweigen frischem Basilikum garniert. Nicht selten hört man in Italien den erstaunten Ausruf eines Touristen, der zum erstenmal eine Tomate ißt, die ihm schmeckt.

Der Markt von Florenz, Giuseppe Moricci (1806–1879); Galleria d'Arte Moderna, Florenz

Aubergine
Auberginen werden im Süden Italiens schon seit dem 11. Jahrhundert gegessen, größere Verbreitung fanden sie jedoch erst in jüngerer Zeit, weil viele der alten Köche sie für ungesund hielten und sogar glaubten, daß sie Tollheit auslösten.

Stilleben mit Spargel, Giovanni Martinelli (1610–1659); Palazzo Pitti, Florenz

Die Italiener haben eine Vielzahl von Zubereitungsmethoden ersonnen, die dieser Fülle von frischen Gemüsen und Kräutern entspricht. *Spinaci* (Spinat) wird meist *saltati* – im Topf »hüpfend« – gegart. Dazu blanchiert man ihn zunächst und sautiert ihn dann noch einmal kurz in wenig Olivenöl und Knoblauch. *Melanzane* (Auberginen) werden oft *trifolati* – in dünne Scheiben geschnitten und mit Olivenöl, Knoblauch und Petersilie gebraten – serviert. Kleine, junge Frühjahrszucchini schmecken vor allem *lessi* – kurz gekocht, halbiert und mit Zitronensaft und Olivenöl beträufelt. Fenchel ißt man *gratinato* – kurz blanchiert, in Butter sautiert und, mit geriebenem Parmesankäse bestreut, einige Minuten im Backofen gebacken. *Peperoni* (grüne, gelbe und rote Paprikaschoten) sind am köstlichsten, wenn man sie ganz grillt, abzieht und mit Olivenöl, Salz und zerstoßenem Pfeffer serviert. In der Renaissance bereitete man *carote* (Möhren) mit einer süß-sauren Sauce zu, eine Methode, die verständlicherweise die Zeiten überlebte. Und *porri brasati* (geschmorter Porree) ist eine perfekte Beilage für geschmortes Fleisch.

Aus den verschiedenen Regionen stammen viele traditionelle Rezepte, in denen sich die natürlichen Aromen verschiedener Gemüse auf überraschende und sehr reizvolle Weise vereinen. Um eine *caponata* (ein Gemüseragout) herzustellen, mischen die Sizilianer gebratene Auberginen, Zwiebeln, Bleichsellerie, Tomaten, Oliven, Kapern und eine großzügige Handvoll frische Basilikumblätter in einer traditionellen Sauce aus Olivenöl, Essig und Zucker. Um eine kräftige, nahrhafte Mahlzeit für die Familie zuzubereiten, werden Gemüse auf phantasievolle Art kombiniert – im Norden verwendet man dazu Kohl und Kartoffeln, im Süden Paprika und Auberginen. Das vielleicht feinste Gemüsegericht ist der *fritto misto* (gemischtes Ausgebackenes), für das man aber auch Fleisch verwenden kann. Neapels Köche haben sich bei der Zubereitung dieses klassischen Gerichtes zu wahren Künstlern entwickelt. Sie backen Zucchiniblüten, Spargelspitzen, Tomaten, Paprika, Zwiebeln und Fenchel, mit einem dünnen Teig überzogen, aus und servieren dieses köstliche Gericht dem Gast heiß und knusprig.

Gegen Ende des 16. Jahrhunderts malte Annibale Carracci ein Bild mit dem Titel *Il Mangia-*

fagioli (Der Bohnenesser). Es ist in erdigen Tönen gehalten und stellt einen Bauern dar, der eine Schüssel mit weißen Hülsenfrüchten, einige rohe Frühlingszwiebeln und dunkles Landbrot verzehrt. Dazu trinkt er ein Glas Wein. Besser als jedes Rezept von Carraccis Zeitgenossen Scappi vermittelt dieses Gemälde das sinnliche Vergnügen, mit dem die Italiener dieses beliebte Nahrungsmittel verspeisen. Hülsenfrüchte waren traditionell ein Nahrungsmittel der Bauern, und im Lauf der Jahrhunderte ersannen die klugen und einfallsreichen Bäuerinnen viele herrliche Methoden für ihre Zubereitung. Da gibt es die venezianische *pasta e fagioli* (Bohnensuppe), die toskanischen *fagioli all'uccelletto* (gekochte *cannellini*-Bohnen, mit Salbei und Tomatensauce zubereitet) oder die römischen *fagioli con le cotiche* (Bohnen mit Schweinswurst).

In Latium ißt man eine andere Hülsenfrucht, die *fava* (dicke Bohne), und zwar roh mit einem Stück *pecorino Romano,* einem köstlichen Käse aus dieser Region. Dazu trinkt man eine Karaffe gekühlten weißen Frascati. Im alten römischen Stadtteil Trastevere sieht man am Ersten Mai Menschen zusammen vor den Tavernen sitzen und *fava*-Bohnen enthülsen, während sie den traditionellen Tag der Arbeit feiern – eine Szene, die an das Gemälde von Carracci erinnert. Für eine feinere Variation dieses schmackhaften Gerichtes werden rohe *fava*-Bohnen mit dünn abgehobelten Scheiben Parmesankäse und einem leichten Dressing aus Olivenöl und Zitronensaft serviert.

Schon lange vor Beginn der Jagdsaison schwärmen Tausende von Männern, Frauen und

Der Bohnenesser, Annibale Carracci (1560–1609); Galleria Colonna, Rom
Der aus Bologna stammende Maler Annibale Carracci war ein brillanter Künstler und berühmt für seine freimütigen, realistischen Genrebilder.

Die Pilzernte, 15. Jahrhundert, Illustration aus dem »Theatrum Sanitatis« (Code 4182); Biblioteca Casanatense, Rom
Pilzesammeln war in Italien jahrhundertelang eine beliebte Beschäftigung.

Kindern auf einer Jagd ganz anderer Art in Kalabriens Sila-Gebirge aus. Sie begeben sich auf die Suche nach jenen begehrten Pilzen, die während der heißen, feuchten Monate Juli und August nach einem Regen aus dem Boden schießen. Jeder der Pilzsucher hat seinen besonderen Platz, an dem er in vergangenen Jahren bereits einen ganzen Korb voll riesiger *porcini* (Steinpilze), orangebrauner *ovoli* (Butterpilze) oder *cantarelli* (Pfifferlinge) erbeutet hat.

In früheren Zeiten betrachtete man Pilze mit einigem Argwohn, denn es gibt zahllose überlieferte Geschichten, nach denen berühmte Leute nach dem Verzehr von Giftpilzen das Zeitliche gesegnet haben. So bekam angeblich der römische Kaiser Claudius solch ein tödliches Gericht von seiner Frau Agrippina vorgesetzt, und wie es heißt, pflegte auch Lucrezia Borgia gern Pilze zu servieren, wenn sie ihren finsteren Machenschaften nachging.

Natürlich spielte auch die Tatsache, daß Pilze an dunklen, feuchten Plätzen wachsen, eine Rolle für ihren zweifelhaften Ruf. Der heilige Karl Borromäus, Erzbischof von Milano, riet den Gläubigen ebenso von ihrem Verzehr ab wie der Medici-Papst Klemens VII. Einer der ersten, die eine ausführliche Liste von Pilzen anfertigten, war im Jahr 1583 Pierandrea Cesalpino. In seinem Werk *»De Plantis«* (»Über Pflanzen«) beschreibt er detailliert etwa fünfzig Pilzfamilien. Danach verlor man etwas die Angst vor Pilzen, und sie begannen in Rezepten zu erscheinen. So servierte Bartolomeo Scappi, Koch von Papst Pius V., bei einem Bankett, das zu Ehren von Kaiser Karl V. ausgerichtet wurde, zum Auftakt eine Suppe aus *prugnoli* (Moosschwämmen), und als Abschluß gab es *prugnoli*-Törtchen.

Stilleben mit Obst und Landschaft, unbekannter florentinischer Maler, 17. Jahrhundert, Palazzo Pitti, Florenz

Der Olivenhain, Giovanni Colacicchi, 20. Jahrhundert; Gallerie d'Arte Moderna, Florenz
Es gibt in Italien viele verschiedene Olivensorten und zahlreiche Methoden, sie haltbar zu machen. Das älteste Rezept zum Konservieren von Oliven stammt aus dem 1. Jahrhundert n. Chr., und zwar von einem Botaniker namens Columella. Er rät, die Oliven zum Kochen zu bringen, abtropfen zu lassen und dann in einem Tongefäß mit Schichten aus Salz und Kräutern zu bedecken.

Heute ist es ein Grund, mit der Familie und Freunden zu feiern, wenn man die ersten Pilze des Jahres gefunden hat. Oft bereitet man dann aus ihnen ein Risotto oder *pasta ai funghi porcini* (Pasta mit Steinpilzen) zu. Die herrlichen *ovoli* werden am besten roh in einem Salat gegessen, mit Zitronensaft und feinem Olivenöl beträufelt. Der große Hut des Apenninen-Steinpilzes wird häufig nur mit etwas Olivenöl, Knoblauch und Salz gewürzt und dann gegrillt. In vielen Regionen verwendet man den ganzen Pilz. Hier füllt man die gehackten Stengel in die Hüte und bäckt diese im Backofen. Auch wenn die Saison wieder vorbei ist, lebt der herrliche Geschmack der Pilze in einer Vielzahl von Saucen für Pasta und Fleisch fort, die aus getrockneten Pilzen, vor allem *porcini,* zubereitet werden.

Vielleicht die ungewöhnlichste, aber am meisten geschätzte Delikatesse Italiens ist die Trüffel *(tartufo).* Diese exquisite Köstlichkeit hält Mutter Natur, die die Italiener schon das ganze Jahr hindurch so reich beschenkt hat, in ihren unterirdischen Verstecken kurz vor Einbruch des Winters bereit. Die Trüffel ist ein hervorragender Pilz, der seinen Fruchtkörper in der Erde bei Bäumen wie Haselnuß, Buche, Pappel, Weide und Eiche entwickelt. Der begehrte *tartufo bianco* (weiße Trüffel) wird hauptsächlich in Piemont gefunden, wo man ihn mit speziell abgerichteten Hunden sucht. Nicht ganz so erlesen in der Qualität, aber dennoch sehr typisch im Geschmack ist die schwarze Trüffel, die mit Norcia, einer Stadt in Umbrien, assoziiert wird. Die Trüffel begeisterte schon im 15. Jahrhundert Bartolomeo Platina, der in einem seiner Werke die »unglaublichen Schnauzen der Säue von Norcia« erwähnt, die diesen vergrabenen Schatz aufspüren konnten. Darüber hinaus empfiehlt er, die Erde an den Trüffeln mit Wein abzuwaschen, die Trüffeln mit heißer Glut zu garen und sie noch warm, mit ein wenig Pfeffer bestreut, zu servieren.

Trüffel sind sehr selten und sehr teuer, so daß auch die Italiener sie sehr sparsam und ehrfurchtsvoll verwenden und lediglich hauchdünne Streifen davon über Gerichte hobeln, wie Risotto, Pasta, in Butter gebratene Eier oder mit Essig und Öl angemachtes rohes Rinderfilet. Ihre Vorfahren konnten hingegen noch schlemmen. Auf seine Speisekarte für ein Renaissancemenü setzte Bartolomeo Scappi gleich zwei Trüffelgerichte. Neben mehreren Platten mit rohen Trüffeln, die mit Salz und Pfeffer gewürzt waren, servierte er sie auch in einer Sauce aus Olivenöl und Orangen gedünstet.

»GERÜSTETE« RÜBEN

Rape »armate«

Maestro Martino da Como, Verfasser des *»Libro de Arte de Coquinaria«* (»Das Buch von der Kochkunst«), welches sich heute in der Library of Congress in Washington befindet, lebte während der zweiten Hälfte des 15. Jahrhunderts in Rom und war lange Zeit Koch des Patriarchen von Aquileia.

Maestro Martino da Como war der erste, der seine Rezepte gliederte und genaue Angaben über die Zutaten machte. Und wie bei den meisten Rezepten dieser Zeit, wird darin Süßes mit Würzigem kombiniert.

Die moderne Version des Rezeptes ist nicht so gehaltvoll wie das Original und ist Einflüssen aus der Region Trentino ausgesetzt, wo die weißen Rüben, die am besten in kühlem Klima gedeihen, besonders gut sind.

> Man gare die weißen Rüben in der Glut oder koche sie, wenn sie jung und zart sind, ganz. Dann schneide man sie in Scheiben von der Dicke einer Messerklinge und schneide auch etwas guten, fetten Käse in Größe der Rübenscheiben auf, nur dünner. Und man vermische etwas Zucker, etwas Pfeffer und einige süße Gewürze. All das gebe man in folgender Reihenfolge in eine Kuchenform. Zunächst lege man einige Scheiben Käse hinein, damit sich eine Kruste bildet, darauf verteile man eine Schicht Rüben, gebe die obenerwähnten Gewürze darüber und füge reichlich gute, frische Butter hinzu. Auf diese Weise brauche man Käse und Rüben auf, bis die Form gefüllt ist. Das Ganze backe man eine Viertelstunde oder länger wie einen Kuchen. Dieses Gericht sollte nach den anderen serviert werden.

1 kg weiße Rüben
60 g Butter
Salz und Pfeffer
250 ml Milch
250 ml Crème double
90 g frisch geriebener Parmesankäse
2 EL Petersilie, gehackt

Gemüsehändler aus Venetien, spätes 18. Jahrhundert

Die Rüben schälen, waschen und in dünne Scheiben schneiden. Die Butter in einem Topf erhitzen und die Rübenscheiben, mit Salz und Pfeffer bestreut, hineingeben. Die Milch dazugießen und den Topfinhalt bei schwacher Hitze garen, dabei von Zeit zu Zeit vorsichtig umrühren. Nach 10 Minuten Crème double und Parmesankäse hinzufügen und alles noch einige Minuten garen, bis die Sauce dick wird. Die gehackte Petersilie darüberstreuen und servieren.

ARTISCHOCKEN MIT HÜHNCHEN

Carciofi a pollastri

Im Jahr 1798 wurde in Turin *»La Cuciniera Piemontese«* (»Der piemontesische Koch«) veröffentlicht, ein Buch, in dem sich einfache Anleitungen für die besten Methoden zum Anrichten von Fleisch- und Gemüsegerichten befinden, die auch dem modernen Geschmack gerecht werden. Die Verfasserin, die auch ein Auge auf europäische Nachbarländer, insbesondere Frankreich, richtete sowie auf andere Regionen Italiens, schrieb ihr Buch nicht für den Adel, sondern für Familien des gehobenen Mittelstandes. Es enthält eine Vielfalt an Rezepten, und die Autorin behauptet selbst, es sei sehr modern und viele der Namen hätten einen französischen Klang, so wie es in Piemont üblich wäre. Selbst heute noch ist die Sprache des gebildeten Piemontesers mit einer Mischung aus französischen Begriffen und typischen Dialektworten durchsetzt. Das hier beschriebene und nach dem alten Rezept zubereitete Gericht ist sehr nahrhaft, die moderne Version wurde stark vereinfacht.

> Man benötigt einige Artischocken, die man in Viertel schneidet. Man putzt und blanchiert sie und legt sie in kaltes Wasser. Dann läßt man sie abtropfen und gart sie zusammen mit gesalzenem Schweinefleisch, Schinken, Kalbfleisch und Zitronenscheiben. Wenn sie ein gutes Aroma entwickelt haben, legt man sie auf einen Teller. Für die Sauce nimmt man zwei junge gebrühte und enthäutete Hühner, zerteilt sie – wie für Frikassee – in kleine Stücke, und einige Pilze, einen Bund Kräuter und eine Scheibe Schinken. Wenn alles gar ist, streicht man die Sauce durch ein Sieb, mischt Eigelb darunter und schmeckt mit Zitronensaft ab. Dann gießt man sie über die Artischocken und serviert.

1 Handvoll getrocknete Champignons
6 große Artischocken
Saft von 2 Zitronen
60 g Pancetta, gehackt
90 g Prosciutto, gehackt
3 EL natives Olivenöl
120 ml trockener Weißwein

»Gerüstete« Rüben (modernes Rezept); Artischocken mit Hühnchen (modernes Rezept)

Salz und frisch gemahlener Pfeffer
1 Eigelb
½ TL Mehl

Die Pilze 30 Minuten in kaltem Wasser einweichen.

Die Artischocken putzen und in Spalten schneiden, Stengel, Heu, harte Außenblätter und Spitzen entfernen. Sofort in eine Schüssel mit Wasser legen, das mit der Hälfte des Zitronensaftes angesäuert wurde.

In einem Topf Pancetta und Prosciutto in Öl behutsam braten, bis das Fett knusprig wird. Die Artischockenspalten abtropfen lassen und trockentupfen. In den Topf geben und etwa 2 Minuten bei schwacher Hitze mitgaren. 60 ml Wein dazugießen. Die Pilze ausdrücken, hacken und zu den Artischocken geben. Mit Salz und Pfeffer würzen. Den Topfinhalt zugedeckt etwa 10 Minuten garen.

Das Eigelb mit dem Mehl, einer Prise Salz, dem restlichen Zitronensaft und dem verbliebenen Wein mischen. Über die Artischocken gießen und bei niedriger Temperatur rühren, bis die Sauce dick wird.

Artischocken und Sauce in eine Schüssel füllen und servieren.

Artischocken mit Schinken-Petersilien-Füllung

ARTISCHOCKEN MIT SCHINKEN-PETERSILIEN-FÜLLUNG

Carciofi al prosciutto

Artischocken gehören in der italienischen Küche zu den am häufigsten verwendeten Gemüsen. Man kann sie roh verwenden oder garen, in Stücke schneiden und in etwas Öl sautieren oder mit einer Vielzahl von Zutaten füllen. Am bekanntesten sind die traditionellen römischen Artischockengerichte *carciofi alla guidea* (Artischocken auf jüdische Art), die ganz ausgebacken werden, und *carciofi alla Romana* (Artischocken auf römische Art), die man mit Kräutern füllt. Das folgende Rezept ist eine schmackhafte Variante des zuletzt genannten Gerichts.

6 große Artischocken
Saft von 1 Zitrone
180 g gekochter Schinken, gehackt
1 kleine Zwiebel, gehackt
2 EL Petersilie, gehackt
2 EL natives Olivenöl
250 g Tomaten, geschält
Salz und frisch gemahlener Pfeffer

Stengel, äußere Blätter, Blattspitzen und Heu der Artischocken entfernen und die Mitten aushöhlen. Die vorbereiteten Artischocken sofort in Wasser mit Zitronensaft legen, damit sie sich nicht verfärben. Die Artischocken 2 Minuten in kochendem Salzwasser blanchieren. Abtropfen lassen. Schinken, Zwiebel und Petersilie vermischen. Die Artischocken mit dieser Mischung füllen und auf ein geöltes Backblech setzen. Die Tomaten durch ein Sieb drücken und über die Artischocken geben. Mit Salz und Pfeffer würzen.

Die Artischocken abdecken und in dem auf 180 °C vorgeheizten Backofen etwa 30 Minuten garen. Dabei häufig die Garflüssigkeit darüberschöpfen. Servieren.

DICKE BOHNEN MIT ZITRONENSAUCE

Fave in salsa di limone

Frische dicke Bohnen schält man nur aus den Schoten, bei anderen Sorten ist es besser, auch die Haut der Bohnenkerne zu entfernen, da sie leicht bitter sind. Während der Ernte im Frühjahr ist es Sitte, insbesondere in der Toskana, dicke Bohnen roh mit einer Art Pecorino-Käse zu essen.

2 kg junge, zarte dicke Bohnen
60 g Butter
1 EL Mehl
Saft von 1 Zitrone
2 Eigelb
Frisch gemahlener schwarzer Pfeffer
Salz
1 EL Petersilie, gehackt

Dicke Bohnen mit Zitronensauce

Die Bohnen enthülsen und 5 Minuten in kochendem Salzwasser garen. Abtropfen lassen und zurückstellen; eine Tasse Garflüssigkeit aufbewahren.

In einem Wasserbad mit simmerndem Wasser 30 g Butter zerlassen und das Mehl hineinrühren. Das Bohnengarwasser nach und nach dazugeben, dann den Zitronensaft, die restliche Butter und das Eigelb.

Kräftig rühren. Die Sauce von der Kochstelle nehmen, sobald sie dick zu werden beginnt. Mit Salz und Pfeffer würzen.

Die Bohnen in einer Schüssel anrichten. Die Sauce darüberschöpfen und das Gericht mit der Petersilie bestreut servieren.

SPARGEL MIT SÜSS-SAURER SAUCE

Asparagi in salsa al miele

In seinem Kochbuch aus dem 15. Jahrhundert äußert sich Platina auch über die vielfältigen heilenden Eigenschaften des Spargels. Wie er sagt, würde er harntreibend wirken und so Schwellungen in Händen und Beinen beseitigen und darüber hinaus – seltsamerweise – auch die Augen glänzen lassen. (Glänzende Augen gehörten seinerzeit zu den wenigen Dingen, mit denen ein Mädchen einem jungen Mann seine Zuneigung zeigen durfte).

2 kg Spargel
1 EL Akazienhonig
1 hartgekochtes Ei
90 ml natives Olivenöl
2 EL Essig
2 EL Petersilie, gehackt
Salz und frisch gemahlener Pfeffer

Den Spargel schälen und waschen. In Bündeln zusammenbinden und in einer kleinen Menge kochendem Salzwasser aufrecht garen, so daß die Spitzen aus dem Wasser herausragen.

Für die süß-saure Sauce den Honig, das gehackte Ei, Öl, Essig und Petersilie sowie etwas Salz und Pfeffer verschlagen.

Den Spargel abtropfen lassen und auf einer Servierplatte anrichten. Die Sauce darübergießen und servieren.

Spargel mit süß-saurer Sauce

Zichorie mit Knoblauchsauce

ZICHORIE MIT KNOBLAUCHSAUCE

Cicoria all'aglio

Dieses neapolitanische Gericht wird von Vincenzo Corrado, einem Kochbuchautor des 18. Jahrhunderts, in seinem Werk *»Il Cuoco Galante«* (»Der galante Koch«) erwähnt. Die im nachfolgenden Rezept beschriebene Art der Zubereitung ist für Zichorien besonders geeignet, weil dabei der bittere Geschmack entzogen wird. Diese Verwandte des Chicorée schmeckt vor allem gegart sehr gut. Sie gedeiht im Küchengarten üppig und treibt wenige Tage nach dem Schnitt bereits wieder aus.

1–2 Zichorienstauden, etwa 1 kg schwer
1 Handvoll frisches Basilikum
¼ TL Paprika
90 ml Essig
3 Knoblauchzehen, gehackt
Salz und frisch gemahlener Pfeffer
60 ml natives Olivenöl

Die Zichorien waschen und in Stücke schneiden, welke oder beschädigte Blätter wegwerfen. 5 Minuten in reichlich kochendem Salzwasser garen. Vorsichtig herausheben und gut abtropfen lassen.

Die Zichorien auf einen Teller geben. Kleine Basilikumblätter darauflegen und Paprika darüberstreuen. Warm stellen.

In einem kleinen Topf den Essig mit dem gehackten Knoblauch sowie etwas Salz und Pfeffer langsam zum Kochen bringen. Köcheln lassen, bis die Flüssigkeit um ¼ reduziert ist. Über die Zichorien gießen. Das Öl hinzufügen und gut unterheben. Dann servieren.

MIT LORBEERBLÄTTERN GESCHMORTE KLEINE ZWIEBELN

Cipolline all'alloro

Lorbeerblätter verleihen kleinen Zwiebeln einen ganz besonderen Geschmack. Lorbeer ist eines der wenigen Gewürze, die auch getrocknet Aroma und Duft bewahren. Die teilweise wildwachsenden und teilweise kultivierten Lorbeerbäume gibt es überall in Italien. Sie sind frostunempfindlich und brauchen keinerlei Pflege. Neben Rosmarin und Salbei gehört Lorbeer zu den am häufigsten verwendeten Kräutern der italienischen Küche.

60 g Pancetta, gehackt
6 kleine Salbeiblätter, gehackt
1 EL Petersilie, gehackt
2 EL natives Olivenöl
750 g kleine neue Zwiebeln
60 ml trockener Weißwein
Salz und frisch gemahlener Pfeffer
3 EL selbstgemachte Tomatensauce
1 Handvoll Lorbeerblätter
90 ml klare Hühnerbrühe

Pancetta, Salbei und Petersilie behutsam in Öl braten. Wenn die Pancetta leicht gebräunt ist, die Zwiebeln hinzufügen und unter häufigem Wenden bei schwacher Hitze etwa 10 Minuten garen.

Den Wein darüberträufeln und vollständig einkochen lassen. Mit Salz und Pfeffer würzen. Tomatensauce und Lorbeerblätter in die Brühe rühren. Die Mischung zu den Zwiebeln geben und diese weitergaren, bis keine Flüssigkeit mehr vorhanden ist. Servieren.

Mit Lorbeerblättern geschmorte kleine Zwiebeln

Gratinierter Kopfsalat; Mit Parmesan überbackener Fenchel

GRATINIERTER KOPFSALAT

Lattuga gratinata

Eine in Italien sehr weit verbreitete Gemüsepflanze ist der Kopfsalat, der meist roh für Salate verwendet und mit einem einfachen Dressing aus Essig und Öl angemacht wird. Früher aß man ihn aber häufig auch gegart, etwa als Rouladen, in Suppen oder als Ganzes gefüllt. In diesem modernen Rezept wird der Kopfsalat mit einer Béchamelsauce überzogen und im Backofen gegart. Man kann für dieses Gratin aber auch Brokkoli, Fenchel oder Blumenkohl verwenden.

6 Kopfsalate
60 g Butter
2 EL Mehl
500 ml Milch, mit Zimmertemperatur
Salz und frisch gemahlener Pfeffer
Etwas frisch geriebene Muskatnuß
90 g frisch geriebener Parmesankäse
1 Eigelb

Den Salat in wenig Salzwasser blanchieren. Abtropfen lassen. 30 g Butter bei schwacher Hitze in einem Topf zerlassen. Den Salat dazugeben und garen, zwischendurch einmal wenden.

In einem zweiten Topf die restliche Butter zerlassen und das Mehl hineinrühren. Dann nach und nach die Milch unterrühren. Mit Salz, Pfeffer und der Muskatnuß würzen. Die Béchamelsauce von der Kochstelle nehmen, sobald sie zu kochen beginnt. Zuerst die Hälfte des Parmesankäses und dann das Eigelb unter kräftigem Rühren hinzufügen.

Den Backofen auf 200 °C vorheizen. Den Salat in eine gebutterte feuerfeste Form legen. Die Béchamelsauce darübergeben und mit dem restlichen Parmesankäse bestreuen. 20 Minuten im Backofen bräunen, dann in der Form servieren.

MIT PARMESAN ÜBERBACKENER FENCHEL

Finocchi alla Parmigiana

Im Süden Italiens schneidet man dieses duftende, süßliche Gemüse traditionell in dünne Scheiben und ißt es roh als Salat. Im Norden hingegen bereitet man es auf vielfältigere Weisen zu. Roher Fenchel wird am besten mit Öl und Zitronensaft angemacht, da Zitronensaft seinen einzigartigen Geschmack noch unterstreicht. Ein Vorläufer des folgenden Rezeptes befindet sich in Vincenzo Agnolettis Buch *»La Nuovissima Cucina Economica«* (»Die neue ökonomische Küche«), das 1814 veröffentlicht wurde. Agnoletti war Koch der Herzogin von Parma.

6 Fenchelknollen
1 kleine weiße Zwiebel, gehackt
60 g Butter
Salz
Etwas Gemüsebrühe
60 g frisch geriebener Parmesankäse

Die Fenchelknollen putzen und in dicke Spalten schneiden. Die gehackte Zwiebel in einer flachen Kasserolle oder Gratinform in der Butter andünsten. Den Fenchel dazugeben, salzen und die Brühe dazugießen. Bei schwacher Hitze 10 Minuten garen.

Den Fenchel mit dem Parmesankäse bestreuen. Etwa 10 Minuten oder bis Fenchel und Sauce leicht gebräunt sind in den 220 °C heißen Backofen schieben. Servieren.

Zwiebelacker, 15. Jahrhundert, Illustration aus dem »Theatrum Sanitatis« (Code 4182); Biblioteca Casanatense, Rom

Geschmorter Porree

GESCHMORTER PORREE

Porri brasati

Der schmackhafte, feine Porree – ein Verwandter von Zwiebel und Knoblauch – wird in ganz Italien angebaut. In frühen Kochbüchern finden wir Rezepte, in denen der Porree mit Gewürzen, Sultaninen und Pinienkernen gegart wird; heute hingegen serviert man ihn in vielen Gegenden *alla Parmigiana* – mit zerlassener Butter und geriebenem Parmesankäse. Wird er jedoch als Beilage gereicht, ist es besser, ihn zu schmoren.

1 kg Porree
3 EL natives Olivenöl
120 ml trockener Weißwein
1 Brühwürfel
Salz und frisch gemahlener Pfeffer

Die Porreestangen längs halbieren, dunkelgrüne Teile fast ganz entfernen und die Wurzeln abschneiden. Den Porree gründlich waschen.

Das Öl in einer großen Pfanne erhitzen. Den Porree hineingeben und bei schwacher Hitze einige Minuten garen. Den Wein dazugießen und den zerkrümelten Brühwürfel hinzufügen. Die Temperatur weiter herunterschalten und das Gemüse zugedeckt noch einmal 20 Minuten garen.

Kurz vor Ende der Garzeit den Porree mit Salz und frisch gemahlenem Pfeffer abschmecken. Abtropfen lassen, auf einer Servierplatte anrichten und warm stellen. Die Garflüssigkeit bei starker Hitze einkochen. Die Sauce über den Porree gießen und servieren.

Möhren mit Honig

MÖHREN MIT HONIG

Carote al miele

Eine für die florentinische Renaissance-Küche sehr typische Speise war die süß-saure Sauce, die aus Essig und Zucker oder – wie in diesem Rezept – Honig und vielen Gewürzen bereitet wurde. Manchmal wurde der Essig auch durch Zitronensaft ersetzt, insbesondere bei Gemüsen, die im allgemeinen keinen sehr intensiven Eigengeschmack haben.

1 kg Möhren, in sehr dünne Scheiben geschnitten
15 g Butter
2 EL Wasser
Salz
1 EL Zitronensaft
60 ml Honig
1 Messerspitze gemahlener Zimt

In einem Topf Möhren, Butter und Wasser vermischen. Salz hinzufügen und die Möhren zugedeckt etwa 10 Minuten bei schwacher Hitze garen.

Zitronensaft und Honig hineinrühren und die Möhren noch einmal etwa 2 Minuten garen, dabei mit einem Holzlöffel umrühren. Den Zimt darüberstreuen und den Topf von der Kochstelle nehmen. Servieren.

GEMÜSERAGOUT

Verdure in casseruola

In den Rezepten von Bartolomeo Scappi oder Maestro Martino da Como werden Gemüseragouts *pastelli* genannt. Heute tragen sie die unterschiedlichsten Namen, und sie werden nach den verschiedensten Rezepten zubereitet. In allen Regionen Italiens sind sie fester Bestandteil der lokalen Küche. Die bekanntesten Versionen des Südens werden mit Paprikaschoten und Auberginen zubereitet, während man im Norden häufiger Kartoffeln, Artischocken und verschiedene Kohlarten verwendet. Zu den klassischen Gerichten gehören *caponata, peperonata, cianfotta* und das friaulische *zastoch*.

90 ml natives Olivenöl
2 Kartoffeln, in Scheiben geschnitten
2 Zwiebeln, in Scheiben geschnitten
2 Möhren, geputzt und in Scheiben geschnitten
1 Aubergine, in Scheiben geschnitten
1 Paprikaschote, in Scheiben geschnitten
1 Stange Bleichsellerie, in Scheiben geschnitten
2 EL Erbsen, enthülst
4 reife Tomaten, in Scheiben geschnitten
Salz und frisch gemahlener Pfeffer
120 ml klare Hühnerbrühe
2 Knoblauchzehen, fein gehackt
1 EL Petersilie, gehackt

Einen Schmortopf mit 1 Eßlöffel Öl einpinseln. Kartoffeln, Zwiebeln, Möhren, Aubergine, Paprika, Bleichsellerie, Erbsen und Tomaten in Schichten hineinlegen. Jede Schicht mit Salz und Pfeffer würzen.

Das restliche Öl mit der Brühe und dem gehackten Knoblauch mischen und über das Gemüse gießen. Den Deckel auflegen und den Topfinhalt bei ganz schwacher Hitze etwa 1 Stunde garen.

Das Gemüseragout auf einer Servierplatte oder auf Portionstellern anrichten. Mit der Petersilie bestreut servieren.

Chilischoten
In Italien wird die Chilischote auch *diavolillo* (Teufelchen) genannt.

Gemüseragout

Rosenkohl mit Bratwurst

ROSENKOHL MIT BRATWURST

Cavolini alla salsiccia

Das intensive Aroma dieses Gerichtes entsteht durch die Kombination von Kohl und Wurst, die in der venezianischen Küche sehr beliebt ist und auch in florentinischen Rezeptbüchern aus der Renaissance immer wieder erwähnt wird.

800 g Rosenkohl, geputzt
60 g Pancetta, in dünne Scheiben geschnitten
300 g Salsiccia (italienische Frischwurst), in kleine Stücke geschnitten
2 EL Weißweinessig
1 EL Mehl
250 ml klare Rinderbrühe
Salz und frisch gemahlener Pfeffer
Frisch geriebene Muskatnuß
1 EL Petersilie, gehackt

Den Rosenkohl in reichlich kochendem Salzwasser 5 Minuten garen. Abtropfen lassen.

In einer Pfanne bei mittlerer Temperatur Pancetta und Salsiccia vorsichtig braten, bis sie gut gebräunt sind. Den Essig darübergeben und einkochen lassen. Das Mehl in das sich am Boden der Pfanne abgesetzte Fett geben und rühren, bis es sich goldbraun färbt. Die Brühe langsam hinzufügen und gut durchrühren, dann den Rosenkohl dazugeben und nach Geschmack salzen. Mit Pfeffer und Muskatnuß würzen. Die Petersilie hinzufügen und 1 Minute erhitzen. Den Rosenkohl und die Wurststücke in eine Schüssel füllen und servieren.

KARTOFFELN MIT OREGANO

Patate all'origano

Oregano ist ein duftendes Kraut, das entlang der trockenen, sonnigen Mittelmeerküste Italiens wild wächst. Es wird von jeher für Spaghettisaucen, Pizzas und Gemüse verwendet, um ihnen zusätzlich Würze zu verleihen. Wenn auf dem Markt keine frische Ware zu bekommen ist, gibt es in italienischen Küchen stets einen Vorrat an Oregano, der im Herbst gesammelt und für den Wintergebrauch zum Trocknen aufgehängt wurde.

1 kg Kartoffeln, geschält und in kleine Würfel geschnitten
2 Knoblauchzehen, gehackt
500 g reife Tomaten, geschält und gehackt
90 ml natives Olivenöl
Salz und frisch gemahlener Pfeffer
1 EL Oregano
1 Handvoll Basilikumblätter

Kartoffeln, Knoblauch und Tomaten in eine Schüssel geben. Öl, Salz und Pfeffer hinzufügen und alles gut vermischen.

Die Mischung in eine feuerfeste Form füllen. In dem auf 180 °C vorgeheizten Backofen 45 Minuten backen. 2 Minuten vor Ende der Garzeit den Oregano darüberstreuen. Mit Basilikumblättern garniert servieren.

Oregano (1534), aus dem »New Kreuterbuch« des Leonart Fuchs
Oregano findet in der italienischen Küche, besonders in der des Südens, häufig Verwendung.

SALAT VON BLEICHSELLERIE UND SARDELLEN

Insalata di sedano alle acciughe

Dieser Salat ist nicht nur eine wunderbar frische, knakkige Beilage für Sommergerichte, sondern eignet sich auch als Antipasto. Früher häufelte man über die normalerweise grünen Stengel und Blätter des Bleichselleries Erde, um zarte, weiße Stengel zu erhalten, die sich zum Rohessen besser eignen. Heute deckt man sie vor der Ernte mit Teerpappe ab, damit sie vor Licht geschützt sind.

3 Sardellenfilets in Öl, zerdrückt
1 EL Zitronensaft
Salz und frisch gemahlener Pfeffer
60 ml natives Olivenöl
6 zarte weiße Sellerieherzen, in Scheiben geschnitten

In einer Schüssel die zerdrückten Sardellenfilets mit dem Zitronensaft, einer Prise Salz und einer Prise Pfeffer mischen. Das Öl unterschlagen. Die Sauce über die Selleriescheiben gießen und sorgfältig unterheben. Servieren.

Kartoffeln mit Oregano; Salat von Bleichsellerie und Sardellen

SALAT VON FENCHEL UND WALNÜSSEN

Insalata di finocchi alle noci

Fenchel ist ein Wintergemüse mit intensivem Aroma, das eine einfache, aber feine Beilage für jeden Hauptgang bildet. Für den im folgenden Rezept beschriebenen Salat schneidet man den Fenchel in sehr dünne Scheiben, damit er die Aromen des Dressings gut aufnehmen kann. In alten Rezepten wurde Fenchel oft zum Aromatisieren süßer Gerichte verwendet.

6 Fenchelknollen, in papierdünne Scheiben geschnitten
90 g Walnüsse, gehackt
Frisch gemahlener weißer Pfeffer
Salz
90 ml natives Olivenöl
1 TL Zitronensaft

Den in Scheiben geschnittenen Fenchel in eine Salatschüssel geben und die gehackten Walnüsse darüberstreuen.

Pfeffer, Salz, Öl und Zitronensaft gründlich vermischen und das Dressing unter den Salat heben. Servieren.

WIE MAN RADICCHIO SERVIERT

Come condire il radicchio

Bartolomeo Platina war nicht ausschließlich Kochbuchautor, sondern gab auch Ratschläge, welche Nahrungsmittel man zu sich nehmen und wie man sie am be-

Salat von Fenchel und Walnüssen

sten essen sollte, um ihre guten Eigenschaften maximal zu nutzen. Viele seiner Ideen sind auch heute wieder aktuell, und tatsächlich könnte man in seinem Werk eine Abhandlung über Naturmedizin sehen. Darüber hinaus schreibt Platina in einem interessanten und außergewöhnlichen Stil, denn er war ein gebildeter Mann, und seine Leserschaft gehörte weitgehend zur Oberklasse, so daß er sich einer weltgewandten Sprache bedienen konnte. Das folgende Rezept wurde aus seinen vielen Gemüserezepten

Wie man Radicchio serviert (modernes Rezept)

Radicchio verträgt keine Kälte. Kopf, Blätter und selbst die Wurzeln können Übelkeit wirksam beheben. Es gibt eine Art wilden Radicchio, den die Ägypter Zichorie nennen, und manche glauben, unsere einheimische *»ambula«* wachse wild. Im Frühjahr essen wir den Kopf, angemacht mit Salz, Öl und Essig, im Sommer die Blätter und im Winter die Wurzeln. Die Wurzeln, die gründlich gesäubert, geputzt und von den harten, bitteren Teilen befreit werden, haben eine adstringierende Wirkung auf einen nervösen oder schwachen Magen, regeln die Darmtätigkeit und helfen gegen Ruhr. Gegart wirkt Radicchio gegen schlechte Verdauung und ist auch gut für die Leber und den Magen. Noch besser hilft er, wenn man ihn mit Sultaninen, Essig und ein wenig gekochtem Wein gart und Zimt darüberstreut ... Radicchio ist gut für die Blase und für jeden, der unter Geschlechtskrankheiten, Vergiftung oder ansteckenden Krankheiten leidet. Man könnte sagen, er wurde zur Stärkung der Leber gemacht. Die Blüten, die dem Stengel in nichts nachstehen, können auf die gleiche Weise zubereitet werden.

Der Monat Oktober: die Rübenernte (Ausschnitt), aus dem »Officium Beatae Virginis«; Stadtbibliothek, Forli

ausgewählt, da es die Zubereitung von Radicchio beschreibt, der heute auch hierzulande gern gegessen wird. Die moderne Version eignet sich gut als Beilage für herzhafte Fleischgerichte.

6 kleine Köpfe roter Radicchio
3 EL natives Olivenöl
Salz und frisch gemahlener Pfeffer
120 ml trockener Weißwein
1 EL Sultaninen
3 EL Balsamessig
1 EL Pinienkerne

Den Radicchio putzen und waschen, welke und zerdrückte Blätter wegwerfen. Die Köpfe längs in Viertel schneiden, dabei ein kleines Stück von dem Stengel stehenlassen, der sorgfältig geschält sein muß.

Das Öl bei niedriger Temperatur erhitzen. Den Radicchio hinzufügen, mit Salz und Pfeffer würzen und den Wein dazugeben. Zugedeckt etwa 10 Minuten garen.

In der Zwischenzeit die Sultaninen etwa 30 Minuten in lauwarmem Wasser einweichen. Abtropfen lassen und gut ausdrücken. Mit dem Essig zu dem Radicchio geben und die Flüssigkeit im Topf reduzieren, bis sie dick geworden ist. Den Radicchio in eine Schüssel geben und mit den Pinienkernen bestreut servieren.

Salat von Brot und Tomaten

SALAT VON BROT UND TOMATEN

Insalata di pane e pomodori

Brot ist in Italien ein fast geheiligtes Nahrungsmittel. Deshalb wird auch altes Brot nie weggeworfen, sondern für Suppen, Hauptgerichte und – gemischt mit rohen Gemüsen – sogar für Salate verwendet. Dieses Rezept ist eine Spezialität des Südens und wird mit Sardellenfilets und Kapern zubereitet. Man darf für diesen Salat nur mehrere Tage altes, grobes Brot verwenden, weil er sonst leicht matschig wird.

6 Eiertomaten
Salz und frisch gemahlener Pfeffer
3 Scheiben altbackenes italienisches Landbrot
1 gelbe Paprikaschote
2 hartgekochte Eier
2 in Öl eingelegte Sardellenfilets
1 Stange Bleichsellerie
2 Zwiebeln
1 EL Kapern
1 Handvoll frische Basilikumblätter
2 EL Petersilie, gehackt
60 ml natives Olivenöl
2 EL Essig

Die Tomaten waschen, abtrocknen und in dicke Scheiben schneiden. In eine Salatschüssel geben und mit Salz bestreuen. Das Brot in kleine Stücke schneiden und zu den Tomaten geben. Mindestens 10 Minuten stehenlassen, damit das Brot den Saft der Tomaten aufnehmen kann.

Die Paprikaschote waschen und abtrocknen. Rippen und Kerne entfernen und in kleine Quadrate schneiden. Die Eier hacken, die Sardellenfilets in kleine Stücke schneiden. Den Bleichsellerie in normale, die Zwiebeln in dünne Scheiben schneiden. All diese Zutaten zusammen mit den Kapern, dem gehackten Basilikum und der Petersilie zu Brot und Tomaten geben. Salz, reichlich Pfeffer sowie Öl und Essig hinzufügen. Den Salat gut mischen und vor dem Servieren noch etwa 1 Stunde durchziehen lassen.

GEMISCHTER SALAT MIT OLIVEN

Insalata mista alle olive

Dies ist ein klassischer Sommersalat, in dem sich alle Aromen der Mittelmeerküche vereinen. Er paßt besonders gut zu Fisch und wird mit Balsamessig angemacht. Der echte Balsamessig ist etwa zehn Jahre alt und kommt aus Modena. Er ist heute auf der ganzen Welt berühmt und beliebt, und es existiert eine Unzahl von Imitationen. Früher verwendete man ihn auch als Arznei für bestimmte Krankheiten.

2 Tomaten, in Scheiben geschnitten
2 rohe Artischockenherzen, in Scheiben geschnitten
2 Sardellenfilets, gehackt
60 g schwarze Oliven, entsteint
90 ml natives Olivenöl
2 EL Balsamessig
1 Handvoll frische Basilikumblätter, zerpflückt
1 Kopf Endivie, in Stücke geschnitten

Tomaten, Artischockenherzen, Sardellen und Oliven in einer Salatschüssel vermischen.

Öl und Essig darübergießen. Basilikum und Endivie hinzufügen. Kurz vor dem Servieren unterheben.

Gemischter Salat mit Oliven

Salat von Tomaten und Gurken mit Kräutern

SALAT VON TOMATEN UND GURKEN MIT KRÄUTERN

Insalata di pomodori e cetrioli alle erbe

Im allgemeinen werden Salate mit Öl und Essig angemacht, obwohl sich für einige eher ein Zitronensaft-Dressing anbietet. Essig war bereits in der Antike bekannt, und Plinius berichtet, daß die römischen Soldaten ihn, mit Wasser verdünnt, tranken, um auf langen Märschen ihren Durst zu löschen. Tomaten wurden im 16. Jahrhundert aus Peru eingeführt und sind heute aus der italienischen Küche nicht mehr wegzudenken.

3 feste Tomaten
3 kleine Salatgurken
Salz
1 EL rote Zwiebel, gehackt
1 EL frische Petersilie, gehackt
1 EL frisches Basilikum, gehackt
2 EL in Essig eingelegte Kapern, abgetropft
1 EL frische Oreganoblätter, gehackt
2 EL Essig
1 EL natives Olivenöl

Tomaten und Gurken in Scheiben schneiden, mit Salz bestreuen und auf einen schräg gestellten Teller oder in ein Sieb legen, damit sie abtropfen können.

Die Tomatenscheiben in der Mitte einer Platte anrichten und die Gurkenscheiben um sie herum legen. Die Tomaten mit einer Mischung aus der gehackten Zwiebel, Petersilie und Basilikum bestreuen, auf die Gurkenscheiben Kapern und Oregano geben.

Salz, Essig und Öl vermischen und über den Salat gießen, bevor dieser – mit Raumtemperatur – serviert wird.

Desserts

DESSERTS

Es gibt kaum einen herrlicheren und feineren Abschluß für eine schöne Mahlzeit als frisches, reifes Obst und Käse. Die Italiener wissen die Fülle an herrlichen Früchten zu schätzen, die ihnen ihr Land beschert, und haben über die Jahrhunderte viele wunderbar einfache Zubereitungsmethoden ersonnen, um mit diesen Geschenken der Natur nach dem Essen den Gaumen zu regenerieren und die Verdauung anzuregen. Im allgemeinen sind Italiens berühmte und verführerische Desserts besonderen Gelegenheiten, Festen und Feiertagen vorbehalten. Da aber der Kalender reich an religiösen Feiertagen ist und die Italiener diese gern mit üppigen Mahlzeiten begehen, ist das kulinarische Vermächtnis an Desserts erfreulicherweise erhalten geblieben.

Italiens Konditoren haben zu Recht einen hervorragenden Ruf. Und obwohl vielen der einfachen, aber köstlichen Desserts, die zu Hause zubereitet werden, Rezepte zugrunde liegen, die in Notizbüchern aufgeschrieben und in den Familien über Generationen von Müttern an ihre Töchter weitergegeben wurden, nimmt auch die Konditorei im italienischen Alltag einen wichtigen Platz ein. In jedem Dorf und jedem Viertel einer größeren Stadt gibt es ein oder zwei Konditoreien, denn sowohl Gastwirte als auch Hausfrauen kaufen jene kunstvollen Desserts und kleinen, feinen Süßwaren, für die Italien so berühmt ist, bei den professionellen Konditoren in den *pasticcerie.*

Auf dem Land ist die Konditorei meist gleichzeitig das örtliche Café und ein Mittelpunkt des sozialen Lebens und der Kommunikation. In den großen Städten existieren Konditoreien seit Ende des 18. Jahrhunderts und sind gewöhnlich elegant mit Kristalleuchtern und marmornen Tischen und Theken ausgestattet. In dieser luxuriösen Umgebung werden zu jeder Tageszeit Capuccinos mit Schaumkronen serviert, und dazu ißt man Torte oder kleine Kuchen, von denen es zahllose Variationen gibt, wie etwa Marmeladen- und Obsttörtchen, Mandel- und Cremegebäck oder Schokoladen- und Sahne-Beignets. Und im Winter trinkt man *cioccolato con panna* (heiße Schokolade mit frisch geschlagener Sahne), um den Körper zu wärmen und die Seele zu laben.

Als erster sammelte und veröffentlichte Pellegrino Artusi die Rezepte der traditionellen hausgemachten Desserts in seinem Bestseller *»La Scienza in Cucina e l'Arte di Mangiar Bene«* (»Von der Wissenschaft des Kochens und der Kunst des Genießens«), der im 19. Jahrhundert erschien. Dieses »praktische Handbuch für Familien« enthält mehr als 150 Rezepte für Desserts, Torten, Kuchen, Kekse, Puddings, Cremes und Soufflés. Die meisten befinden sich heute noch im Repertoire der hausgemachten Nachspeisen, obwohl für die Zubereitung mancher dieser Desserts ein großes Maß an Können und Hingabe erforderlich ist.

Zuckerrohr, das irgendwann im 11. Jahrhundert aus dem Osten eingeführt wurde, blieb bis zur Renaissance ein Luxus, doch dann wurden die süßen und pikanten Saucen, die man zu jedem Gang einer Mahlzeit reichte, mit reichlich Zucker und Gewürzen abgeschmeckt. Ein beliebtes Naschwerk war Marzipan, aus dem man kleine *dolcetti,* Vorläufer der Petits fours,

SEITE 186/187: *Frühstück im Garten,* Giuseppe de Nittis (1846–1884); Museo Civico, Barletta
In Italien wird Kuchen nur selten zu Hause gebacken. In fast jeder Stadt gibt es eine *pasticceria* (Konditorei), in der sowohl Gastwirte als auch Hausfrauen einkaufen.

SEITE 188: *Die Geburt des heiligen Johannes des Täufers: Ginevra de'Benci und Lucrezia Tornabuoni* (Ausschnitt), Domenico Bigordi, genannt Ghirlandaio (1449–1494); Santa Maria Novella, Florenz
Bis zum 16. Jahrhundert aß man in Italien Obst gewöhnlich zu Beginn einer Mahlzeit und nicht zum Schluß, wie es heute üblich ist.

herstellte, ein anderes *frutti di pasta reale,* eine sizilianische Spezialität aus *pasta di mandorle* (Mischung aus Mandeln, Zucker und Eiern, die zu verschiedenen Früchten geformt und gefärbt wird). Im Frühjahr, wenn in Süditalien die weißen Blüten der Mandelbäume einen herrlichen Anblick bieten, stellen vor allem im Süden die Nonnen in den Klöstern nach einem alten Brauch, der mindestens bis ins 17. Jahrhundert zurückgeht, zum Osterfest aus diesen Zutaten Mandelkuchen her, die die Form von »heiligen Lämmern« haben. Auch *pesce di Natale* (Weihnachtsfische), ein altes christliches Symbol, werden aus dieser Mischung gemacht. Die Schwestern verkaufen ihre Süßigkeiten außerhalb der Klöster, die Rezepte aber werden hinter den Mauern streng gehütet. Einige großartige Rezepte der Renaissance für außergewöhnliche Kuchen und Desserts haben die Zeiten überdauert, wie etwa ein von Cristoforo di Messisbugo niedergeschriebenes für *cinquanta pani di latte e zuccaro* (fünfzig Brote aus Milch und Zucker). Für das ganze Rezept benötigte man ungefähr 35 Pfund Mehl, 6 Pfund Zucker, 3 Pfund Rosenwasser und 6 Pfund frische Milch sowie 75 Eigelb.

Rezepte mit leichter handhabbaren Mengen findet man ab dem 18. Jahrhundert in den Kochbüchern. Vincenzo Corrado widmet in seinem *»Il Couco Galante«* (»Der galante Koch«) ein Kapitel den *croccanti,* den Süßigkeiten aus Zucker, Mandeln und Eiweiß, die, mit Zimt, Muskatnuß, Zitrone und anderen Aromazutaten gewürzt, im Backofen gebacken und, abgekühlt, mit einem Marmeladenaufstrich serviert werden. Ähnliches »knuspriges« Naschwerk gibt es heute in vielen Regionen Italiens. Zu den Rezepten, die Leonardi im späten 18. Jahrhundert niederschrieb, gehört, neben Löffelbiskuits, die herrliche *torta di fragole alla Napoletana* (Erdbeertorte).

Stilleben mit Früchten, römisches Fresko; Museo Archeologico Nazionale, Neapel
Die alten Römer waren begeisterte Obstesser, und ihre Vorliebe galt vor allem Äpfeln, Aprikosen, Pfirsichen, Kirschen, Feigen und Melonen.

Blaue Schale mit Erdbeeren und Birnen,
Giovanna Garzoni (1600–1670);
Galleria Palatina, Florenz
In Balsamessig getauchte Erdbeeren waren ein in der Renaissance sehr beliebtes Gericht, mit dem ein Mahl beendet wurde.

Italiens üppiger Obstgarten ist für sein Volk ein Geschenk Gottes, und es verwundert nicht, daß es in diesem Land eine Fülle herrlicher fruchtiger Desserts gibt. Ein Dessert aus einer wunderbaren Vielfalt herrlicher Früchte, welches sich in Restaurants ebenso großer Beliebtheit erfreut wie zu Hause, ist die *Macedonia di frutta* (makedonischer Obstsalat). Man bereitet ihn aus in kleine Stücke geschnittenen frischen Früchten zu und läßt ihn dann, mit Zucker und Zitronensaft vermischt, einige Stunden im Kühlschrank durchziehen. Grundzutaten sind Äpfel, Bananen, Orangen und Birnen. Je nach Saison werden auch Aprikosen, Melone, Pfirsiche und Beeren hinzugefügt. (Makedonisch wurde synonym mit vielfältig verwendet, wegen der Vielfalt der Völker, die Alexander der Große in seinem Reich vereint hatte.) Mitunter gibt man auch Spumante, Maraschino oder einen anderen Likör hinzu, um den Geschmack zu unterstreichen. Besonders wirkungsvoll sieht der Salat aus, wenn man ihn in einem funkelnden Glaspokal serviert. Und Artusi schlägt vor, ihn in eine Form zu füllen und zu gefrieren, was, wie er verspricht, jeden Gast begeistern wird.

Eine besonders reizvolle und vollkommene Krönung eines festlichen Essens bilden *frutta di bosco* (Früchte aus dem Wald). Aus winzigen Erdbeeren, Himbeeren, Brombeeren und Johannisbeeren lassen sich großartige Fruchtbecher zubereiten, ebenso aus frischen Gartenerdbeeren, die, halbiert, mit einem Spritzer gutem Rotweinessig serviert werden. Pfirsiche erfreuen sich in allen Familien großer Beliebtheit. Man schält sie bei Tisch, schneidet sie in dünne Scheiben, legt sie in ein Glas und übergießt sie mit Weißwein. *Magnifico!*

Die vielleicht typischste Sommerfrucht ist die *anguria* (Wassermelone), auch *cocomero* genannt. An heißen Sommerabenden im Juli und August sieht man, vor allem in Mittel- und Süditalien, Menschen an Ständen entlang der Straßen stehen, um sich mit einer Scheibe Melone

Schild eines Schokoladenmachers aus dem 19. Jahrhundert; Museo di Milano, Mailand
In der italienischen Küche findet Schokolade seltener Verwendung als in anderen Küchen der Welt. Erstaunlicherweise gibt man sie mitunter in pikante Gerichte wie etwa »Schwarzen Reis«. Dabei wird gekochter Reis mit Schokolade vermischt und mit Zimt und Zucker serviert.

zu erfrischen, die in einem Kübel mit Eis gekühlt wurde. Zu Hause wird eine ausgehöhlte Melonenschale zu einer dekorativen Servierschale für Obstsalat. Eine überraschende und interessante Kombination ist die Mischung von Melone und Ricotta-Käse.

Schafsmilch-Ricotta wird aus Molke gemacht, die bei der Käseherstellung entsteht, und hat einen typischen, aber zarten Geschmack, der süße Aromen nicht überlagert. Antonio Frugoli, ein Toskaner des 17. Jahrhunderts, war einer der ersten, der in einer umfangreichen Abhandlung über Haushaltung die Verwendung von Käse in der Küche behandelte. In seinem Kapitel über Ricotta empfiehlt er, ihn als Zutat für Torten und Teigtaschen oder einfach mit Zucker bestreut zu verwenden. In Sizilien wird er, mit Vanille, Schokolade und kandierter Zitrusschale vermischt, für die beiden berühmtesten Desserts dieser Region verwendet – für die exquisite *cassata* und die ausgebackenen Teigröllchen, die *cannoli* genannt werden. Die traditionelle Ostertorte Neapels, die *pastiera,* besteht aus Ricotta, kandierten Früchten und Gewürzen, die in *pasta frolla* (Mürbeteig) – mit einem Muster aus Teigstreifen – gebacken werden. In der Toskana gibt man zu dem feinen Ricotta zwei Löffel frisch gemahlenen Kaffee und einen Schuß Weinbrand, um rasch ein cremiges Dessert zuzubereiten – in manchen Restaurants geschieht dies auf recht eindrucksvolle Weise direkt am Tisch. Von Artusi stammt ein Rezept für einen Ricottapudding – den *budino alla ricotta* –, hergestellt aus Zucker, Eiern, Mandeln und Zitrone, sowie für eine Ricottatorte aus den gleichen Zutaten, die, wie er anmerkt, von den Bauern in der Emilia-Romagna (seine Heimatregion) gern als Hochzeitskuchen verzehrt wurde. Ein einfaches, aber feines Dessert aus Ricotta ist *crespelle alla ricotta* – Crêpes mit einer Füllung aus Ricotta, Sahne und Rosinen. Eine unübertreffliche Kombination bilden Ricotta und Schokolade. Und wenn man all diesen Desserts einige Stückchen Schokolade hinzufügt, schmecken sie ganz besonders gut.

Reis erfüllt in der italienischen Küche vielerlei Aufgaben. Im Norden werden mit ihm häufig Mahlzeiten begonnen, im Süden serviert man ihn oft als Süßspeise am Ende eines Essens. So wird das alte sizilianische Gericht *riso nero* (schwarzer Reis) nicht etwa, wie man vielleicht vermuten könnte, mit der Tinte von Tintenfischen gegart, sondern man mischt gekochten Reis mit geschmolzener Schokolade, bis er gleichmäßig »schwarz« ist, und bestreut ihn dann mit Zucker und Zimt. In einem einfachen sizilianischen Rezept für Pudding werden Reis und Maronenpüree kombiniert. Eine traditionelle Süßspeise des Nordens ist die *torta di riso e pane* (Reis-Brot-Torte), für die Reis und frische Brotkrumen mit Rosinen, Nüssen, Butter, Eiern, Zucker, Sahne, Orangenschale und einem Schuß Cognac vermischt und im Backofen gebakken werden.

Berühmt sind die Italiener auch für ihr hervorragendes Speiseeis. Findige Eishersteller in

Stilleben mit Früchten, Cristoforo Munari (1667–1720); Uffizien, Florenz
Schon die alten Ägypter und Römer kannten Melonen. Die Kantalupe kam im 15. Jahrhundert aus Armenien nach Italien und wurde erstmals im Garten der päpstlichen Residenz kultiviert.

Neapolitanische Sitten: der Eisverkäufer, Pelliccia, 19. Jahrhundert, Aquarell; Museo Nazionale di San Martino, Neapel
Geeiste Getränke wurden ursprünglich durch die Araber in Italien eingeführt. Im 16. Jahrhundert hatte man Methoden entwickelt, Flüssigkeiten zu gefrieren, und damit war das Sorbet geboren. Heute gibt es in jeder Stadt mindestens eine *gelateria* (Eisdiele).

Putten mit Früchten (Ausschnitt), Rinaldo Bolti, 17. Jahrhundert, Deckenfresko; Palazzo Corsini, Florenz

anderen Teilen Europas offerieren deshalb ihre Produkte als italienische, da die Nachfrage nach Eis, das aus richtiger Sahne, Zucker und natürlichen Aromazutaten hergestellt wird, ungemein groß ist. Und die Amerikaner bieten ihr Eis oft sogar als *gelato* an.

Alles begann damit, daß ursprünglich die Araber Rezepte für wunderbare Erfrischungen ins Land brachten. Es waren mit Honig gesüßte, geeiste Getränke aus Milch und Fruchtsäften, die die Sizilianer im Mittelalter übernahmen. Zur Zeit der Renaissance hatten sich aus diesen stärkenden *sherbets* dank dem Baumeister Bernardo Buontalenti (der im 16. Jahrhundert eine Methode zum Gefrieren von Flüssigkeiten erfand) die *sorbetti* (Sorbets) entwickelt. Einer Frau aus dem Hause Medici (Katharina oder Maria) wird es zugeschrieben, diese Speise – unterdessen kein Getränk mehr – nach Frankreich gebracht zu haben. Die »Geburtsstätte« der *sorbetti* befindet sich in Florenz im Viertel der Santa Maria Novella, unweit vom heutigen Bahnhof, wo man einheimischen Zitronensaft in einer unterirdischen *ghiacciaia* (Eiskeller) gefror. In der Zeit der opulenten Bankette wurden Sorbets zwischen den Gängen serviert, um den Gaumen zu regenerieren und zu erfrischen. Im späten 19. Jahrhundert nahm Artusi viele Rezepte in sein Buch auf, für die Zitronen, Erdbeeren, Himbeeren, Pfirsiche und Aprikosen verwendet wurden, die die Verdauung fördern und bei Hitze für Abkühlung sorgen sollten.

Ebenfalls einem Sizilianer verdanken wir die erste richtige Eiscreme, nämlich Procopio de' Coltelli, gegen Ende des 17. Jahrhunderts Besitzer des Café Procope in Paris. Er fügte seinen Sorbets Zucker und Eier hinzu und schuf so eine Süßspeise, die die Welt erobern sollte.

Wie Pasta schmeckt auch Eis nirgendwo besser als in seinem Ursprungsland. In Sizilien macht man großartige *sorbetti* mit ausgefallenen Aromen, wozu man die Früchte von Siziliens außergewöhnlichen Pflanzen verwendet, wie *fichi d'India* (Kaktusfeige), *gelsomino* (Jasmin), *melagrana* (Granatapfel) oder Pistazien. Nach Artusi wurde Pistazieneis manchmal auch etwas pürierter Mangold hinzugefügt, um die grüne Farbe zu verstärken.

Eine andere Köstlichkeit ist *gelato di crema* – ein Sahneeis, das man mit Eiern und Milch zubereitet und mit heißem Honig übergießt oder *affogato* (»ertränkt«) in heißem, frischem Espresso oder *grappa* (italienischer Tresterbranntwein) serviert. Das berühmte, herrliche *cas-*

Blumen und Früchte, Pietro Navarra, 17. bis 18. Jahrhundert; Pinacoteca Vaticana, Rom
In Italien gedeiht eine Vielfalt herrlicher Früchte, und so erstaunt es nicht, daß es eine entsprechende Fülle von Fruchtdesserts gibt, wie etwa der wunderbare frische Obstsalat. Grundzutaten für diese Nachspeise sind Äpfel, Bananen, Orangen und Birnen; hinzu kommen Früchte der Saison.

sata ist relativ jungen Ursprungs: Eine Vanilleeisbombe wird mit einer Früchte-Schokolade-Sahne-Mischung gefüllt – eine kulinarische Schöpfung, die von dem traditionellen sizilianischen Rezept inspiriert wurde.

In jeder italienischen Stadt und jeder Hauptstraße gibt es mindestens eine *gelateria* (Eisdiele). Vor der Tür hängt meist ein Schild mit den Worten *»produzione propria«* (eigene Herstellung), und drinnen findet man eine riesige Auswahl verlockender Sorten, die von säuerlich-frischem Fruchteis bis zu schwerem Sahne- und Schokoladeneis reicht. Das beste italienische Eis besteht aus genau abgestimmten Mengen Fruchtsaft oder anderen natürlichen Aromen sowie Sahne und zergeht auf der Zunge.

Seit der Erfindung der transportablen automatischen Eismaschine kann man Speiseeis recht problemlos zu Hause herstellen, und es ist zu einem beliebten Bestandteil der traditionellen Familienmahlzeit geworden. Dennoch lassen sich Italiener ihre Nationalspeise am häufigsten spätnachmittags in einem Straßencafé oder bei einem romantischen Bummel an einem milden Sommerabend munden.

Schokoladenkuchen (modernes Rezept); Rankentorte (modernes Rezept)

SCHOKOLADENKUCHEN

Torta di cioccolata

Dieses Rezept stammt aus einem Buch mit dem Titel *»L'Arte della Cucina – Ricette di Cibi e Dolci«* (»Die Kunst des Kochens – Rezepte für Speisen und Desserts«) von Don Felice Libera. Der Verfasser war ein Priester, der 1734 in Avio, einem kleinen Dorf nahe Trient, geboren wurde. Vermutlich widmete er nur die letzten Jahre seines Lebens der Sammlung dieser Rezepte. Sein Werk enthält auch zahlreiche Anmerkungen, wie die fertigen Gerichte aussehen sollten. Darüber hinaus zeigt es die Vielfältigkeit der Küche in der Region Trentino zur damaligen Zeit, die man irrtümlicherweise lange für schlecht und uninteressant gehalten hatte.

Mit einem Messer zerstoße man zwanzig Unzen abgezogene Mandeln und drücke sie durch einen eisernen Schaumlöffel. Dann rühre man zehn Unzen feinen Zucker, zehn Unzen feingeriebene Schokolade und neun Eier hinein und vermische alles miteinander – dabei rühre man über einen Zeitraum von einer Viertelstunde immer in der gleichen Richtung. Dann schlage man Eiweiß von neun Eiern mit einem Holzspatel, bis ein schöner, lockerer Schnee entstanden ist, gebe ihn in die obenerwähnte Mischung und rühre noch einmal eine Viertelstunde. Dann füge man ein wenig geriebenes Brot und etwas sehr fein geschnittene Zitronenschale oder ebenso fein geschnittene Orangenschale hinzu, rühre noch ein- oder zweimal um, aber nicht öfter, und gebe die Masse in eine Form, die man zuvor mit frischer Butter eingefettet und mit etwas geriebenem Brot ausgestreut hat, und schiebe sie in den Ofen.

6 Eier, getrennt
180 g Zucker
180 g Bitterschokolade, fein gerieben
180 g Semmelbrösel
Abgeriebene Schale von 1 Zitrone
180 g Mandelkerne, blanchiert und fein gemahlen
15 g Butter

Eigelb und Zucker schlagen. Nach und nach Schokolade, Semmelbrösel, abgeriebene Zitronenschale und gemahlene Mandeln untermischen.

Das Eiweiß sehr steif schlagen und vorsichtig unter die Mischung heben. Eine 23 cm große runde Kuchenform sorgfältig ausbuttern. Den Teig hineingeben und glattstreichen. In dem auf 180 °C vorgeheizten Backofen 1 Stunde backen oder so lange, bis an einem in die Mitte geschobenen Spieß kein Teig mehr haften bleibt. Herausnehmen und abkühlen lassen.

Adriana Giustinian Barbarigo mit ihrem Sohn Gerolamo Ascanio Giustinian bei einer Tasse Schokolade (um 1780), Pietro Longhi (1702–1785); Museo Correr, Venedig

Pflaumen, Jasmin, Walnüsse und Winden, Giovanna Garzoni (1600–1670); Galleria Pitti, Florenz

RANKENTORTE

Torta di viticci

Maestro Martino da Como, einer der ersten Kochbuchverfasser, lebte im 15. Jahrhundert und war auch Bartolomeo Platinas Lehrer. Für viele seiner Süßspeisen verwendete er Blumen, wie Rosen, oder manchmal sogar die Ranken von Pflanzen, die gekocht und dann mit frischem Käse – vermutlich Ricotta – vermischt wurden. Neben Käse enthalten seine Desserts Getreide wie Reis oder Dinkel und oft auch verschiedene Arten von Obst. Wie er empfiehlt, sollte man anstelle von Butter frische Milch von der Kuh verwenden, die ausreichend glatt und fett sei. In der modernen Version des Rezeptes werden die Ranken durch leicht säuerliche Früchte ersetzt, die ähnlich schmecken.

> Man nimmt einige Ranken von der Weinrebe und kocht sie. Dann klopft man sie und zerdrückt sie gut mit einem Messer, und ebenso verfährt man mit den rosa Rosen. Darüber hinaus braucht man etwas guten frischen Käse und etwas Milch (frisch von der Kuh), die gekocht worden ist. All das verschlägt man gut. Nach Belieben kann anstelle von Kuhmilch auch Schweinefett oder Butter verwendet werden, denen man, nach Geschmack, Ingwer, Zimt und Zucker hinzufügt.
> Diese Mischung gibt man in die Form mit je einer Teigplatte als Boden und als Deckel, und wenn der Kuchen beinahe durch ist, macht man viele kleine Löcher in den Teigdeckel. Ist er fertig, gibt man nach Bedarf etwas Zucker und etwas gutes Rosenwasser darüber.

400 g Mehl
2 Eigelb
180 g Zucker
180 g weiche Butter, in kleine Stücke geschnitten
500 g Pflaumen, entsteint
Etwas geriebene Ingwerwurzel
Eine Prise gemahlener Zimt
180 g Ricotta

Das Mehl auf die Arbeitsfläche häufen, in der Mitte eine Mulde machen und das Eigelb, 150 g Zucker und die Butter hineingeben. Die Zutaten vermischen und einen glatten, weichen Teig herstellen. Zu einer Kugel formen, in Klarsichtfolie wickeln und etwa 30 Minuten ruhen lassen. Zwei Drittel des Teiges ausrollen und damit eine 23 cm große, gebutterte Kuchenform auslegen.

Die Pflaumen im restlichen Zucker garen, bis die vorhandene Flüssigkeit fast ganz verdampft ist. Von der Kochstelle nehmen, dann Ingwer und Zimt hinzufügen und gut untermischen. Den Ricotta hineinrühren und die Mischung auf dem Teigboden verteilen. Den restlichen Teig ausrollen und darauflegen. Die Ränder zusammendrücken und den Teigdeckel einstechen. Im vorgeheizten Backofen bei 180 °C etwa 45 Minuten backen oder so lange, bis der Kuchen leicht gebräunt ist. Servieren.

Aushängeschild einer Schokoladenfirma mit einer Frau, die einen mit Schokolade überzogenen Keks ißt; Museo di Milano, Mailand

Marzipan (modernes Rezept)

MARZIPANTORTE

Torta detta marzapane

Wie die meisten von Bartolomeo Platinas Rezepten, schließt auch das folgende mit einigen Ratschlägen für die Gesundheit, denn Platina beschäftigte sich mit den Problemen einer gesunden Ernährung ebenso wie mit der Zubereitung von Speisen. Sein Buch ist eine umfassende Darstellung über den Stand der Kochkunst in der zweiten Hälfte des 15. Jahrhunderts. Darüber hinaus interessierte sich Platina, der als Bartolomeo Sacchi in Cremona geboren wurde, auch für Philosophie. Er begab sich von Mantua nach Florenz und schließlich von Florenz nach Rom, wo er am 21. September 1481 starb. Dieses Rezept stammt aus dem achten Band seines Werkes *»De Honesta Voluptate ac Valetudine«* (»Von wahrem Genuß und Wohlbefinden«). Das moderne Rezept ist eine Anleitung zur Herstellung von Marzipan.

> Den Kuchen, der »Marzipan« genannt wird, stellt man auf folgende Weise her: Man läßt einige Mandeln eine Nacht und einen Tag in kaltem Wasser stehen. Dann mahlt man sie und fügt noch etwas Wasser hinzu, damit sie kein Öl abgeben. Wenn der Kuchen besonders gut werden soll, bereitet man ihn aus gleichen Teilen Zukker und Mandeln zu. Wenn man alles gut verrieben hat, verdünnt man die Masse mit Rosenwasser und füllt sie in eine Form, die mit einer dünnen Teigplatte ausgekleidet wurde. Man befeuchtet die Masse noch einmal mit Rosenwasser und schiebt sie dann in den Ofen. Zwischendurch träufelt man immer wieder Rosenwasser darauf, damit sie nicht zu trocken wird. Dieser Kuchen schmeckt nur dann wirklich gut, wenn er nicht zu dick ist. Ich kann mich nicht erinnern, mit meinem Freund Patrizio dem Älteren jemals etwas Köstlicheres gegessen zu haben. Tatsächlich ist dieser Kuchen sehr nahrhaft, recht bekömmlich und gut für Brust, Nieren und Leber. Außerdem fördert er die Samenbildung, wirkt, was die Freuden der Venus angeht, belebend, und reinigt den Urin.

500 g Mandeln, blanchiert und geschält
500 g Kristallzucker
1 kg Puderzucker

Die Mandeln auf einem Backblech verteilen. Im vorgeheizten Backofen bei 140 °C etwa 20 Minuten rösten und trocknen lassen, ohne daß sie Farbe annehmen, dabei gelegentlich wenden.

Die Mandeln in einem Mörser zerstampfen und nach und nach den Kristallzucker hinzufügen. Wenn er vollkommen eingearbeitet ist, die Mischung auf ein Brett geben. Langsam den Puderzucker unterkneten, bis eine weiche, glatte Masse entstanden ist. Nach Belieben formen und überziehen.

POCHIERTE BIRNEN IM SCHOKOLADENMANTEL

Pere cotte al cioccolato

Im zweiten Band seines *»De Honesta Voluptate ac Valetudine«* (»Von wahrem Genuß und Wohlbefinden«) befaßt sich Bartolomeo Sacchi mit Birnen. Er empfiehlt sie als Adstringens und fügt ergänzend hinzu, daß sie nahrhafter als anderes Obst seien. Da sich Birnen bis weit in den Winter halten, verwendete man sie früher häufig für Desserts und reichte sie auch als Vorspeise mit einem kräftigen Käse wie Parmesan oder Gorgonzola.

6 Birnen
90 g Butter
60 ml trockener Weißwein
180 g feinster Zucker
330 g Halbbitterschokolade, gerieben
Schale von 1 Zitrone, hauchdünn abgehobelt und in feine Streifen geschnitten

Die Birnen schälen und das Kerngehäuse ausstechen, die Stengel jedoch nicht entfernen. Die Butter in einem Topf zerlassen, die Birnen hineingeben und 5 Minuten garen. Mit dem Wein begießen und den Zucker darüberstreuen. Die Birnen weitergaren und immer wieder den Wein darüberschöpfen, bis sie weich sind. Abtropfen lassen und zum Trocknen beiseite stellen.

Die Schokolade im Wasserbad bei schwacher Hitze schmelzen. Dann sofort über die Birnen gießen und erstarren lassen. Die Birnen mit den Zitronenzesten garniert servieren.

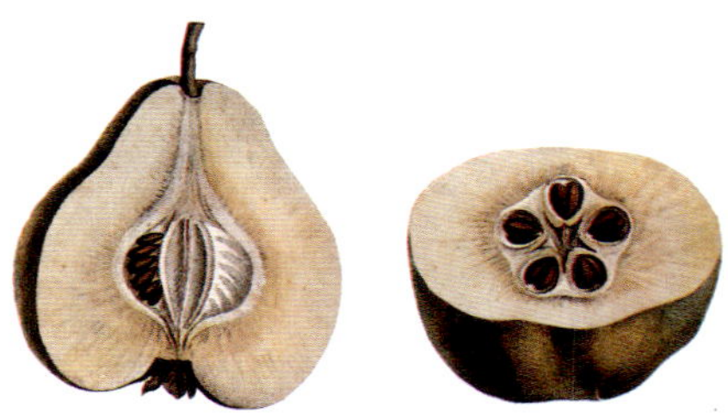

Birne
Es ist in Italien eine alte Sitte, zu kräftigem Käse Birnen zu essen.

Pochierte Birnen im Schokoladenmantel

Brot-Reis-Kuchen

BROT-REIS-KUCHEN

Torta di riso e pane

Einer der ältesten Kuchen Norditaliens wird aus Brot und Reis hergestellt. Für die folgende Variante werden auch Walnüsse und Sultaninen verwendet. Früher bereitete die Köchin meiner Großmutter davon sonntags abends immer enorme Mengen zu, so daß stets etwas übrigblieb. Den Rest aßen wir dann am nächsten Tag zum Frühstück oder nahmen ihn als Mittagessen mit in die Schule.

180 g Avorio-Reis
180 g frisches Brot ohne Kruste, zerbröselt
250 ml Crème double
90 g Sultaninen
60 g Butter, zerlassen
90 g gehackte Walnüsse
3 ganze Eier
180 g feinster Zucker
60 ml Cognac
Abgeriebene Schale von 1 Orange
1 Eigelb, verquirlt

Den Reis in reichlich kochendem, ungesalzenem Wasser 10 Minuten garen. Abtropfen lassen und zum Abkühlen beiseite stellen.

In der Zwischenzeit das zerkrümelte Brot mit der Crème double vermischen. Die Sultaninen in lauwarmem Wasser einweichen.

Den Reis zu dem eingeweichten Brot geben, dann zerlassene Butter, Walnüsse, ganze Eier, Zucker, Sultaninen, Cognac und abgeriebene Orangenschale hineinrühren. Die Zutaten behutsam, aber gründlich vermischen.

Eine 23 cm große Kuchenform ausbuttern. Die Mischung in der Form verteilen und die Oberfläche mit einem in Wasser getauchten Messer glattstreichen. Die Oberfläche mit dem Eigelb bestreichen.

Den Kuchen im vorgeheizten Backofen bei 180 °C etwa 1 Stunde backen. Stürzen und abkühlen lassen.

KÜRBISKUCHEN

Torta di zucca

In alter Zeit verwendete man Kürbisse häufig, vor allem für Desserts, da sie sich problemlos ziehen lassen und den ganzen Winter halten. Diese schlichte Nachspeise aus der Region Emilia kann man mit zerkrümelten *amaretti* (Mandelmakronen) anreichern, die das Kürbisfleisch auf vollkommene Weise ergänzen.

500 g Kürbisfleisch, ohne Schale und Kerne
60 g Butter
90 g Mehl
3 Eier, getrennt
1 Päckchen Trockenhefe
Abgeriebene Schale von 1 Zitrone
180 g Zucker
90 g Mandeln, blanchiert und sehr fein gehackt
60 g Sultaninen, eingeweicht

In einem Topf den Kürbis mit 30 g Butter bei schwacher Hitze unter ständigem Rühren garen. Den Topf von der Kochstelle nehmen. Den Kürbis in einen Mixer geben und Mehl, Eigelb, Hefe, abgeriebene Zitronenschale, Zucker und Mandeln hinzufügen. Die Zutaten gut vermischen. Das Eiweiß steif schlagen. Sultaninen und Eischnee unter die Kürbismasse ziehen. Eine 23 cm große Form ausbuttern und mit Mehl ausstreuen. Den Teig in die Form geben und glattstreichen.

Den Kuchen im vorgeheizten Backofen bei 180 °C etwa 45 Minuten garen, bis an einem in die Mitte geschobenen Holzspieß beim Herausziehen kein Teig mehr haften bleibt. Stürzen, abkühlen lassen und servieren.

Kürbis
In früheren Zeiten verwendete man für Süßspeisen sehr häufig Kürbisse.

KUCHEN VON PINIENKERNEN

Torta di pinoli

Pinienkerne waren in der italienischen Küche schon sehr früh Tradition. Man erntet sie heute vor allem in der Toskana, entlang der Meeresküste, wo es ganze Pinienwälder gibt. Einer der schönsten ist der Migliarino-Wald in der Nähe von Pisa.

Man verwendet Pinienkerne sowohl für Süßspeisen – häufig zusammen mit Rosinen und kandierten Früchten – als auch für herzhafte Gerichte und sogar für Fisch und Fleisch.

4 Eier, getrennt
180 g feinster Zucker
90 g Butter
300 g Mehl
180 g Pinienkerne
1 EL Puderzucker

In einer Schüssel das Eigelb mit der Hälfte des Zuckers verschlagen. In einer zweiten Schüssel den restlichen Zucker mit der Butter schaumig rühren. Beide Mischungen behutsam verrühren und dann nach und nach zu dem Mehl geben. Immer nur wenig hinzufügen, damit keine Klumpen entstehen. Das Eiweiß steif schlagen und vorsichtig unter die Mischung heben, die möglichst locker werden sollte.

Die Pinienkerne auf einem Backblech verteilen. Im vorgeheizten Backofen bei 180 °C rösten, bis sie Farbe anzunehmen beginnen. 25 g Pinienkerne aufbewahren, den Rest im Mixer zerkleinern und sehr vorsichtig unter den Teig ziehen.

Eine 23 cm große Springform ausbuttern und mit Mehl ausstreuen. Den Teig hineinfüllen. Im vorgeheizten Backofen bei 180 °C etwa 45 Minuten backen oder bis an einem in die Mitte geschobenen Spieß beim Herausziehen kein Teig mehr haftet.

Den Kuchen auf eine Platte heben. Mit den restlichen Pinienkernen verzieren, den Puderzucker darüberstreuen und servieren.

Kürbiskuchen; Kuchen von Pinienkernen

PFLAUMENTASCHEN

Sfogliatine di prugne

Früher backte man diese Taschen in sehr heißem Öl oder ausgelassenem Schweinefett aus, wodurch sie leicht und knusprig wurden. Heute bäckt man sie der gesünderen Ernährung wegen meist im Backofen. Wer den Blätterteig nicht selbst zubereiten möchte, kann auch Tiefkühlware verwenden.

180 g Backpflaumen
½ Flasche weißer Dessertwein
1 kleines Stück Zitronenschale
3 EL feinster Zucker
300 g Blätterteig
15 g Butter

In einer Schüssel die Pflaumen mehrere Stunden im Wein quellen lassen. Herausnehmen, gut abtropfen lassen und in einen Topf geben.

Den Wein nicht weggießen. Zitronenschale, Zucker und 120 ml des zurückgestellten Weines zu den Pflaumen geben. Die Pflaumen zugedeckt bei schwacher Hitze etwa 15 Minuten garen. Abtropfen lassen, entsteinen und beiseite stellen.

Den Teig recht dünn ausrollen. 10 cm große Kreise ausstechen und auf jeden eine Pflaume setzen. Den Teig darüberklappen und die Ränder fest zusammendrücken.

Ein Backblech einbuttern und die Teigtaschen daraufsetzen. Im auf 180 °C vorgeheizten Backofen 20 Minuten backen, bis sie goldbraun sind. Auf eine Platte geben und servieren.

Pflaumentaschen

BROTPUDDING

Dolce di pane

»Il Ciciniere Moderno Ossia la Vera Maniera di Ben Cucinare« (»Der moderne Koch, oder die wahre Kunst der guten Küche«) von Pietro Santi Puppo wurde 1849 in Lucca veröffentlicht und hat den Untertitel *»Colla maggiore economia possibile utile non solo a quelli che si dilettano del mestiere della cucina, ma ad ogni famiglia bene ordinata«* (»Unter dem Gesichtspunkt maximaler Wirtschaftlichkeit, nützlich nicht nur für jene, die den Kochberuf ausüben, sondern auch für jede gut organisierte Familie«). In der Einleitung heißt es dann, daß der Koch, für wen immer er auch kochen mag, stets unter absolut hygienischen Bedingungen arbeiten muß. Wie der Titel verspricht, findet sich in dem Buch eine ganze Reihe von preiswerten Rezepten, für die als Grundlage Brot verwendet wird, wie etwa gefüllte Eier, bei denen das hartgekochte Eigelb mit in Milch eingeweichtem Brot gemischt wird. Man serviert sie mit *zabaglione* (eine Süßspeise aus Eiern, Zucker und Marsala). Das moderne Rezept stammt aus der Lombardei und ist dort vor allem während der Wintermonate sehr beliebt.

> Man nimmt ein großes Stück Brot ohne Kruste, das zuvor in Milch eingeweicht wurde, gibt etwas Zitronenschale und Zimt dazu, fügt dann einige Eigelb hinzu und anschließend noch eine kleine Menge kandierter Früchte und ein wenig Zucker. Der Zucker wird entsprechend der verwendeten Menge Brot abgemessen. Dann buttert man eine Kasserolle ein, füllt die Masse hinein, deckt diese mit Papier ab und bäckt sie bei mittlerer Hitze im Ofen. Auf diese Weise erhält man einen hervorragenden Pudding.

500 g Brot ohne Kruste
500 ml Milch
150 g Zucker
4 Eigelb
Abgeriebene Schale von 1 Zitrone
Eine Prise gemahlener Zimt
60 g kandierte Früchte, gewürfelt
15 g Butter

Das Brot in Stücke teilen und etwa 1 Stunde in der Milch einweichen. Das Brot ausdrücken und in einer Schüssel mit Zucker, Eigelb und abgeriebener Zitronenschale vermischen. Zimt und kandierte Früchte hinzufügen und alles gut vermischen.

Eine flache Kastenform mit Pergamentpapier (Backpapier) auslegen. Das Papier buttern. Die Brotmischung in die Form füllen und glattstreichen.

Im vorgeheizten Backofen bei 180 °C etwa 1 Stunde backen. Etwas abkühlen lassen, dann auf eine Platte stürzen. In dicke Scheiben schneiden und warm servieren.

Brotpudding (modernes Rezept)

Apfel-Kartoffel-Kuchen; Baiserbecher; Ricotta-Crêpes

APFEL-KARTOFFEL-KUCHEN

Torta di mele e patate

Vor allem in den nördlichen Regionen Italiens, wo Obst nur während des Sommers reift, bestehen Desserts oft aus einer Mischung von Gemüse und Obst.

Anstelle von Mehl verwendet man Gemüse wie Kartoffeln, Möhren und manchmal auch Zucchini, wodurch die Nachspeisen nicht nur leichter und bekömmlicher werden, sondern auch eine lockere, krümeligere Konsistenz erhalten. Häufig kombiniert man beim Zubereiten von Desserts Obst mit gegartem Reis oder Brot, das in Milch eingeweicht wurde.

500 g Kartoffeln, geschält und in Scheiben geschnitten
Salz
45 g Mehl
90 g feinster Zucker
60 g Butter
3 Eigelb
500 g Äpfel, Golden Delicious, geschält, entkernt und in sehr dünne Scheiben geschnitten

Die in Scheiben geschnittenen Kartoffeln in einen Topf geben. Knapp mit leicht gesalzenem Wasser bedecken und dieses zum Kochen bringen. Die Temperatur herunterschalten und die Kartoffeln garen, bis sie weich sind. Abtropfen lassen und durch ein Sieb in einen Topf drücken.

Den Topf auf die Kochstelle setzen und bei schwacher Hitze 1 Eßlöffel Mehl, 3 Eßlöffel Zucker und 30 g Butter hinzufügen. Alles gut vermischen. Rühren, bis die Mischung trocken wird. Von der Kochstelle nehmen und abkühlen lassen. Wenn die Masse nur noch lauwarm ist, das Eigelb hineinrühren. Nach und nach das restliche Mehl untermischen. Die Masse auf ein Brett geben und kneten, bis ein weicher, glatter Teig entstanden ist. Diesen einige Millimeter dick ausrollen und in eine 23 cm große Kuchenform legen. Einige Apfelscheiben zum Dekorieren zurückstellen, den Rest in konzentrischen Kreisen in der Form arrangieren. 1 Eßlöffel Zucker darüberstreuen.

Den übrigen Teig auf einem bemehlten Brett ausrollen. Über die Äpfel legen und den Rand riefen.

Den Kuchen mit den zurückgestellten Apfelscheiben garnieren und im auf 180 °C vorgeheizten Backofen 40 Minuten backen. In der Zwischenzeit in einem kleinen Topf den restlichen Zucker und die verbliebene Butter bei mittlerer Hitze zerlassen.

Nach 40 Minuten den Kuchen aus der Form nehmen und mit der Butter-Zucker-Mischung bestreichen. Noch einmal in den Backofen schieben und 5 Minuten backen. Vor dem Servieren abkühlen lassen.

BAISERBECHER

Coppe meringate

In Italien werden häufig Nachspeisen serviert, die man mit *savoiardi*, einer Art Biskuit, zubereitet, der in Likör getränkt und mit verschiedenen anderen Zutaten vermischt wird. Gehaltvolle Variationen dieses Desserts sind *zuppa inglese* (Biskuitcreme mit Früchten) und das unterdessen überall bekannte und beliebte *tirami su al mascarpone*. Die *zuppa inglese* wurde in Siena für Cosimo III. de' Medici erfunden und zunächst *zuppa del duca* genannt.

300 g feinster Zucker
3 Eiweiß
120 ml süßer weißer Dessertwein
120 ml Orangensaft
180 g Savoiardi (Löffelbiskuit)
Abgeriebene Schale von 1 Orange
1 EL Puderzucker

Zur Herstellung des Baisers 150 ml Wasser in einen kleinen Topf geben und den Kristallzucker bei mittlerer Hitze darin auflösen. Aufkochen lassen und weiterrühren, bis der Sirup auf eine Temperatur von 39 °C abgekühlt ist. Das Eiweiß schlagen, in den Sirup rühren und die Masse in eine Spritzbeutel füllen.

Wein und Orangensaft vermischen. Die Savoiardi darin tränken und in Portionsförmchen legen. Mit der abgeriebenen Zitronenschale bestreuen und eine etwa 2,5 cm dicke Schicht Baiser daraufspritzen. Den Puderzucker darübergeben und die Förmchen 2 Minuten in den 220 °C heißen Backofen setzen. Sie sollten herausgenommen werden, sobald das Baiser leicht gebräunt ist.

RICOTTA-CRÊPES

Crespelle alla ricotta

Früher füllte man diese Eierkuchen mit Mascarpone, der sehr viel mehr Fett als Ricotta enthält. Und anstelle von Rosinen verwendete man oft Schokoladenstücke, die manchmal mit kandierten Früchten oder kandierter Orangenschale gemischt wurden. Ricotta-Crêpes sind eine norditalienische Version der sizilianischen *cannoli*.

60 g Sultaninen
3 Eier
3 EL Mehl
Salz
90 ml Milch
250 g Ricotta
1 EL feinster Zucker
3 EL Sahne
20 g Butter

Die Sultaninen in einer Schüssel einweichen und quellen lassen. In einer anderen Schüssel die Eier schlagen. Das Mehl hinzufügen und kräftig mit dem Schneebesen rühren, bis die Mischung glatt ist.

Das Salz zu der Mischung geben. Nach und nach die Milch dazugießen und kräftig schlagen. Den Teig einige Minuten beiseite stellen. Die Sultaninen abtropfen lassen und trockentupfen.

Den Ricotta durch ein Sieb in eine Schüssel drücken. Zucker, Sultaninen und Sahne hineinrühren.

Die Butter in einer kleinen beschichteten Pfanne zerlassen. Eine kleine Menge Teig hineingießen und die Pfanne drehen, so daß sich der Teig gleichmäßig verteilt. Eine Seite backen, die Crêpe behutsam umdrehen und die andere Seite backen. Auf diese Weise Crêpes herstellen, bis der Teig aufgebraucht ist.

Die Crêpes mit der Ricottamischung füllen und aufrollen. Auf einer Platte anrichten und servieren.

Stilleben mit Pfirsichen und Glasvase, römisches Fresko; Museo Archeologico Nazionale, Neapel

Fruchtspieße in der Folie

FRUCHTSPIESSE IN DER FOLIE

Spiedini di frutta al cartoccio

Früher servierte man seinen Gästen als Abschluß eines Abendessens zusammen mit einem Glas Spumante karamelisierte Früchte oder Früchte, die in einer Hülle gegart wurden. Dazu reichte man Tellerchen mit kleinen Früchten, wie etwa mit Schokolade überzogene Kirschen. Heute serviert man solche Desserts meist anstelle der traditionellen Nachspeisen, die man häufig als zu schwer und zu reichhaltig betrachtet.

2 feste Bananen, in 2,5 cm große Stücke geschnitten
180 g Kirschen, entsteint
6 feste Aprikosen, in Spalten geschnitten
180 g grüne Trauben
180 g Erdbeeren
15 g Butter
90 g feinster Zucker
1 EL Vanillezucker
90 g Mandelblättchen

Das Obst auf lange Holzspieße stecken, so daß sich Farben und Aromen abwechseln.

Ein großes Stück Folie auf die Arbeitsfläche legen. Mit etwas Butter einfetten. Vanillezucker und feinen Zucker mischen und etwas davon auf die Folie geben. Die Spieße darauflegen, dann mit dem restlichen Zucker und den Mandelblättchen bestreuen. Einige Butterflöckchen daraufsetzen. Die Folie zusammennehmen und gut verschließen. Das Päckchen 15 Minuten in den auf 180 °C vorgeheizten Backofen legen. Erst bei Tisch öffnen.

OBSTSALAT MIT SPUMANTE

Macedonia di frutta allo spumante

Die Stadt Asti in Piemont ist berühmt für ihre Schaumweine, und am bekanntesten ist der Moscato, der lieblich oder auch sehr süß sein kann und am besten zum Schluß einer Mahlzeit getrunken wird. Für diese Süßspeise kann jeder moussierende Wein verwendet werden, sofern er nicht zu trocken ist. Verwenden Sie Früchte der Saison, weil sie das intensivste Aroma haben.

½ Kantalupe
4 Scheiben Ananas, gewürfelt
2 Pfirsiche, abgezogen, entsteint und gewürfelt
90 g Erdbeeren, geputzt
90 g Blaubeeren, geputzt
250 g Weintrauben, abgezogen
90 g feinster Zucker
2 EL Rum
60 ml Cognac
½ Flasche süßer Spumante

Schale, Kerne und fasrige Mitte der Melone entfernen und aus dem Fleisch mit einem Kugelausstecher Bällchen formen. Zusammen mit den anderen Früchten in eine Schüssel geben, dann Zucker, Rum und Cognac hinzufügen. Den Spumante darübergießen. Vor dem Servieren mindestens 2 Stunden in den Kühlschrank stellen.

Herbst: Traubenlese, 15. Jahrhundert, Illustration aus dem »Theatrum Sanitatis« (Code 4182); Biblioteca Casanatense, Rom

Obstsalat mit Spumante

Apfelcreme mit Mandelkrokant; Orangenschaum

APFELCREME MIT MANDELKROKANT

Crema di mele al croccante

Fruchtcremes erhalten in Italien stets eine Verzierung, vor allem wenn sie für Gäste bestimmt sind. Früher einmal wurde diese Apfelcreme bei Familienmahlzeiten mit gehacktem Nougat serviert. In Italien wird der mit Honig und Mandeln hergestellte Nougat *torrone* genannt. Er ist eine Spezialität der Stadt Cremona in der Lombardei, doch in ganz Italien sehr beliebt, insbesondere im Süden. Zu Festtagen, und vor allem zu Weihnachten, bekommen sowohl Erwachsene als auch Kinder *torrone* geschenkt, den man oft auch als Schmuck an den Christbaum hängt.

250 g feinster Zucker
1 EL Zitronensaft
180 g Mandeln, blanchiert und gehackt
1 EL Mandelöl
7 Äpfel, Golden Delicious
15 g Butter
1 Handvoll Minzeblätter
250 ml Sahne, geschlagen

In einem Topf 180 g Zucker, Zitronensaft und gehackte Mandeln vermischen. Bei mittlerer Hitze den Zucker karamelisieren, bis er recht dunkel geworden ist. Einen Teller mit dem Mandelöl überziehen. Den Krokant daraufgießen und vollständig auskühlen lassen.

Sechs Äpfel schälen und in Scheiben schneiden. Mit Butter und Minze in einer großen Pfanne bei mittlerer Temperatur ziemlich weich garen. Dann durch ein Sieb in einen Topf drücken. Den restlichen Zucker hinzufügen, bei mittlerer Hitze rühren und die Flüssigkeit etwas einkochen lassen. Von der Kochstelle nehmen und zum Abkühlen beiseite stellen. Die geschlagene Sahne unterziehen und die Creme in eine Servierschüssel füllen.

Den Mandelkrokant zerstoßen oder hacken und über die Apfelcreme streuen. Die Creme 2 Stunden in den Kühlschrank stellen. Mit dem in Scheiben geschnittenen verbliebenen Apfel garnieren.

ORANGENSCHAUM

Spuma all'arancia

Cremige Desserts nahmen immer einen wichtigen Platz in der italienischen Küche ein und sind schon in den ältesten Rezepten zu finden. Früher allerdings wurde die Grundzutat für die Creme häufig gebraten.

Um diese einfache, aber wunderbar aromatische Creme attraktiv anrichten zu können, wird ihr oft etwas Gelatine beigefügt. In diesem Fall sollte man sie für einige Stunden in den Kühlschrank stellen, bis sie fest ist, um sie anschließend stürzen und nach Wunsch verzieren zu können. Häufig wird sie mit einer sehr dunklen – und vorzugsweise heißen – Schokoladensauce serviert.

4 Eier, getrennt
150 g feinster Zucker
2 EL Kartoffelmehl

2 EL Grand Marnier
500 ml frischer Orangensaft
Abgeriebene Schale von 1 Orange

Das Eigelb mit dem Zucker im Wasserbad schlagen, bis die Mischung bandförmig vom Schneebesen läuft.

Die Schüssel auf einen Topf mit simmerndem Wasser setzen und weiterschlagen, während nach und nach die anderen Zutaten – Kartoffelmehl, Grand Marnier, Orangensaft und abgeriebene Orangenschale – hinzugefügt werden. Weitergaren, aber nicht kochen, bis eine dicke Creme entstanden ist. Von der Kochstelle nehmen und etwas abkühlen lassen.

In einer Schüssel Eiweiß von zwei Eiern steif schlagen und unter die Creme ziehen. Den Schaum in eine Glasschale oder einen Kelch füllen und bis zum Servieren kalt stellen.

GEFÜLLTE PFIRSICHE

Pesche farcite

Pfirsiche gehören in Italien schon immer zu den favorisierten Desserts. Ihr saftiges Fruchtfleisch und ihre runde Form eignen sich hervorragend zum Füllen. Oft serviert man sie einfach gedünstet mit flüssiger Sahne oder einer Schokoladencreme, häufiger aber werden sie mit einer Vielzahl von Zutaten gefüllt. Die folgende klassische Füllung wird aus Reis und *amaretti* (Mandelmakronen) zubereitet. Ein ähnliches Rezept befindet sich in einem piemontesischen Kochbuch aus dem 19. Jahrhundert: Danach hüllt man die gefüllten Pfirsiche in einen süßen Teig, um sie anschließend in siedendem Öl auszubacken.

180 g Avorioreis
Eine Prise Salz
300 ml Milch
Abgeriebene Schale von 1 Zitrone
6 gelbe Pfirsiche
150 g feinster Zucker
6 Amaretti, zerstoßen
2 Eigelb
60 g Butter
60 g Mandeln, blanchiert und gehackt

Den Reis mit Salz, Milch und abgeriebener Zitronenschale kochen, bis er die Milch vollständig aufgenommen hat. Abkühlen lassen.

Die Pfirsiche abziehen, halbieren und die Steine entfernen. Mit einem Teelöffel aus den Mitten etwas Fruchtfleisch herauslösen, in eine Schüssel geben und mit 60 g Zucker, zerstoßenen Amaretti, Eigelb und kaltem Reis mischen.

Eine Backform gut ausbuttern. Die Reismischung in die Pfirsiche füllen, so daß in der Mitte jeder Hälfte ein kleiner Hügel entsteht. Die Pfirsiche in die Backform setzen. Den restlichen Zucker darüberstreuen, dann die gehackten Mandeln. 15 Minuten in den auf 180 °C vorgeheizten Backofen schieben. Heiß oder kalt servieren.

Gefüllte Pfirsiche

WASSERMELONE MIT RICOTTA

Anguria alla ricotta

In Sizilien werden Wassermelonen traditionell für Desserts und Speiseeis verwendet, und eines der berühmtesten ist das *gelu u muluni*, ein Meloneneis, das auf Mandelpaste serviert wird. Im übrigen Italien werden Wassermelonen verwendet, um Mahlzeiten auf klassische Art mit einem leichten, schnell zuzubereitenden Dessert zu beenden. Die Ricotta kann mit kleinen Schokoladenstückchen und sehr fein gehackten Pfefferminzplätzchen vermischt werden, die ihr einen sehr typischen und frischen Geschmack verleihen.

1 vollreife Wassermelone, etwa 2 kg schwer
Saft von ½ Zitrone
90 g feinster Zucker
180 g Ricotta
250 ml Crème double
Eine Prise gemahlener Zimt

Einen Deckel von der Melone abschneiden und wegwerfen. Das Fruchtfleisch herauslösen und die Kerne entfernen. Die ausgehöhlte Schale in den Kühlschrank setzen. Das Fleisch in Würfel schneiden und mit dem Zitronensaft und der Hälfte des Zuckers in eine Schüssel geben. 2 Stunden in den Kühlschrank stellen und von Zeit zu Zeit umrühren, damit die Aromen verschmelzen. Nach einer halben Stunde die angesammelte Flüssigkeit in eine andere Schüssel abgießen und die Ricotta hineinrühren. Den restlichen Zucker und die Sahne hinzufügen. Die Melonenwürfel dazugeben, sorgfältig untermischen und die Mischung in die Melonenschale füllen. Mit dem Zimt bestreut servieren.

MELONENCREME

Melone alla crema

Dieses exquisite Dessert mit seinem herrlichen Sommerduft ist sehr leicht und einfach zuzubereiten; deshalb erfreut es sich seit langem großer Beliebtheit. Häufig wird das Fruchtfleisch auch mit Ricotta vermischt, vor allem im Süden Italiens. Früher gab man mitunter auch gemahlenen Zimt in die Melonencreme, denn nach der Zeit der Kreuzzüge waren Gewürze groß in Mode gekommen.

1 reife Melone (Honigmelone oder Kantalupe), etwa 1,5 kg schwer

Wassermelone mit Ricotta; Melonencreme

Stilleben mit Kirschen, Giovanna Garzoni (1600–1670); Galleria Pitti, Florenz

90 g feinster Zucker
250 ml Sahne, geschlagen
10 kandierte Kirschen

An dem Ende der Melone, an dem sich der Stiel befindet, einen Deckel abschneiden und diesen zusammen mit Kernen und dem fasrigen Fleisch der Mitte wegwerfen. Das Fruchtfleisch vorsichtig herauslösen und in einen Topf geben. Die Melonenschale beiseite stellen. Den Zucker zum Fruchtfleisch geben und den Topfinhalt bei schwacher Hitze rühren, bis die gesamte Flüssigkeit verdampft ist. Zum Abkühlen beiseite stellen.

Das Fruchtfleisch durch ein Sieb in eine Schüssel streichen. Die geschlagene Sahne hinzufügen und vorsichtig unterziehen. Die Mischung in die Melonenschale schöpfen.

Die Melonencreme 2 Stunden in den Kühlschrank stellen. Vor dem Servieren mit den kandierten Kirschen garnieren.

EIS MIT SAUERKIRSCHSAUCE

Gelato alle amarene

Sauerkirschen waren einmal sehr verbreitet, heute findet man sie immer seltener. Wegen ihres säuerlichen Geschmacks müssen sie mit viel Zucker gegart werden. Sauerkirschen gehören zu den schmackhaftesten Kirschen und sind ideal zum Garen. Zusammen mit Eis schmecken sie köstlich. In einigen Eisdielen Italiens bekommt man auch heute noch Vanilleeis, das mit gedünsteten Sauerkirschen und einem Spritzer Sodawasser oder *selz,* wie es die Italiener nennen, serviert wird.

300 g Sauerkirschen, entsteint (die Steine zurückstellen)
180 g Zucker
½ Zitrone
1 Vanilleschote
4 Eigelb
500 ml Milch

Die Kirschkerne in ein Stück Nesseltuch binden.

Die Kirschen in einen Topf geben und die Hälfte des Zuckers, Kirschsteine, abgeriebene Schale und Saft der Zitrone sowie die Vanilleschote hinzufügen. Die Kirschen knapp mit Wasser bedecken und 30 Minuten köcheln lassen. Die Kirschkerne herausnehmen und wegwerfen. Den Topfinhalt zum Abkühlen beiseite stellen und anschließend durch ein Sieb in eine Schüssel streichen.

Das Eigelb mit dem restlichen Zucker im Wasserbad schlagen, bis die Mischung bandförmig vom Schneebesen läuft. Die Milch hinzufügen und die Schüssel auf einen Topf mit köchelndem Wasser setzen.

Die Mischung garen (ohne sie zu kochen), bis sie dick wird und einen Löffelrücken überzieht. Von der Kochstelle nehmen und zum Abkühlen beiseite stellen, dann in der Eismaschine rühren, bis sie gefroren ist.

Die Eiscreme in eine flache Schüssel geben und mit der Sauerkirschsauce übergießen. Dann servieren.

Eis mit Sauerkirschsauce

Brot

Brot

Wie die Italiener sagen, verhält es sich mit dem Brot wie mit dem Glockenturm, dem *campanile:* Jede Stadt besitzt einen eigenen, und natürlich ist er viel schöner und großartiger als der der Nachbarstadt. Und Artusi bemerkte (im späten 19. Jahrhundert) einmal, daß man die Beschäftigung mit der italienischen Küche mit dem Betreten des Babylonischen Turmes vergleichen könnte, was in besonderem Maß auf das italienische Brot zutrifft. So kann das gleiche Brot in zwei Regionen vollkommen verschiedene Namen haben oder auch der gleiche Name für zwei völlig verschiedene Brote verwendet werden. Man hat ausgerechnet, daß, statistisch gesehen, die Italiener täglich pro Person 275 Gramm Brot essen, was ungewöhnlich viel ist. In Italien steht üblicherweise bei jeder Mahlzeit Brot auf dem Tisch, das immer ohne Butter gegessen wird.

Heute gibt es im ganzen Land schätzungsweise 35 000 Bäcker, die das tägliche Brot der Italiener backen. 90 Prozent von ihnen arbeiten selbständig und stellen mit großer Fertigkeit und Liebe eine reiche Vielfalt an Broten her. In größeren Städten findet man in fast jeder Straße eine *panetteria* (Bäckerei), in der man die in dieser Gegend bevorzugten Brote bekommt. Und so werden in den Bäckereien Italiens über tausend verschiedene Brotformen gebacken – kleine, große, lange, dünne, runde, flache –, von denen viele aus den gleichen, typischen Zutaten bestehen, die man in Italien schon seit Jahrhunderten verwendet.

In den fünfziger und sechziger Jahren gab es eine Zeit, in der es beinahe schien, als würde die Brotindustrie die lokalen *panetterie* verdrängen, doch letztlich siegte die Tradition, nicht zuletzt aufgrund eines neu erwachten Interesses an den regionalen Backbräuchen.

In früheren Zeiten und noch bis zum Zweiten Weltkrieg war es bei den Pachtbauern auf den großen Gütern wie auch in den abgelegenen Dörfern Sitte, zum Brotbacken einmal in der Woche selbstzubereiteten Teig zu einem Gemeinschaftsofen zu bringen. Diese Öfen waren riesig und erinnerten an Bienenwaben. Um das eigene Brot kenntlich zu machen, wurden kleine Zeichen in den Teig geprägt. Heute sind die kleinen geschnitzten Holzmodel, die man zu diesem Zweck verwendete, begehrte Sammlerstücke.

Merkwürdigerweise findet man in frühen italienischen Kochbüchern mehr Rezepte, in denen Brot als Zutat verwendet wird, als solche für die Brotherstellung selbst. Der Florentiner Domenico Romoli, der sich im 16. Jahrhundert mit der Kochkunst und der Haushaltung beschäftigte, beschrieb ausführlich die Benutzung eines Brotschrankes und widmete ein ganzes Kapitel den Eigenschaften von Brot, wobei er einleitend feststellte, Brot sei die Grundlage aller Nahrungsmittel. Dies zeigt, wie groß die Bedeutung war, die Brot in Italien früher spielte. Hingegen befindet sich in Artusis Buch *»La Scienza in Cucina e l'Arte di Mangiar Bene«* (»Von der Wissenschaft des Kochens und der Kunst des Genießens«), das er im 19. Jahrhundert verfaßte, kein einziges Rezept für Brot.

Die Italiener erlernten die Kunst des Brotbackens von den Griechen, die sie wiederum von den Ägyptern übernommen hatten. Wie der Historiker Plinius der Ältere berichtet, befanden sich unter Gefangenen aus Makedonien, die 168 v. Chr. von den Legionen nach Rom gebracht

Seite 212/213: *Stilleben,* Cecco del Caravaggio, 1. Hälfte des 17. Jahrhunderts; Privatsammlung, Rom
Brot wird in Italien in hohen Ehren gehalten. Man ißt es – stets ohne Butter – zu jeder Mahlzeit und verwendet es als Zutat für viele Gerichte.

Seite 214: *Die Schnitterinnen,* Silvestro Lega (1825–1895); Galleria d'Arte Moderna, Mailand
Lega gehörte zur Gruppe der »Macchiaioli«, Künstler, die Freilichtmalerei betrieben, in der spontan-fleckenhaften Malweise der »macchia« (Fleck).

Ein christliches Mahl (Ausschnitt), Sarkophagdeckel; Museo Nazionale, Rom
Die ersten Bäcker gab es im alten Rom um 170 v. Chr. Bis zur christlichen Zeitrechnung allerdings blieb Brot ein Privileg der Reichen.

wurden, auch Bäcker, die sich alsbald an die Arbeit machten und als Freigelassene die Backöfen des Reiches in Gang setzten. Diese Bäcker ließen sich im ganzen Land nieder, und schließlich entwickelte sich in jeder Region ein für sie typisches Brot.

Will man sich in Italien mit der Entwicklung der Brotherstellung befassen, geht man am besten nach Regionen vor. Als allgemeine Regel gilt, daß man in Norditalien mehr Brötchen ißt, obwohl es einige bemerkenswerte Ausnahmen gibt. *Biovette* sind die typischen Brötchen Piemonts. Sie werden mit reichlich Hefe hergestellt und kommen dick, knusprig und beinahe hohl aus dem Backofen. Manchmal werden aus demselben Teig auch große Laibe gebacken, die man *biova* nennt. Ein ähnliches Brötchen, das aus der Lombardei stammt, *la michetta* genannt, hat die Form einer Rosette. *La Francesina* (die kleine Französin) stammt ursprünglich aus der Gegend von Como. Dieses Brötchen verdankt seinen Namen der Tatsache, daß es lang und schlank ist, ähnlich wie ein französisches Baguette. Es ist außen ebenfalls sehr knusprig, innen jedoch großporig und fest. In dieser Region werden auch Brötchen und kleine Brote mit einer dünnen Kruste gebacken, die man *chiabatte* nennt; sie sind außerordentlich delikat und leicht und haben eine sehr feine Textur. *La ciopa* wiederum ist ein Brot mit einer festen, dicken Kruste und einer lockeren Krume. In der Provinz Trentino formt man den Teig zu Brötchen, in Venetien zu Laiben. Die Italiener essen diese Backwaren oft mit Marmelade zum Frühstück, verwenden sie als *panini* (belegte Brötchen) oder reichen sie zum Abendessen.

Die Emilia-Romagna, aus der so viele kulinarische Spezialitäten stammen, kann sich einer der ältesten Brotsorten der Welt rühmen, nämlich Brot aus *pasta dura.* Die Ägypter und Römer kneteten diesen (wörtlich übersetzt) »harten Teig« mit ihren Füßen, heute aber backen die Bäcker von Bologna die traditionellen Brötchen aus *pasta dura* mit etwas moderneren Hilfsmitteln. Das berühmteste dieser Brötchen ist die *manina Ferrarese* (Händchen von Ferrara), das – wie sein Name vermuten läßt – an eine kleine Hand erinnert. Eine andere Bezeichnung ist *coppietta Ferrarese* (Pärchen von Ferrara), weil es durch Ineinanderschlingen zweier hörnchenförmiger Teigstücke hergestellt wird. Die *pasta-dura*-Brötchen sind außen fest und glatt und haben innen eine watteartige Textur. Viele zählen sie zu Italiens besten Backwaren.

Das traditionelle Brot der Toskana wird ohne Salz zubereitet – vermutlich als Ausgleich zu den sonst stark gesalzenen toskanischen Speisen. Das lokale *pane sciocco* (fades [wörtlich dummes] Brot) oder *pane azimo* (mildes Brot), die in großen runden Laiben gebacken werden, bilden eine wunderbare Ergänzung zu dem salzigen Prosciutto, zu Salami und Käse. Dieses Brot wird auch für die *fettunta* verwendet, einen beliebten toskanischen Imbiß, der aus einer Scheibe geröstetem Brot besteht, das mit Knoblauch eingerieben, mit Salz bestreut und mit gutem Olivenöl beträufelt wird. *Pane sciocco* enthält kein Salz und bleibt lange frisch, deshalb ist immer reichlich Vorrat im Brotkasten zu finden. Vermutlich erklärt dies auch, warum so viele toskanische Suppen und Salate mit Brot zubereitet werden. In Italien kommt Brot übri-

Brot (1926), Editta Broglio (1886–1977); Editta-Broglio-Sammlung, San Michele, Moriano
In Italien gibt es weit über tausend verschiedene Brotformen. Man schätzt, daß etwa 35 000 Bäcker damit beschäftigt sind, diese enorme Vielfalt an Broten herzustellen.

Schaufel von Francesco Ridolfi, 17. Jahrhundert; Accademia della Crusca, Florenz
Ganz allgemein kann man sagen, daß in Norditalien mehr Brötchen als Brote gegessen werden, während die Bäcker des Südens riesige Brotlaibe herstellen.

gens niemals in den Abfall, und es wird als Frevel betrachtet, auch nur einen Krümel davon zu verschwenden.

Der Süden hat eine ganz andere Tradition des Brotbackens. Dort findet man vor allem knusprige »Räder«, die bis zu zwei Kilogramm wiegen können und sich eine Woche halten. Das Brot Apuliens, das heute in ganz Italien beliebt ist, entstand ursprünglich in der Stadt Altamura, am »Stiefelabsatz« Italiens. Man backt es aus Durumweizen, der seit römischer Zeit in der nahegelegenen Tavoliere-Ebene kultiviert wird. (Apulien war ein wichtiges Kornanbaugebiet des Römischen Reiches.) Es ist das gleiche Getreide, aus dem auch der Hartweizengrieß hergestellt wird, den man zu der berühmten Pasta dieser Region verarbeitet. Das Brot Apuliens ist außen goldbraun und hat eine feste Krume. Mitunter mischt man als besondere Note eine Handvoll von Apuliens dicken saftigen Oliven unter den Teig.

Im 9. Jahrhundert wurde Sizilien von den Sarazenen besetzt, und die Nachwirkungen dieser Okkupation auf die einheimische Bevölkerung sind manchmal auch heute noch in den lokalen Bräuchen spürbar. Ein Beispiel ist das sizilianische Brot, das ungewöhnliche Formen hat und mit Sesam bestreut ist. Der Teig für die sogenannte *mafalda* wird beispielsweise aus einem speziell gemahlenen Hartweizenmehl zubereitet und dann zu Kreuzen, Kronen, Leitern und Schlangen geformt oder aber zu einem Augenpaar – in Gedenken an die heilige Lucia, die, wahrscheinlich unter Diokletian, gemartert wurde und um Christi willen ihre Augen opferte. *Mafalda* wird mit Sesam bestreut und tief goldbraun gebacken.

Die Bäckerei, römisches Fresko; Museo Archeologico Nazionale, Neapel
Die Römer erlernten das Brotbacken von den Griechen, die es ihrerseits von den Ägyptern übernommen hatten.

Stilleben, Antonio de Pereda (um 1608–1678); Ermitage, Leningrad
Die Regionen Italiens haben alle ihre eigenen Rezepte für *biscotti* (Kekse). Im allgemeinen sind sie süß, im Chianti-Gebiet wird aber auch Salzgebäck, die *biscotti salati,* hergestellt, das wunderbar schmeckt.

Das vielleicht ungewöhnlichste Brot Italiens kommt aus Sardinien. Es wird *carta da musica* (Notenpapier-Brot) genannt, da es papierdünn ist, und, wenn es gekaut wird, ein »singendes« Geräusch verursacht. Man stellt den Teig ohne Hefe her, rollt diesen zu großen, dünnen Fladen aus und bäckt ihn dann goldbraun und knusprig. Das Brot hält recht lange, und in alter Zeit nahmen es die Schäfer oft mit in die Berge, wo sie es, während sie ihre Schafe hüteten, verzehrten. Heute wird dieses einfache Brot hoch geschätzt und in allen exquisiten Restaurants des Nordens serviert.

Seltsamerweise wird Brot aus Weizenvollkornmehl in Italien nicht sehr gern gegessen. Möglicherweise liegt dies daran, daß es früher von den Wohlhabenden wegen seiner groben Struktur verschmäht wurde. Man glaubte sogar, daß Vollkornbrot weniger nahrhaft als Weißbrot sei und darüber hinaus schlecht für die Verdauung. Auch Romoli, ein Schriftsteller des 16. Jahrhunderts, wies auf diese negativen Eigenschaften hin und behauptete sogar, es würde melancholisch stimmen. Daher hielten auch die Armen, die Reichtum mit Wohlbefinden verwechselten, Weißbrot für besonders fein und aßen es, wann immer sie es sich leisten konnten; sie gaben es sogar Kranken zur Stärkung. Heute hat man diesen Irrtum fast überall erkannt, und Vollkornbrot, oder *pane integrale,* ist fast überall erhältlich. *Pan bigio* (Graubrot) dagegen, ein klassisches Bauernbrot, ist heute nur noch selten zu finden.

Eine neapolitanische Taverne (1831)
Zu einem Glas kühlen Weißwein *biscotti salati* (Salzgebäck) zu essen, ist in Italien von alters her Sitte.

Eine ganz andere Art des italienischen Brotes ist süßes Brot, dem Zucker, Gewürze oder Kräuter zugegeben werden. Bei vielen dieser Brote handelt es sich um *pani festivi* (Gebildbrote), Gebäcke mit symbolischen Formen, die zu besonderen Festtagen gebacken werden. Ein solches Brot ist *pampepato,* das im Mittelalter entstand. In Ferrara wird es als Kranz mit Mandeln und Pinienkernen hergestellt, und mitunter hat es auch einen Schokoladenüberzug. Man bäckt es zu Weihnachten, und Bäcker schenken es ihren Kunden als kleine Aufmerksamkeit. Diese Tradition geht bis in die Zeit der Renaissance zurück, in der Köche die Herrin des Hauses mit Kuchen beschenkten. In Mittelitalien hingegen wird der *pampepato*-Teig zu kleinen Brötchen geformt, die mit Nüssen, Schokolade und getrockneten Früchten gefüllt sind.

Der *pandoro* (goldenes Brot) aus Verona ist sternförmig und mit Puderzucker bestreut. Sein Name beruht auf der Tatsache, daß für den Teig reichliche Mengen Eier und Butter verwendet werden. Zur Osterzeit findet man in den Bäckereien des ganzen Landes die *colomba pasquale* (Ostertaube). Sie besteht aus einem leichten, süßen Brotteig und wird mit Mandeln und Zukker bestreut. Der *panettone,* den man mit Sultaninen und kandierten Früchten zur Weihnachtszeit zubereitet, wurde der Legende zufolge im 15. Jahrhundert nach einem Bäcker aus Mailand namens Toni benannt. Wie es in der Geschichte heißt, verliebte sich ein reicher junger Mann in Tonis wunderschöne Tochter, und dieser junge Mann gab Toni Geld, damit er mehr Butter, Eier und kandierte Früchte als andere Bäcker in sein Brot backen konnte. Und so wurde Tonis Brot das feinste in der ganzen Stadt. Man nannte es *pan di Toni* (Tonis Brot), und daraus entstand schließlich *»panettone«.* Zu Allerheiligen und Allerseelen Ende Oktober kommt aus den Backöfen der Bäcker im ganzen Land das herrliche *pan coi santi* (Brot der Heiligen), das mit Nüssen und Rosinen zubereitet wird. Und mit dem *pan di miglio* (Hirsebrot) feiert man in Mailand den Sankt-Georgs-Tag. Dieses flache, runde Brot aus Hirsemehl ist mit Zucker bestreut und wird oft mit frischer Sahne serviert.

Einige von Italiens süßen Broten werden nur dann gebacken, wenn die notwendigen Zutaten erhältlich sind. Ein besonders feines Brot dieser Kategorie ist *panforte* (kräftiges Brot), bei dem es sich eigentlich nicht um ein Brot, sondern vielmehr um einen Fruchtkuchen handelt. Er stammt aus Siena und wird mit reichlich Zimt, Koriander, Nelken und weißem Pfeffer hergestellt und mit seltenen Gewürzen gefüllt, die im Mittelalter auf den Karawanenstraßen aus dem Osten nach Italien gebracht wurden. Damals lagerte man die Gewürze in den kühlen Kellergewölben der gothischen Paläste von Siena, bis sie weiter im Land verteilt wurden. *Panforte* stand in dem Ruf, viele außergewöhnliche, heilsame Eigenschaften zu besitzen, und tatsächlich wurde es in den Apotheken der Stadt zubereitet und verkauft. Heute betrachtet man es einfach als köstliches Gebäck, das in die ganze Welt exportiert wird.

Ob es in der italienischen Küche zuerst Brot, Focaccia oder Pizza gegeben hat, läßt sich vermutlich ebensowenig klären wie die Frage, ob zuerst das Huhn oder das Ei da war. Heute werden – je nach Region – die Begriffe Pizza und Focaccia häufig synonym gebraucht. Grundsätzlich handelt es sich bei beiden um Fladenbrote, auf denen verschiedene pikante Zutaten verteilt werden. In ihrer ursprünglichen Form wurde der Teig vermutlich ohne Hefe zubereitet und auf einem heißen Stein im Feuer gebacken (*focaccia* wird vom lateinischen Wort für Herd abgeleitet). Schon die römischen Schriftsteller Cato und Vergil erwähnen Teigfladen mit einem Belag aus Kräutern, Käse und Honig. Diese Art des Brotes wurde von Bauern als preiswerte, aber sättigende Mahlzeit erfunden und konnte aus einfachsten Zutaten hergestellt werden.

Gewöhnlich ist jedoch der Belag einer Focaccia einfacher gewürzt als der einer Pizza, und meist wird die Focaccia als Imbiß gegessen. Obwohl sie je nach Region unterschiedliche Namen trägt, findet man die Focaccia (wörtlich übersetzt: Kuchen oder Brötchen) in ganz Italien. Aus Ligurien stammt die vermutlich berühmteste Foccacia. Hier gibt es die sogenannten *focaccerie,* wo diese Brotfladen einfach mit Olivenöl und Salz oder mit einem Belag aus milden Zwiebeln oder schwarzen Oliven gebacken werden. In der Toskana, wo man sie mit Kräutern belegt, nennt man sie *schiacciate* (was zerquetscht oder flachgedrückt bedeutet). Schon Domenico Romoli riet dem Hausverwalter, für den Herrn stets einige frische *schiacciate* bereitzuhalten. Wie er empfiehlt, sollten sich in einem guten Brotschrank stets *schiacciate* mit *fiori di sambuco* (Holunderblüten), Zucker und Butter befinden und auch andere Sorten von Fladenbroten, wie etwa die beliebte *schiacciata con l'uva* (mit Trauben), die traditionell zur Erntezeit mit roten Trauben und in süßem *vino santo* gequollenen Rosinen zubereitet wird. Die veneziani-

Panettone »Cova«
Wie es heißt, wurde *panettone* nach einem Mailänder Bäcker des 15. Jahrhunderts namens Toni benannt: Zunächst hieß es *pan di Toni* (Tonis Brot), woraus später *panettone* wurde.

Bauer bei der Feldarbeit, 15. Jahrhundert, Illustration aus Plinius' »Naturalis historia« (»Naturgeschichte«)
In der Tavoliereebene wird seit römischer Zeit Durumweizen angebaut. Aus diesem Getreide wird das Mehl für das berühmte Brot von Apulien hergestellt.

sche Entsprechung für Focaccia ist die *fugazza*. Für sie verwendet man Zucker, Eier und etwas Alkohol, wie etwa Rum.

Auch wenn die Pizza die gleichen Vorfahren hat wie die Focaccia, ihre Heimat ist zweifellos Neapel. So berichteten Reisende im 19. Jahrhundert von Straßenverkäufern, die in den engen Straßen der Stadt unterwegs waren und den Bürgern ihre köstlichen Pizzas anboten. Wenn Kunden ein Stück kauften (kalte Pizza gab es übrigens besonders günstig), klappten sie es in der Mitte zusammen, und während sie weiterschlenderten, ließen sie sich diese *libretti* (Büchlein) schmecken.

Ihre enorme Popularität erlangte die Pizza, als die neapolitanischen *pizzaioli* (Pizzabäcker) dazu übergingen, die beiden besten Produkte der Region – Tomaten und aus Büffelmilch hergestellte Mozzarella – als Belag zu verwenden. Für die klassische *pizza Napoletana* braucht man, neben ein wenig Oregano und einigen Sardellenfilets, nur diese beiden Zutaten. Der Teig für den Boden wird geknetet und in die Luft geworfen, damit ein Fladen entsteht, den man dann im Holzfeuer eines Steinbackofens bäckt. Er sollte durch, aber weich sein, duften und einen erhöhten Rand haben, der *il cornicione* (großer Rahmen) genannt wird.

Die bekanntesten Pizzas sind vermutlich *pizza margherita* und *pizza marinara.* Die *pizza margherita* wurde benannt nach Margherita von Savoyen, die sie während eines Besuches in Neapel im Jahre 1889 probierte und daraufhin zu ihrer Leibspeise erklärte. Für diese Pizza wird anstelle von Sardellen und Oregano eine Handvoll Basilikumblätter verwendet, so daß eine Pizza in den Farben der italienischen Flagge – rot, weiß und grün – entsteht. Auch *La marinara* ist eine einfache Pizza, doch gerade sie erfordert große Geschicklichkeit von einem *pizzaiolo.* Als Belag dienen hier Tomate, Knoblauch, Herzmuscheln, Miesmuscheln und eine großzügige Prise Oregano.

Eine neapolitanische Art der Pizza ist der *calzone.* Ursprünglich handelte es sich dabei um eine lange, an die *calzoni* (Hosen) erinnernde Röhre aus Pizzateig. Diese *calzoni* trug man in Neapel während des 19. Jahrhunderts. Heute wird die runde Teigplatte einfach halbmondförmig gefaltet und mit verschiedenen Zutaten wie Tomaten, Mozzarella, Ricotta und Salami gefüllt. In der heimischen Küche werden häufig viele kleine *calzoni* oder *calzoncini* hergestellt und in Öl ausgebacken. Mitunter bäckt man auch einfach kleine Fladen aus Pizzateig in siedendem Öl aus. Diese winzigen *pizzelle* serviert man heiß mit einem Belag aus frischer Tomatensauce und geriebenem Parmesankäse.

Die Römer hingegen bereiten ihre Pizza auf großen rechteckigen Backblechen zu. Anschließend wird sie in Stücke nach gewünschter Größe geschnitten und nach Gewicht verkauft. Man bekommt sie in einer endlosen Vielfalt von Farben, und besonders köstlich schmeckt sie mit dünnen Kartoffelscheiben belegt. Ganz im Süden Italiens, im sizilianischen Palermo, wird die Pizza *sfinciuni* genannt. Hier ist der Teig etwas dicker als bei der neapolitanischen Version und wird – wie in Rom – rechteckig ausgerollt. Anstelle von Mozzarella dient als Belag der einheimische *caciocavallo,* der aus Kuhmilch hergestellt wird und einen leicht rauchigen Geschmack hat. In einem Rezept für *sfinciuni,* das Nonnen in Palermo erfunden haben sollen, werden als Zutaten durchgedrehtes Fleisch, Wurst, Ricotta und manchmal Grüngemüse verwendet, die man zwischen zwei dünnen Platten Pizzateig bäckt.

Gegen Ende des 19. Jahrhunderts kam die Pizza ins italienische Viertel New Yorks, wo der Neapolitaner Gennaro Lombardi 1895 die erste Pizzeria eröffnete. Die Pizza folgte in der Neuen Welt weiter dem Weg der italienischen Immigranten, wie es später auch in Europa geschehen sollte. Unglücklicherweise veränderte sie dabei jedoch ihren ursprünglichen Charakter. In ihrer Heimatstadt kann man aber mit etwas Glück bei einem echten *pizzaiolo* noch eine traditionelle Pizza mit frischen, unverfälschten Aromen finden, die einfach, aber köstlich ist.

Der heilige Facio verteilt Almosen (Ausschnitt), Andrea Mainardi, bekannt als Il Chiaveghino (1550–1613); Chiesa delle Esquie, Cremona

SEITE 222: *Vorbereitung für ein Bankett* (Ausschnitt), Fresko aus dem Golini-Grab; Museo Archeologico, Florenz
Die griechischen Bäcker, die im Römischen Reich arbeiteten, backten ihr Brot in riesigen Öfen – eine Tradition, die bis in die moderne Zeit erhalten geblieben ist.

Toskanisches Weißbrot; Brot mit Oliven

TOSKANISCHES WEISSBROT

Pane Toscano bianco

Toskanisches Brot gehört vermutlich zu den einfachsten Brotsorten Italiens, ein Brot, das kein Salz enthält und mindestens eine Woche frisch bleibt. Auf den Bauernhöfen wurde es früher sonnabends gebacken, nicht nur für die Familie, sondern auch für die Taglöhner, die auf den Feldern halfen.

In der Toskana hat man Brot noch bis in die jüngste Zeit hinein zu Hause gebacken, und zwar in mit Holz befeuerten Öfen. An Festtagen, wenn das Brot gebacken war, schob man danach auch das Fleisch zum Garen hinein, da der Ofen dann gerade die richtige Temperatur hatte. Und nachdem das Fleisch herausgenommen und die Temperatur noch weiter gesunken war, kamen die *africani* in den Ofen, nahrhafte kleine Kekse, die mit Zucker und Eigelb zubereitet wurden.

10 g frische Hefe
150 ml lauwarmes Wasser
350 g Mehl

Die Hefe im Wasser auflösen.

Das Mehl auf ein Brett häufen. In der Mitte eine Mulde machen und die aufgelöste Hefe hineingeben. Falls notwendig, mehr Wasser hinzufügen und die Mischung kneten, bis ein glatter Teig entstanden ist. Zu einer Kugel formen, in eine mit Mehl ausgestreute Schüssel legen und zum Gehen beiseite stellen, bis die Teigkugel ihr Volumen verdoppelt hat.

Den Teig wieder kräftig durchkneten, zwei ovale Laibe daraus formen und diese noch einmal 30 Minuten gehen lassen, bis ihre Oberfläche leicht rissig ist.

Im auf 200 °C vorgeheizten Backofen 10 Minuten backen. Die Temperatur auf 195 °C herunterschalten und das Brot noch einmal etwa 10 Minuten backen, bis es hell goldbraun ist.

BROT MIT OLIVEN

Pane alle olive

In Italien soll es über 7000 Brotsorten geben – das zumindest schreibt Carol Field in ihrem Buch *»The Italian Baker«* (»Der italienische Bäcker«). Meiner Ansicht nach sind es aber noch mehr, wenn man bedenkt, daß niemand sein Brot genau nach Rezept herstellt. Es ist ein sehr alter Brauch, Brot nicht nur in verschiedenen Formen und aus unterschiedlichen Mehlsorten zu backen, sondern auch mit einer Vielzahl anderer Zutaten, und jede Region hat hier ihre Besonderheiten. Wie Focaccia ist auch Olivenbrot eine Spezialität Genuas.

10 g frische Hefe
180 ml lauwarme Milch
350 g Mehl
1 TL Salz
60 ml natives Olivenöl
120 g schwarze Oliven, entsteint und gehackt

Die Hefe in der Milch auflösen. Das Mehl mit dem Salz auf ein Brett häufen. In der Mitte eine Mulde machen und das Öl hineingießen. Die Zutaten vermischen und dabei die aufgelöste Hefe dazugeben. Den Teig 5 Minuten kneten, dann zu einer Kugel formen. In eine mit Mehl ausgestreute Schüssel legen, abdecken und gehen lassen, bis er sein Volumen verdoppelt hat.

Den Teig wieder kräftig durchkneten. Die gehackten Oliven hinzufügen und gut untermischen. Den Teig in zwei Stücke teilen und zu zwei runden Laiben formen. Noch einmal gehen lassen, bis sie ihr Volumen verdoppelt haben.

Im auf 200 °C vorgeheizten Backofen 20 Minuten goldbraun backen.

WALNUSSBROT, WUNDERVOLL UND NAHRHAFT

Pane di noci meraviglioso e buono

Der unbekannte Autor, von dem dieses Rezept stammt, verfaßte sein Buch im 14. Jahrhundert im venezianischen Dialekt und in einer recht einfachen Sprache. Dennoch hat dieses Buch für uns einigen Wert, da es viele regionale Rezepte enthält und uns die Art dieser Speisen und ihre Zubereitung vor allem über die Region Venetien viel verrät. In diesem Buch finden wir auch zum erstenmal Rezepte, in denen die Tinte von Tintenfischen verwendet wird, sowie Anleitungen, wie man einen noch mit Tinte gefüllten Beutel aus einem Tintenfisch herausnimmt.

Bei diesem Walnußbrot handelt es sich eigentlich um eine Art *focaccia,* ein dünnes Fladenbrot aus Hefeteig. Nach dem modernen Rezept zubereitet, ist es schmackhaft und leicht. Wenn man einige Teelöffel Zucker hinzufügt, wird daraus ein köstliches Dessert (natürlich läßt man in diesem Fall die Zwiebel weg).

> Will man ein Walnußbrot backen, nimmt man Walnüsse, schält und zerreibt sie. Dann fügt man einige gute Kräuter, etwas geriebene Zwiebel und scharfe wie auch süße Gewürze und eine kleine Menge Zucker hinzu. Alle diese Zutaten gibt man in einen Mörser und zermahlt sie zu einer Paste. Dann nimmt man reines Weizenmehl und stellt eine dünne Teigplatte her wie für eine große Lasagne, gibt die Walnußmischung darauf und verknetet alles. Daraus formt man einen Laib, den man auseinanderdrückt, so daß er dünn wie eine Focaccia ist. Er wird in den Ofen geschoben, und wenn er durch ist, nimmt man ihn heraus.

30 g frische Bierhefe
180 ml lauwarme Milch
350 g Mehl
1 EL gehackter frischer Rosmarin
Salz
3 EL natives Olivenöl
180 g Walnüsse, geschält und sehr fein gehackt
1 Zwiebel

Die Hefe in der Milch auflösen.

Das Mehl auf ein Brett häufen, in der Mitte eine Mulde machen und Rosmarin, aufgelöste Hefe, etwas Salz und 2 Eßlöffel Öl hineingeben. Die Zutaten zu einem weichen, glatten Teig verarbeiten. Zum Schluß die Walnüsse hinzufügen und noch einige Minuten kneten. Den Teig zu einer Kugel formen und zum Gehen an einen warmen Platz stellen, bis er sein Volumen verdoppelt hat.

In der Zwischenzeit die geschnittene Zwiebel im restlichen Öl bei schwacher Hitze braten, bis sie glasig ist.

Den Teig noch einmal kräftig durchkneten, dann auf der Arbeitsfläche zu einem 20 cm großen Kreis von 1 cm Dicke ausrollen. Diesen in einer mit Mehl ausgestreuten Kuchenform etwa 30 Minuten gehen lassen.

Die Zwiebel auf dem Teig verteilen und das Brot im auf 200 °C vorgeheizten Backofen etwa 25 Minuten backen. Vor dem Servieren abkühlen lassen.

Walnußbrot, wundervoll und nahrhaft (modernes Rezept)

Die Küche, 15. Jahrhundert, Illustration aus dem *»Theatrum Sanitatis«* (Code 4182), Biblioteca Casanatense, Rom

GEWÜRZBROT AUS BRESCIA

Pane speziale alla bresciana

Dieses Rezept stammt von Giovan Felice Luraschi, einem Mailänder Gastronomen des frühen 19. Jahrhunderts. Es ist ein sehr schweres, süßes Brot und besser geeignet für das Frühstück oder einen Imbiß als für Mittag- oder Abendessen. Zu Mahlzeiten reicht man in Italien traditionell nur einfaches Brot ohne Butter oder andere Zugaben. Es wird links neben dem Eßteller auf einem separaten Tellerchen serviert.

Brotteig wurde früher stets mit frischer Hefe und in reichlichen Mengen zubereitet, um sicherzustellen, daß genug frischer Teig übrigblieb, der am nächsten Backtag als Starter benutzt werden konnte. Um ein Austrocknen des Teiges zu verhindern, legte man ihn in Wasser. Auf diese Weise blieb er weich und konnte mit Mehl vermischt werden (natürlich gab es damals noch keine Kühlschränke, um ihn frisch zu halten).

90 g Rosinen
30 g frische Hefe
180 ml lauwarme Milch
420 g Mehl
Salz
90 g Zucker
½ TL gemahlener Zimt

Die Rosinen etwa 30 Minuten in warmem Wasser quellen lassen. Nach dem Abtropfen trockentupfen. Die Hefe in der Milch auflösen.

Auf ein Brett 350 g Mehl häufen. In der Mitte eine Mulde machen und die aufgelöste Hefe hineingießen. Etwas Salz und den Zucker hinzufügen und alles zu einem glatten, weichen Teig verarbeiten. Mit einem Küchentuch abdecken und zum Gehen an einen warmen Platz stellen, bis der Teig sein Volumen verdoppelt hat.

Den Zimt mit dem restlichen Mehl vermischen und über die Rosinen streuen.

Den Teig kräftig durchkneten. Die Rosinen hinzufügen und aus dem Teig einen ovalen, etwa 5 cm hohen Laib formen. Noch einmal etwa 30 Minuten gehen lassen.

Das Brot im vorgeheizten Backofen bei 200 °C etwa 20 Minuten backen oder so lange, bis es leicht gebräunt ist. Auskühlen lassen, dann aufschneiden und servieren.

Man nimmt ein Pfund reines Weizenmehl, ein Pfund Zucker, ein halbes Pfund Butter sowie etwas warmes Wasser und bereitet aus diesen Zutaten einen Teig zu, etwas weicher als ein Mürbeteig. Daraus formt man einen Kuchen, für den man die folgende Füllung herstellt. Man nimmt ein Pfund blanchierte Mandeln und zerstößt sie zusammen mit einem Eiweiß in einem Mörser. Dann gibt man sie in eine Schüssel und fügt ein Pfund ganze Pinienkerne hinzu sowie ein Pfund Puderzucker, zwei Unzen süße Gewürze, neun Unzen Rosinen und etwas gehackte Zitronenschale. Dies alles knetet man mit etwas Most vom Boden des Weinfasses und gibt etwas davon als Füllung in den Kuchen. Auf die Füllung legt man einen Teigdeckel und ritzt einige Ornamente oder lustige Verzierungen hinein. Dann schiebt man den Kuchen in den Ofen. Nach dem Backen bestreut man ihn mit Zucker.

Verschiedene Küchengeräte, aus Bartolomeo Scappis Werk *»Opera«* (1570); Sammlung Levy Pisetzky, Mailand

Gewürzbrot aus Brescia (modernes Rezept)

Neapolitanische Pizza; Calzone

DIE NEAPOLITANISCHE PIZZA

La pizza Napoletana

Heute gibt es unzählige Pizza-Variationen, und wie bei Spaghetti- oder Reisgerichten sind bei der Zubereitung der Phantasie von Köchen und Köchinnen keinerlei Grenzen gesetzt. Früher einmal galt die Pizza als Speise der armen Leute und wurde aus Mehl, mit etwas Tomate und fast immer ohne Käse gemacht. Den Weg auf die Tische der gehobenen Mittelklasse hat die Pizza erst in jüngerer Zeit gefunden, und am häufigsten serviert man sie dort ganz klein und vorwiegend zu Cocktails oder aber bei kalten Büfetts.

150 ml lauwarmes Wasser
10 g frische Bierhefe
500 g Mehl
1 EL Salz
60 ml natives Olivenöl
500 g Eiertomaten, abgezogen und längs halbiert
300 g Mozzarella, in Scheiben geschnitten
2 EL Kapern, abgetropft
6 Sardellenfilets

Das warme Wasser in eine Schüssel gießen und die Hefe darin auflösen.

Das Mehl auf ein Brett häufen, in der Mitte eine Mulde machen und die aufgelöste Hefe hineingeben. Das Salz hinzufügen. Die Zutaten zu einem glatten, elastischen Teig verarbeiten. Den Teig kräftig kneten, dann mehrmals ausrollen und wieder zusammennehmen. Schließlich zu einer Kugel formen, in eine mit Mehl ausgestreute Schüssel legen und mit einem Tuch abdecken. Den Teig etwa 2 Stunden gehen lassen oder bis er sein Volumen verdoppelt hat.

Dann noch einmal mehrere Minuten kräftig durchkneten und dabei mehrmals auf die Arbeitsfläche schlagen. Zu einem Kreis von 25 cm Durchmesser und ½ cm Dicke ausrollen – die Ränder sollten etwas dicker sein. In eine geölte Pizzaform legen.

Tomaten, Mozzarella, Kapern und Sardellen auf dem Boden verteilen. Etwas Salz und das restliche Öl darübergeben. Im vorgeheizten Backofen bei 200 °C auf mittlerer Schiene etwa 25 Minuten backen oder so lange, bis der Teig braun zu werden beginnt.

DER CALZONE

Il calzone

Ein Calzone ist eine Tasche, die aus dem gleichen Teig gemacht wird wie eine Pizza. Mit was sie gefüllt wird, bleibt der Phantasie des Kochs überlassen. Eine der Füllungen mit der längsten Tradition besteht aus Schinken und *scamorza,* einem Käse, der ähnlich wie Mozzarella schmeckt. In dem kleinen, aber bekannten Mailänder Restaurant »Paper Moon« bekommt man einen Calzone, der besonders einfach, aber aus diesem Grund auch äußerst beliebt ist. Dieser Calzone hat gar keine Füllung, ist jedoch recht hoch und mit einer Scheibe Prosciutto bedeckt, die erst im letzten Moment daraufgelegt wird, wenn der Calzone bereits fertig ist. Das Rezept stammt aus einem sehr alten Buch, das sich im Besitz einer neapolitanischen Familie befindet.

300 g Zwiebeln, in dünne Scheiben geschnitten
90 ml natives Olivenöl
500 g Brotteig (siehe Rezept für toskanisches Weißbrot, Seite 224)
180 g gekochter Schinken, in Scheiben geschnitten
180 g Ricotta

Die Zwiebeln in einer Pfanne mit 3 Eßlöffeln Öl bei mittlerer Hitze braten, ohne sie zu bräunen.

Den Teig etwa 2 mm dick ausrollen und mit einem Teigrädchen in 10 cm große Quadrate schneiden.

Die Zwiebeln auf die Teigquadrate verteilen. Jeweils eine Scheibe Schinken, 1 Eßlöffel Ricotta und etwas Öl dazugeben. Eine Ecke jedes Teigquadrates schräg über die Füllung falten, so daß Dreiecke entstehen. Die Ränder gut zusammendrücken.

Ein Backblech mit Mehl bestreuen und die Calzoni daraufsetzen. Mit Öl bestreichen und im vorgeheizten Backofen bei 200 °C etwa 15 Minuten backen.

Die Ernte (1877), Federico Pastoris, Holzschnitt aus *»L'Illustrazione Italiana«;* Biblioteca Sormani, Mailand
In der süditalienischen Region Kampanien bringt die fruchtbare vulkanische Erde reiche Ernten.

Die Zubereitung eines Fladenbrotes mit verschiedenen Zutaten, das die Neapolitaner PIZZA nennen

Per fare torta con diverse materie, dai Napoletani detta pizza

Bartolomeo Scappi, ein Koch des 16. Jahrhunderts, der vermutlich aus Bologna stammte, kam unter anderem wegen eines Banketts zu Ruhm, welches er anläßlich der Feierlichkeiten zum ersten Amtsjubiläum von Papst Pius V. zubereitet hatte. Scappi liefert einige interessante Hinweise auf die Kultur der Renaissance und beleuchtet damit die Sitten jener Zeit. So wird im ersten Band seines Werkes nicht nur die Ausstattung der Küche beschrieben, sondern auch, an welcher Stelle des Hauses sie sich befinden sollte: »... vor allem glaube ich, daß die Küche etwas abseits, in einem nicht allgemein zugänglichen Bereich liegen sollte. Dafür gibt es verschiedene Gründe, ... wie um die Belästigungen durch Menschenansammlungen zu vermeiden oder um die nahegelegenen Wohnbereiche des Hauses vor dem Lärm zu schützen, der zwangsläufig in diesem Raum gemacht wird.«

Ein Fladenbrot, das die Neapolitaner Pizza nennen

Das folgende alte Rezept ist für eine gehaltvolle süße Pizza, doch wir sollten uns erinnern, daß man in früheren Tagen, anders als heute, nicht zwischen süß und herzhaft unterschied. Das moderne Rezept ist ein Klassiker aus Neapel.

Man braucht sechs Unzen geschälte Mandeln, vier Unzen Pinienkerne, drei Unzen frische Datteln ohne Steine, drei Unzen frische Feigen und drei Unzen Sultaninen. Alles das zerreibt man in einem Mörser und beträufelt die Mischung mit Rosenwasser, so daß eine Art Paste entsteht. Zu diesen Zutaten fügt man acht rohe frische Eigelb, sechs Unzen Zucker, eine Unze zerstoßenen Zimt, anderthalb Unzen *mostaccioli* (kleine harte Kekse mit kandierten Früchten und Traubenmost), die zu einem Pulver vermahlen wurden, und vier Unzen Rosenwasser hinzu. Wenn all dies gut vermischt ist, legt man eine Kuchenform mit Marzipan aus, macht einen Rand damit und gibt die Mischung, vermengt mit vier Unzen Butter, hinein. Dabei ist darauf zu achten, daß sie nicht höher als zweieinhalb Zentimeter ist. Dann bäckt man den Kuchen ohne Abdeckung im Ofen und serviert ihn nach Wunsch heiß oder kalt. Auf diese Pizza kann beinahe jede würzige Zutat gegeben werden.

3 EL Rosinen
6 Knoblauchzehen, gehackt
3 EL natives Olivenöl
6 Sardellenfilets in Öl
500 g Endivie (oder Feldsalat), in Streifen geschnitten
Salz und frisch gemahlener Pfeffer
30 g frische Hefe
180 ml lauwarmes Wasser
350 g Mehl
2 EL Pinienkerne

Die Rosinen etwa 30 Minuten in warmem Wasser einweichen. Abtropfen lassen und trockentupfen.

In einer Pfanne den Knoblauch behutsam in Öl sautieren. Die Sardellenfilets hinzufügen und garen, bis sie zerfallen. Endivienstreifen und Rosinen dazugeben. Den Pfanneninhalt salzen und pfeffern und zugedeckt bei schwacher Hitze etwa 10 Minuten garen.

Die Hefe in dem lauwarmen Wasser auflösen und etwa 10 Minuten zum Gehen beiseite stellen.

Das Mehl auf ein Brett häufen. In der Mitte eine Mulde machen und die aufgelöste Hefe hineingeben. Die Zutaten vermischen und etwa 10 Minuten kneten, bis der Teig glatt und weich ist. An einem warmen Platz gehen lassen, bis er sein Volumen verdoppelt hat.

Den Teig auf einem bemehlten Brett noch einmal kräftig durchkneten. Zu einem ½ cm dicken Kreis ausrollen. Diesen in eine mit Mehl ausgestreute Pizzaform legen.

Der Monat August (Ausschnitt), 15. Jahrhundert, Fresko; Castello del Buonconsiglio, Trient

Die vorbereitete Endivienmischung darauf verteilen und die Pinienkerne darüberstreuen. Im vorgeheizten Backofen bei 200 °C etwa 25 Minuten backen, bis die Pizza hellgoldbraun ist. Auf eine große, runde Platte legen und servieren.

ZWIEBEL-SCHIACCIATA

Schiacciata alle cipolle

Eine andere alte Art der Pizza ist die *focaccia,* die in der Toskana mitunter auch *schiacciata* genannt wird. Wie Pizza wird sie aus Brotteig hergestellt, aber sie hat einen sehr viel einfacheren Belag.

In vielen Regionen Italiens wird die *schiacciata* auch *pizza bianca* (weiße Pizza) genannt, weil man sie mit einer Vielzahl von Dingen – jedoch nie mit Tomaten – belegt. Auf die ursprüngliche *schiacciata* wird nur Öl und Salz gegeben, aber es gibt viele Variationen, und am beliebtesten sind solche, die mit gehackten Kräutern wie Salbei oder Rosmarin bestreut wurden. Eine besonders dünne Art der *schiacciata* wird in der Toskana auch *ciaccino* genannt.

30 g frische Bierhefe
150 ml lauwarmes Wasser
500 g Mehl
500 g Zwiebeln, in dünne Scheiben geschnitten
60 ml natives Olivenöl
Salz

Die Hefe im Wasser auflösen.

Das Mehl auf ein Brett häufen. In der Mitte eine Mulde machen und die aufgelöste Hefe hineingeben. Einen weichen Teig herstellen, falls notwendig, noch etwas Wasser hinzufügen. Den Teig mindestens 10 Minuten kneten, zu einer Kugel formen und in eine mit Mehl ausgestreute Schüssel legen. Abdecken und zum Gehen beiseite stellen, bis er sein Volumen verdoppelt hat.

Den Teig noch einmal kurz durchkneten, dann zu einem Kreis von 20 cm Durchmesser und 1 cm Dicke auseinanderdrücken und auf ein bemehltes Backblech legen. Zum Gehen 30 Minuten beiseite stellen.

In der Zwischenzeit die Zwiebeln in einer Pfanne bei mittlerer Hitze einige Minuten im Öl glasig braten. Dann auf die Schiacciata streuen und salzen. Im vorgeheizten Backofen bei 200 °C backen, bis der Teig braun zu werden beginnt.

Vor dem Servieren etwas abkühlen lassen.

Zwiebel-Schiacciata

VOLLKORN-GRISSINI

Grissini integrali

Piemont ist seit langer Zeit für seine Brotstangen berühmt, die heute nicht nur in ganz Italien, sondern überall auf der Welt gegessen werden. In guten Bäckereien werden die piemontesischen Grissini nach wie vor von Hand hergestellt, oft aus Vollkornmehl. Der Hartweizengrieß macht sie leicht und knusprig. Man reicht sie zusammen mit Brot, und wie Brot werden sie gewöhnlich ohne Butter gegessen.

10 g frische Hefe
150 ml lauwarmes Wasser
120 g Mehl, Type 405
180 g Weizenvollkornmehl
120 g Hartweizengrieß
1 TL Salz
2 EL natives Olivenöl

Die Hefe in dem Wasser auflösen.

In einer Schüssel die beiden Mehlsorten gründlich untereinandermengen. Anschließend die in Wasser aufgelöste Hefe, 90 g Hartweizengrieß, Salz, Olivenöl und Wasser hinzufügen, alles gut vermischen und etwa 10 Minuten kneten, um einen glatten Teig herzustellen. In eine mit Mehl ausgestreute Schüssel legen und gehen lassen, bis der Teig sein Volumen verdoppelt hat.

Den Teig noch einmal kräftig durchkneten und dann zu bleistiftdicken, langen Stangen formen. Diese in dem verbliebenen Hartweizengrieß wälzen.

Die Stangen im auf 200 °C vorgeheizten Backofen 15 Minuten backen oder so lange, bis sie leicht gebräunt sind.

Vollkorn-Grissini

Bankettszene, Marcello Fogolino (1480–1548); Castello, Malpaga

SALZGEBÄCK

Biscotti salati

Dieses alte Rezept, das von einem Bäcker namens Bianchi aus dem Dörfchen Gaiole in der Toskana entdeckt wurde, ist in meiner Kochschule ein enormer Erfolg. Die Kräcker schmecken herrlich und bleiben in einem luftdicht verschlossenen Behälter mindestens zwei Wochen frisch. Sie schmecken köstlich zu einem Glas gutem Weißwein, und sie können auf vielfältige Weise variiert werden, etwa indem man dem Teig sehr fein gehackte Kräuter wie Rosmarin, Salbei oder Thymian beziehungsweise Kreuzkümmel oder Fenchelsamen hinzufügt.

10 g frische Hefe
150 ml lauwarmes Wasser
250 g Mehl, Type 405
120 g Weizenvollkornmehl
1 EL Salz
90 ml natives Olivenöl

Die Hefe in dem warmen Wasser auflösen.

In einer Schüssel Mehl, Salz, 3 Eßlöffel Olivenöl und die aufgelöste Hefe vermischen und kneten, bis ein glatter Teig entstanden ist. Den Teig zu einer Kugel formen, in eine mit Mehl ausgestreute Schüssel legen und zum Gehen beiseite stellen, bis er sein Volumen verdoppelt hat und die Oberfläche leicht rissig ist.

Den Teig auf der bemehlten Arbeitsfläche zu einem Rechteck von ½ cm Dicke ausrollen. Mit einem Messer Quadrate markieren und jedes mit einer Gabel einstechen.

Die Teigplatte mit dem restlichen Olivenöl bestreichen und mit etwas Salz bestreuen. Im auf 200 °C vorgeheizten Backofen 10 Minuten backen. Die Kräcker trennen und noch einmal 5 Minuten backen. Auskühlen lassen.

Salzgebäck

Saucen, Marmeladen und Eingemachtes

Saucen, Marmeladen und Eingemachtes

Während die Köche der Renaissance eine Leidenschaft für schwere, arbeitsaufwendige Saucen hatten, bevorzugen moderne Italiener die unverfälschten frischen Aromen der Zutaten.

Zweifellos sind auch in Italien feine Kräutersaucen oder pikante, kräftige Tomatensaucen beliebt, aber die mit viel Mühe zubereiteten ausgefallenen Saucen der Franzosen beispielsweise findet man in der italienischen Küche nicht. Und ungeachtet der Tatsache, daß einige dieser einfachen, schnell zuzubereitenden Saucen zu zeitlosen Klassikern geworden sind, haben italienische Köche eine leichte Hand dafür bewahrt, ihre Pasta mit einer einfachen, aber köstlichen Sauce oder Braten im eigenen Saft zu servieren. Viele der ungemein schweren Saucen vergangener Tage verdankten ihre Entstehung Einflüssen von außen.

In der Handschrift eines Venezianers der Renaissance findet sich ein Rezept mit dem geheimnisvollen Namen *salsa Sarasinesca* (sarazenische Sauce), das vermutlich von den Kreuzfahrern zurück nach Italien gebracht wurde. Die Zutaten haben das exotische Flair Arabiens und sind typisch für jene, die die Renaissanceküche prägen sollten, nämlich Mandeln, Rosinen, Ingwer, Muskatnuß und Nelken, vermischt mit *agresto* (Saft aus unreifen Trauben).

Die Handschrift eines unbekannten Toskaners aus dem 14. Jahrhundert, die den Titel *»Libro della Cocina«* (»Buch vom Kochen«) trägt, enthält ein Rezept für eine Sauce aus Fenchelblüten und Eigelb, die mit Safran, Zimt, Nelken und Kardamom gewürzt wird. Seltsamerweise empfiehlt der Verfasser, sie im September zuzubereiten und mit Eiern zu servieren. Während des 17. und 18. Jahrhunderts verwendete man dann in den Küchen der vornehmen Häuser üppige, schwere Saucen, von denen viele französischen oder österreichischen Ursprungs waren. Dies war besonders in den äußeren Regionen des Nordens und Südens üblich, die aufgrund politischer und geographischer Gegebenheiten vom Ausland beeinflußt wurden.

Zu den großen Klassikern der italienischen Küche gehört die *salsa di pomodoro* (Tomatensauce). Diese schmackhafte Sauce ist typisch für alle regionalen Küchen von der Toskana in Mittelitalien bis nach Sizilien ganz im Süden. Hausgemachte Tomatensauce wird aus frischen, reifen Eiertomaten zubereitet. Man zieht die Tomaten ab, schneidet sie in Viertel und köchelt sie dann zwei Stunden mit den üblichen aromatischen Kräutern und Gewürzen sowie etwas Salz und Zucker. Wichtig ist, daß während des Garens das gesamte in den Tomaten enthaltene Wasser verdampft. So entsteht eine konzentrierte, aromareiche Sauce von perfekter Konsistenz, die nicht einmal durch ein Sieb gestrichen werden muß. Man kann zum Würzen eine Handvoll frischer Basilikum- oder Majoranblätter dazugeben, doch müssen Frische und Duft der Tomaten stets dominieren. Auf dem Land ernten kluge Köche im Spätsommer speziell kultivierte Kirschtomaten, die hoch oben an Balken von Lagerräumen aufgehängt werden, wo sie langsam reifen, um während des Winters frisch für *salsa di pomodoro* zur Verfügung zu stehen. Heute kann man Eiertomaten aber auch einfrieren und bei Bedarf in kochendem Wasser wieder auftauen, um eine Sauce daraus zuzubereiten.

Seite 234/235: *Stilleben mit Früchten,* Vincenzo Campi (1536–1591); Pinacoteca di Brera, Mailand
Schon in römischer Zeit spielten Saucen in der italienischen Küche eine wichtige Rolle. Apicius verfaßte Rezepte für Saucen aus Früchten und Nüssen, die mit Gewürzen und Kräutern aromatisiert wurden.

Seite 236: *Stilleben mit Früchten und Blumen* (Ausschnitt), Giovan Battista Ruoppolo (1629–1693); Museo Nazionali di Capodimonte, Neapel
Während der Renaissance waren die italienischen Saucen üppig und schwer und enthielten häufig sowohl herzhafte wie süße Zutaten.

Im allgemeinen bleiben Italiens Köche und Köchinnen jedoch der Tradition treu und verwenden ihre aromatischen *pomodori in conserva* (eingemachte Tomaten), die jedes Jahr während August und September eingemacht werden, wenn die saftigen San-Marzano-Tomaten reif sind. Man zieht sie ab und legt sie ganz mit einigen Blättern Basilikum in Gläser, die dann fest verschlossen, in Papier eingewickelt und etwa eine halbe Stunde in kochendes Wasser gestellt werden. Nach dem Abkühlen kommen die Gläser in die Speisekammer, bis ihr Inhalt gebraucht wird, um Pasta-, Gemüse- oder Fleischgerichten die Farbe und das Aroma des Sommers zu verleihen. Und sollte dieser Vorrat nicht den ganzen Winter über reichen, gibt es auch im Handel eine Reihe *pomodori in conserva* von hoher Qualität.

Eine herrliche Sauce aus Norditalien, die in verschiedenen Abwandlungen die Jahrhunderte überdauert hat, ist die *salsa verde* (grüne Sauce). Diese angenehm säuerliche, grüne Sauce besteht aus zwei Grundzutaten – Petersilie und Essig – und wird traditionell zu gekochtem Fleisch, Fisch und Eiern gereicht, schmeckt aber auch zu vielen anderen Gerichten. Erstmals erscheint sie in der Schrift eines unbekannten Venezianers aus dem 14. Jahrhundert mit dem Titel *»Libro per Cuoco«* (»Das Buch für den Koch«), wo sie, mit Ingwer, Nelken und Zimt gewürzt, als Beilage für gekochte Speisen empfohlen wird. In einem anderen Werk aus dem frühen 15. Jahrhundert mit dem Titel *»Due Libri di Cucina«* (»Zwei Kochbücher«), das von einem unbekannten Süditaliener geschrieben wurde, gehören zu den Zutaten Knoblauch, »ein paar Brotkrumen« und Minze. Im 19. Jahrhundert waren diese Gewürze aber nicht mehr gebräuchlich. So wird bei Artusi die Sauce kräftig mit Sardellen, Kapern, einer kleinen Zwiebel, »sehr wenig« Knoblauch und Olivenöl gewürzt, denen er noch einige frische Basilikumblätter hinzufügt.

Etwas ganz Besonderes ist der seltene, köstliche *balsamico,* den man in Modena und Reggio nell'Emilia in der Emilia-Romagna herstellt. Obwohl er als Essig bezeichnet wird, handelt es sich hier um eine einzigartige Würzmischung, die viele Gerichte großartig ergänzt. *Balsamico* wird aus dem unvergorenen Most der süßen Trebbianotrauben hergestellt, den man sehr langsam in Kupfertöpfen zu einem dicken Sirup einkocht. Diesem wird dann Essig zugefügt. Der wunderbare *balsamico tradizionale* muß mindestens zehn Jahre in einer Reihe von Fässern

Stilleben, Tommaso Salini (1575–1625); Museo di Milano, Mailand
Wein und Öl bilden die Grundlage für die meisten italienischen Saucen, daher sind sie viel leichter als die Saucen anderer europäischer Küchen.

Kinder ernten Früchte, Wandteppich; Palazzo Pitti, Florenz
Eine klassische Würze aus der Emilia-Romagna ist der *balsamico,* ein Essig aus dem unvergorenen Most der süßen Trebbianotrauben.

reifen, die – wegen der verschiedenen Aromen – alle aus verschiedenen Harthölzern bestehen. Während der Reife wird er mit älterem *balsamico* verschnitten. Dieses langwierige Verfahren, dessen Tradition bis ins Hochmittelalter zurückgeht, setzt erhebliche Kenntnisse voraus. Im Jahr 1046 jedenfalls schenkte Herzog Bonifacio di Canossa dem Kaiser Heinrich III. ein Faß feinen Essig, bei dem es sich vermutlich um *balsamico* gehandelt hat. Während der Renaissance sollen die Herzöge von Este ihren eigenen *aceto ducale* (herzoglichen Essig) gehabt haben, der nicht nur in der Küche, sondern auch als Elixier und Stärkungsmittel verwendet wurde. Auch heute noch stellen einige Produzenten liebevoll echten *balsamico tradizionale* her, aber es sind auch billigere, weniger edle Produkte auf dem Markt, die aus Rotweinessig und einem Karamelzusatz bestehen.

Echter *balsamico* hat eine etwas dickflüssige Konsistenz, eine leuchtenddunkelbraune

Korb mit Früchten, Michelangelo Merisi, genannt Caravaggio (1573–1610); Pinacoteca Ambrosiana, Mailand
Dieses Bild gehört möglicherweise zu den ersten Stilleben, die jemals gemalt wurden. Caravaggio stellte dem manieristischen Stil seiner Zeitgenossen einen revolutionären Realismus entgegen.

Farbe, einen intensiven Duft und einen angenehmen süßlich-sauren Geschmack. Bei vielen Gerichten kann der Geschmack durch Hinzufügen von *balsamico* gehoben werden, und mit etwas Weinessig verdünnt, eignet er sich ausgezeichnet zum Anmachen von Salat. Wenn man ihn über Erdbeeren gibt, erhält man ein ganz besonderes Dessert. Darüber hinaus eignet er sich hervorragend zum Würzen von Fleisch. Man kann ihn in Marinaden für Braten geben, in den Topf, wenn man Bratensatz ablöscht, oder man träufelt ein wenig davon auf gegrilltes Fleisch.

Eine andere Beigabe zu gekochtem Fleisch, die Elizabeth David mit »altberühmt und wunderbar« bezeichnet, sind die *mostarda di Cremona* aus Norditalien (insbesondere der Lombardei). Eigentlich handelt es sich dabei nicht um eine Sauce, sondern um eine ungewöhnliche, aber köstliche Mischung aus ganzen Früchten – Kirschen, Feigen, Birnen, Pflaumen, Aprikosen und Melonenscheiben –, die in einen dicken Zuckersirup eingelegt und mit Senf, Honig und Weißwein gewürzt werden. Die Samen des schwarzen Senfs *Sinapis nigra* sind – zusammen mit Pfeffer – seit römischer Zeit eines der wichtigsten und beliebtesten Gewürze. Nach Pflanzenkundigen des Mittelalters besitzt Senf auch Heilkräfte. So regt er den Appetit an und fördert die Verdauung. Und im 16. Jahrhundert empfahl Domenico Romoli die Samen des Senfes nicht nur als Heilmittel für Zahnschmerzen und Blähungen, sondern auch als wirkungsvolles Aphrodisiakum.

Renaissanceköche schätzten den Senf wegen seines scharfen, intensiven Geschmacks und mischten die zerriebenen Samen mit Honig, Essig und anderen Gewürzen, um sie ihren Speisen hinzuzufügen. Wahrscheinlich hatte jeder Koch seine eigene Rezeptvariante. Oder sie kombinierten sie mit *mosto* (Traubenmost) und anschließend mit in Zucker gegarten Früchten. Von der alten Vorliebe für diese süß-scharfen Senffrüchte zeugt das über Jahrhunderte erhaltene Rezept für *mostarda Veneta,* die aus Quitten bereitet und zu Schweinefleisch gereicht wird. Obwohl man sie auch heute noch zu Hause herstellt, ist es im allgemeinen üblich, sie im Handel zu kaufen.

Die zahlreichen *confetture* der Renaissance aus Früchten und Zucker waren die Vorläufer von Marmeladen und Konfitüren. Cristoforo di Messisbugo führt zum Beispiel *zuccheri di monache* (Nonnenkonfitüren) an, die aus in Zuckersirup gegarten Nüssen, Schalen von Zitronen und anderen Zitrusfrüchten, Mandeln, Orangen, Birnen und anderen Früchten bestanden. Bei Banketten gehörten sie zu den *piatti di credenza* (kalte Speisen vom Büfett). Heute werden sowohl *confettura* (Konfitüre) als auch *marmellata* (Marmelade) aus Fruchtstücken gemacht und zu Hause hergestellt. Aber da es in Italien nicht so weit verbreitet ist, zum Frühstück Brot oder Brötchen mit Butter und Marmelade zu essen, sind sie dort nicht so beliebt wie in anderen Ländern.

Eine außergewöhnliche italienische Delikatesse aus Obst und Zucker ist die *cotognata.* Für sie kocht man pürierte Quitten zu einer köstlichen Paste ein, die man 2½ cm dick auf Bleche streicht und in der Sonne trocknet. Man kann sie, in kleinen Schachteln abgepackt, kaufen und aufschneiden, um sie als exquisites Naschwerk nach dem Essen zu servieren.

Stilleben mit Kupferkrug, Rosen, Weintrauben, Holunderblüten und Äpfeln, unbekannter florentinischer Maler, 17. Jahrhundert; Palazzo Pitti, Florenz
Die *confetture* der Renaissance aus Früchten und Zucker waren die Vorläufer der heutigen Marmeladen und Konfitüren.

KRÄUTERSAUCE

Salsa verde

Aus dem 14. Jahrhundert ist ein Rezept überliefert, in dem ein unbekannter venezianischer Verfasser die Zubereitung von *savore de ruga* oder Raukensauce beschreibt, die viel Ähnlichkeit mit der heutigen *salsa verde* hat.

Diese Sauce wird traditionell zu *bollito misto* gereicht, eignet sich aber – wenn man den Essig und das Brot wegläßt – auch ausgezeichnet als leichte Sauce für Spaghetti. Im allgemeinen wird *salsa verde* aus Petersilie hergestellt, in Siena jedoch verwendet man in der entsprechenden Saison Estragon. Manchmal werden auch eine feingehackte Einlegegurke und/oder einige gehackte eingelegte Zwiebeln hinzugefügt.

1 EL altbackenes Landbrot
60 ml Rotweinessig
3 EL Petersilie, gehackt
Salz und frisch gemahlener Pfeffer
1 hartgekochtes Ei, gehackt
1 EL Kapern, abgetropft und gehackt
500 ml natives Olivenöl

Das Brot 10 Minuten im Essig einweichen. Abtropfen lassen und ausdrücken.

Das Brot mit Petersilie, Salz, Pfeffer, gehacktem Ei und Kapern vermischen. Das Olivenöl hinzufügen und sorgfältig unterrühren. Die Sauce in eine Schüssel geben und servieren.

KNOBLAUCHSAUCE IN VERSCHIEDENEN FARBEN

Agliata bianca, morella, verde e gialla

Früher war es fast obligatorisch, zu Fleisch- und Fischgerichten Saucen zu reichen, die sehr gehaltvoll waren. Diese Sauce von Cristoforo di Messisbugo hat große Ähnlichkeit mit einer Walnußsauce, die man heute in Ligurien auf *pansoti* (eine Art Ravioli) serviert.

Diese Sauce weist darüber hinaus die Farb- und Geschmacksvariationen auf, die in damaliger Zeit sehr beliebt waren und fast immer auf einer Kombination von süßen und würzigen Zutaten beruhten, denen man aller-

Kräutersauce

Knoblauchsauce in verschiedenen Farben (modernes Rezept)

Man nimmt geschälte Walnüsse und säubert sie, Weißbrot ohne Kruste, das zuvor in etwas guter Brühe und Knoblauch eingeweicht wurde, und Salz. Alle diese Dinge verreibt man gut und verdünnt sie dann nach Belieben mit guter Fisch- oder Fleischbrühe. Wer keinen Knoblauch mag, gibt Pfeffer und Wacholder dazu. Soll die Sauce gelb werden, fügt man Safran hinzu. Für eine braune oder rötliche Sauce nimmt man einige Karubensamen, putzt sie und kocht sie in Wasser. Dann drückt man den äußeren Teil, die Schoten, mit etwas Brühe durch ein Sieb und bringt ihn zum Kochen. Von dem Püree mischt man etwas in die *agliata*, dementsprechend, wie hell oder dunkel sie werden soll. Wer sie lieber grün färben will, verwendet statt dessen Petersilien- oder Mangoldsaft. Man gart das Grüngemüse, bis es weich und dick ist, drückt es durch ein Sieb und verdünnt es mit Brühe, um es dann in die Sauce zu rühren. Diese kann man getrennt reichen, zu Fleisch- oder Fischspeisen oder auf *maccheroni*.

lei Gewürze hinzufügte. (Gewürze waren damals in Italien noch nicht lang bekannt. Zunächst hatten sie die Kreuzritter, später venezianische Seefahrer aus dem Osten mitgebracht.)

1 Handvoll Brot, ohne Kruste
250 ml klare Hühnerbrühe
6 Knoblauchzehen
180 g Walnüsse, geschält
90 ml natives Olivenöl
Salz und frisch gemahlener Pfeffer

Das Brot in der Brühe einweichen, dann ausdrücken.

Den Knoblauch und die Walnüsse in einem Mörser mit dem Brot verreiben. Dann nach und nach etwas Öl hinzufügen und dabei immer weiter zerstoßen.

Die Sauce salzen und pfeffern. Falls sie zu dick ist, noch etwas Brühe dazugeben.

FENCHELSAUCE

Salsa al finocchio

Wie bereits an anderer Stelle erwähnt, reichte man zu Fleisch und Fisch gewöhnlich eine Sauce. Heute ist das allgemein nicht mehr üblich; wenn man es dennoch tut, bereitet man meist leichtere Saucen zu, oft mit Gemüsen.

Nach dem folgenden Rezept kann man auch Saucen aus Zucchini, Artischocken, Broccoli oder Paprikaschoten herstellen. Die Fenchelsauce paßt besonders gut zu im Backofen gebratener Schweinelende.

1 Fenchelknolle, grob gehackt
45 g Butter
1 EL natives Olivenöl
250 ml trockener Weißwein
120 ml Milch

Den gehackten Fenchel mit 30 g Butter, dem Öl und etwas Wasser in einen Schmortopf geben. Den Wein hinzufügen und den Fenchel zugedeckt bei schwacher Hitze garen, bis er weich ist.

Dann im Mixer mit der restlichen Butter und der Milch cremig pürieren. Vorsichtig wieder erhitzen. In eine Sauciere füllen und servieren.

Der Gemüsehändler, Giuseppe Maria Mitelli (1634–1718); Biblioteca Nazionale Centrale, Florenz

Tag der Madonna dell' Imbevera, 19. Jahrhundert, Lithographie; Graphische Sammlung, Mailand

TOMATENSAUCE

Salsa di pomodoro

Bevor im 16. Jahrhundert die Tomate eingeführt wurde, verwendete man in Italien Granatapfelsamen, um säuerliche Saucen wie diese zuzubereiten.

Salsa di pomodoro ist die vielleicht typischste Sauce der italienischen Küche. Wenn sie richtig zubereitet und nicht zu stark gewürzt wird, ist sie darüber hinaus leicht und nahrhaft. Die Tomaten müssen vollreif sein und werden einfach abgezogen – die Kerne entfernt man jedoch nicht, weil sie ein wichtiger Ballaststofflieferant sind, den Geschmack unterstreichen und der Sauce die richtige Konsistenz verleihen. Am besten wird die Sauce möglichst langsam bei niedriger Temperatur gegart; denn je länger es dauert, bis die Sauce die richtige Konsistenz hat (das heißt, bis das in den Tomaten enthaltene Wasser verdampft ist), um so intensiver ist das Aroma. Es ist auch nicht unbedingt notwendig, die Sauce am Ende der Garzeit durch ein Sieb zu drücken. Dies tut man nur bei besonders feinen Gerichten.

1 kg Eiertomaten
2 Knoblauchzehen, gehackt
1 EL Zwiebel, gehackt
1 EL Petersilie, gehackt
1 EL Möhre, gehackt
1 EL Bleichsellerie, gehackt
90 ml natives Olivenöl
1 EL Zucker
Salz und frisch gemahlener schwarzer Pfeffer
1 Handvoll frische Basilikumblätter, in kleine Stücke gezupft

Die Tomaten 10 Minuten in kochendem Wasser blanchieren. Abziehen und in Viertel schneiden.

Knoblauch, Zwiebeln, Petersilie, Möhre und Bleichsellerie in 60 ml Öl sautieren, bis die Zwiebel glasig ist.

Tomaten und Zucker hinzufügen, salzen und pfeffern. Zugedeckt bei schwacher Hitze etwa 2 Stunden garen, bis die gesamte Flüssigkeit eingekocht ist, dabei gelegentlich umrühren. Den Topf von der Kochstelle nehmen und das Basilikum hineinrühren. Servieren.

Fenchelsauce; Tomatensauce; Thunfischsauce

THUNFISCHSAUCE

Salsa tonnata

Auch wenn die Mayonnaise erst vor etwa einem Jahrhundert aus Frankreich eingeführt worden ist, gehört sie heute zu den für die italienische Küche besonders typischen Saucen.

Unterdessen sind viele Variationen des Grundrezeptes entstanden. Diese Version eignet sich besonders gut für einen *vitello tonnato* (für die klassische Sauce zu diesem Gericht vermischt man den Saft des Kalbsbratens mit Thunfisch). Darüber hinaus schmeckt sie auch in einem Reiskranz serviert (kalt) ausgezeichnet. Oder man höhlt Tomaten in der Mitte etwas aus und füllt diese Sauce hinein – ein wunderbares Sommergericht.

2 Eigelb
1 ganzes Ei
Eine Prise Salz
250 ml natives Olivenöl
250 g Thunfisch aus der Dose, abgetropft
6 Sardellenfilets, in Olivenöl eingelegt
2 EL Kapern, abgetropft
Saft von 2 Zitronen
60 ml Milch

Im Mixer Eigelb, das ganze Ei und Salz vermischen. Das Gerät eingeschaltet lassen, während langsam das Öl hinzugefügt wird, bis eine Mayonnaise entstanden ist.

Thunfisch, Sardellen, Kapern und Zitronensaft dazugeben und gut untermischen. Nach und nach die Milch hineinrühren, bis die Sauce dick und cremig ist.

»ROSEN« IN ZUCKERSIRUP

Conserva di rose intiere

Dieses Rezept stammt aus dem Buch des Bolognesers Bartolomeo Stefani *»L'Arte di Ben Cucinare et Instruire i Men periti in Questa Lodevole Profession«* (»Über die Kunst des guten Kochens und Belehrung jener, die in diesem lobenswerten Beruf keine Experten sind«), der Koch am Hof der Gonzaga war. 1662 wurde es in Mantua veröffentlicht. Aufgrund einer Beschädigung des Originals ist das Faksimile nicht vollkommen, und manche Seiten sind nur schwer zu entziffern. Am Ende des Buches macht der Verfasser eine Reihe von Vorschlägen für Bankette sowohl mit als auch ohne Fleischspeisen (für die katholischen Fastentage).

Für das moderne Rezept werden die Hagebutten der Hundsrose empfohlen, die zwar ein wenig bitter sind, aber sonst einen ausgezeichneten Geschmack haben.

Man nimmt drei Pfund Zucker zur Herstellung von Sirup sowie zwei Pfund und sechs Unzen ganze Rosenblüten mit einem etwa zwei Zentimeter langen Stiel. Nachdem man sorgfältig die Samenkörner entfernt und die Stiele abgeschabt hat, werden die Blüten mit Rosenwasser befeuchtet. Nach der halben Kochzeit des Läuterzuckers nimmt man die gewaschenen und zu Dreiersträußchen zusammengebundenen Rosen und taucht sie eine achtel Stunde oder etwas weniger in den Sirup. Dann setzt man die Rosen, mit den Stielen nach oben, in kleine, flache Becher mit geraden Wänden, ohne daß sie einander berühren. Ist der Zuckersirup fertig gekocht, gießt man ihn über die Rosen. Bei Banketten kann man jedem Gast ein oder zwei Blüten mit einer Sauce aus Jasminblüten servieren. Oder man verwendet sie mit anderen Zutaten für Gebäck. Diese Rosen wirken beruhigend auf den Magen.

Küchengeräte, aus Bartolomeo Scappis Werk *»Opera«* (1570); Sammlung Levy Pisetzky, Mailand

500 g Hagebutten von Hundsrosen
300 g feinster Zucker
Saft von 1 Zitrone
1 EL Mandelöl

Beim Vorbereiten der Hagebutten darauf achten, daß an jeder Frucht ein kleines Stückchen Stiel stehenbleibt.

In einem schweren Topf Zucker und Zitronensaft erhitzen, bis ein hellbrauner Karamel entstanden ist. Die Hagebutten nacheinander hineintauchen – dabei mit einer Pinzette an den Stielen festhalten. Auf einen mit dem Mandelöl überzogenen Teller legen, ohne daß sie sich berühren, und abkühlen lassen. Dann auf einem Teller anrichten und servieren.

Ländliche Gesellschaft in Reggio di Calabria, Vincenzo Morani (1809–1870)

»Rosen« in Zuckersirup (modernes Rezept)

Erdbeersauce

ERDBEERSAUCE

Salsa di fragole

Fruchtsaucen wie die folgende passen gut zu cremigen Desserts, gehaltvollen Kuchen und Puddings. Besonders gut eignet sich diese Erdbeersauce für Nachspeisen aus Sahne oder Schokolade, oder *zabaglione* (Cremespeise aus Eiern, Zucker und Marsala). Nach der gleichen Methode lassen sich auch Saucen aus Himbeeren, Brombeeren, Maulbeeren, Heidelbeeren, Kirschen, Pfirsichen oder Aprikosen zubereiten. In einer elektrischen Eismaschine wird aus der folgenden Sauce ein herrlich erfrischendes Sorbet.

90 g feinster Zucker
60 ml Wasser
500 g Erdbeeren, geputzt
60 ml Kirschwasser

Den Zucker in einen Topf geben. Das Wasser hinzufügen und zum Kochen bringen. Etwa 10 Minuten kochen lassen, bis ein dicker Sirup entstanden ist, mit dem man einen Löffel überziehen kann.

Die Erdbeeren durch ein Sieb drücken. Das Püree mit Zuckersirup und Kirschwasser vermischen. Auf Zimmertemperatur abkühlen lassen und in einer Sauciere servieren.

Erdbeerstock (1534),
aus dem »New Kreuterbuch« von Leonart Fuchs

SENFFRÜCHTE AUS CREMONA

Mostarda di Cremona

Eine klassische süß-saure Beilage aus der Zeit der Renaissance sind die *mostarda di Cremona,* die heute kommerziell hergestellt und in Gläsern verkauft werden. Man kann sie aber auch selbst zubereiten. Es kostet zwar ein wenig Zeit, aber es lohnt sich! Die fertigen Senffrüchte passen zu vielen Speisen und besonders gut zu gekochtem Fleisch. Einen herrlichen Senf bereitet man in Venetien aus Äpfeln zu, die gegart und durch ein Sieb gedrückt werden. Er wird hauptsächlich zu Gänsebraten, Schweinefleisch und Schinken gereicht.

2 zum Kochen geeignete Birnen, geschält
2 Pflaumen, entsteint
2 frische Aprikosen, entsteint
2 frische Feigen
300 g Kirschen, entsteint
500 g feinster Zucker
Saft von ½ Zitrone
120 ml trockener Weißwein
300 g Honig
60 g Senfpulver

Birnen, Pflaumen, Aprikosen, Feigen und Kirschen in einen Topf geben und so viel Wasser dazugießen, daß sie gerade bedeckt sind. Zucker und Zitronensaft hinzufügen. Den Topfinhalt zum Kochen bringen und bei schwacher Hitze etwa 10 Minuten garen. Die Früchte abtropfen lassen, den Sirup zurückstellen.

Die Früchte sorgfältig trockentupfen. Einige Tage in die Sonne legen oder bei 50 °C in den Backofen, dabei häufig drehen, so daß sie vollkommen trocknen.

Den Wein in einen Topf gießen, dann den Honig und zurückgestellten Sirup hineinrühren. Bei mittlerer Hitze etwa 5 Minuten kochen. Anschließend das Senfpulver hinzufügen, gut untermischen und den Topf von der Kochstelle nehmen.

Die Früchte in sterilisierte Gläser legen und mit Sirup übergießen, so daß sie knapp bedeckt sind. Wenn der Inhalt vollkommen abgekühlt ist, die Gläser sorgfältig verschließen und an einen kühlen, trockenen Platz stellen.

Senffrüchte aus Cremona

APFEL-ZITRONEN-MARMELADE

Marmellata di mele e limoni

Der erste Kochbuchautor, von dem ein Marmeladenrezept überliefert wurde, war ein Venezianer des 14. Jahrhunderts, der empfahl, man sollte dafür Quitten und, natürlich, reichlich Gewürze verwenden, die zu jener Zeit sehr beliebt waren.

Die Italiener sind sehr stolz auf ihre Marmeladen und Konfitüren. Sie ernten im Herbst selbstgezogene Früchte oder kaufen hochwertige Ware ein, um Marmeladen und Konfitüren daraus herzustellen.

1 kg unbehandelte Zitronen
1 kg Äpfel
1 kg feinster Zucker

Die Zitronen rundum einstechen und in drei Etappen von jeweils 5 Minuten kochen, dabei jedesmal das Wasser wechseln. (Auf diese Weise verlieren sie den bitteren Geschmack.)

Die Äpfel in Spalten schneiden und die Kerne entfernen, aber nicht die Schale. In einen Topf geben.

Die Zitronen in dünne Scheiben schneiden und die Kerne entfernen. Die Scheiben zu den Äpfeln geben. Die Früchte mit Zucker bedecken und über Nacht stehenlassen.

Dann bei sehr schwacher Hitze etwa 1 Stunde behutsam kochen. Die Früchte durch ein Sieb drücken und anschließend unter häufigem Rühren weitergaren, bis die Masse die gewünschte Konsistenz hat (Probe: wenn eine kleine, auf eine schräge Platte getropfte Menge bleibt, wo sie ist).

Die Marmelade in sterilisierte Gläser füllen und obenauf ein mit etwas Likör befeuchtetes Stück Wachspapier legen. Verschließen und an einen kühlen, trockenen Platz stellen.

Apfel-Zitronen-Marmelade

Zitronen, von Bartolomeo Bimbi (1648–1725); Palazzo Pitti, Florenz

EINGEMACHTE TOMATEN

Pomodori in conserva

Wenn im August und September die Tomaten reifen, werden in Italien enorme Mengen davon eingemacht, damit sie während des Winters als Aromazutat für Spaghetti, Fleisch und Fisch zur Verfügung stehen. Die Gläser mit den leuchtendroten Früchten sollten an einem dunklen, möglichst kühlen Platz, aber nicht im Kühlschrank aufbewahrt werden. Auf diese Weise konserviert, halten sie ein ganzes Jahr. Die im nachfolgenden Rezept beschriebene Methode eignet sich auch für andere Gemüse wie Paprikaschoten, kleine Zwiebeln und Gurken, die aber vor dem Einfüllen in die Gläser eine Minute in einer Mischung aus gleichen Teilen Essig und Wasser gekocht werden, damit sie nicht verderben. Einer der ersten Kochbuchverfasser, von dem Rezepte zum Einmachen von Gemüsen erhalten sind, ist Maestro Martino da Como. Tomaten allerdings waren zu seinen Lebzeiten im 15. Jahrhundert in Italien noch nicht bekannt, sie wurden erst ein Jahrhundert später – wahrscheinlich aus Peru – eingeführt.

1 kg reife Eiertomaten
6 Basilikumblätter
Salz
1 EL feinster Zucker

In einem Topf Wasser zum Kochen bringen. Die Tomaten 30 Sekunden blanchieren, dann abziehen. Mit den Basilikumblättern, etwas Salz und Zucker in ein sterilisiertes Glas füllen.

Das Glas mit einem Deckel luftdicht verschließen, in ein Stück Zeitung wickeln und in einen Topf setzen, dann knapp mit kaltem Wasser bedecken. Das Wasser zum Kochen bringen und 30 Minuten kochen lassen.

Das Glas im Wasser abkühlen lassen, dann abtrocknen und bis zum Winter an einen kühlen Platz stellen.

Eingemachte Tomaten

Register

Kursiv gesetzte Stichwörter beziehen sich auf die italienischen Originalrezepte und -titel sowie auf die im Lauftext erläuterten italienischen Bezeichnungen.

F

G

H

I

J

K

L

M

T

U

V

W

Z

Danksagung

Die Autorin und der Verlag danken allen Mitarbeitern für die Unterstützung bei der Entstehung dieses Buches, vor allem Mr. John Meis für seine wertvolle Hilfe bei den Textrecherchen und den im Bildquellenverzeichnis angegebenen Agenturen für die Bereitstellung der Fotos.

Bildquellenverzeichnis

Abkürzungen: o = oben; u = unten; l = links; r = rechts; M = Mitte

HISTORISCHE ABBILDUNGEN

AFE, Rom: S. 53

Agenzia L. Ricciarini, Mailand: S. 45, 46, 47, 51, 55, 194 (o), 196 (u), 197 (u)

Archivio Fabbri, Mailand: S. 24/25, 32 (o), 48, 92 (u), 105, 107, 146, 162 (u), 212/213, 236, 246 (u)

Giancarlo Costa, Mailand: S. 20, 23, 60 (u), 82 (u), 92 (o), 141 (u), 142 (u), 166 (o), 170, 178 (u), 180 (u), 198 (u), 200 (u), 226 (o), 248 (u)

Scala, Florenz: Vor- und Nachsatzblatt, Titelei, S. 4/5, 6, 8/9, 10, 12, 13 (o, u), 14, 15, 16, 17, 18/19, 26, 28, 29, 30, 31, 40/41, 42, 52, 72/73, 74, 77, 78 (o), 96/97, 98, 101, 102, 103, 104, 120 (o, u), 124/125, 126, 128, 129, 130, 131, 133, 134, 135, 148 (o, u), 156/157, 158, 160, 161, 163, 164, 165, 166 (u), 167, 168 (u), 169, 183 (u), 186/187, 188, 190, 191, 192, 193, 194 (u), 195, 197 (o), 205, 211 (o), 214, 216, 217, 218 (o, u), 219, 222, 231 (o), 232 (o), 234/235, 238, 239, 240, 241, 244 (u), 250 (o)

Studio Pizzi, Mailand: S. 22, 36 (o, u), 49, 65 (u), 68 (o, u), 76, 100, 106, 108, 132, 138 (o), 162 (o), 168 (o), 177 (u), 206 (u), 220, 221 (o, u), 226 (u), 229, 244 (o), 246 (o)

FOODFOTOS

John Sims (Hauswirtschafterin: Laura Brezzi Caponetti; Standorte: Sian und Carlo Petrucci; Keramik und Gefäße: Ubaldo Grazia): S. 35, 37, 56, 69, 87, 93, 121, 149, 153, 179, 183 (o), 203, 207, 227, 233, 247, 251

Alle anderen Foodfotos wurden vom Archivio Fabbri zur Verfügung gestellt (Fotograf: Romano Vada; Artdirector: Lella Guelfi)

Bibliographie

Agnoletti, Vincenzo: *La Nuovissima Cucina Economica.* Parma 1814; Reprint Bologna 1983.
Artusi, Pellegrino: *La Scienza in Cucina e l'Arte di Mangiar Bene.* Florenz 1891. (*Von der Wissenschaft des Kochens und der Kunst des Genießens.* München 1982.)
Bettelli Candela, Enza: *Marmellate e Confetture.* Mailand 1983.
Biaggi, Beatrice: *C'è un Fungo nel Bosco.* Mailand 1988.
Bonetti Tocco, Silvia: *Antichi Dolci di Casa.* Mailand 1983.
Bonetti Tocco, Silvia und Schiaffino, Mariarosa: *Pasta Fresca.* Mailand 1987.
Buonassisi, Vincenzo und Torre, Silvio: *Stoccafisso e Baccalà.* Mailand 1988.
Cavalcanti, Ippolito: *Cucina Teorico Practia.* Neapel 1839.
Cervio, Vincenzo: *Il Trinciante.* Venedig 1581; Reprint Bologna 1980.
Corrado, Vincenzo: *Il Cuoco Galante.* Neapel 1773.
David, Elizabeth: *Italian Food.* Harmondsworth 1969.
Davidson, Alan: *Mediterranean Seafood.* Louisiana 1972.
Del Conte, Anna: *Gastronomy of Italy.* New York 1988.
Della Croce, Julia: *Pasta Classica.* New York 1987.
Faccioli, Emilio: *L'Arte della Cucina in Italia.* Turin 1987.
Felici, Costanzo: *Del' Insalata e Piante che in Qualunque Modo Vengono per Cibo dell'Homo.* Pesaro 16. Jahrhundert.
Field, Carol: *The Italian Baker.* New York 1985.
Giovannini, Francesco: *La Tavola degli Anziani.* Lucca 1987.
Gosetti della Salda, Ada: *Le Ricette Regionali Italiane.* Mailand 1967.
Hazan, Marcella: *The Classic Italian Cookbook.* London 1980.
– *More Classic Italian Cooking.* New York 1984.
Lamma, Giuseppe: *Libri di Cucina.* Bologna 15. Jahrhundert.
Laniado, Nessia: *Pizza.* Mailand 1988.
Leonardi, Francesco: *L'Apicio Moderno.* Rom 1790.
Lotteringhi della Stufa Incontri, Maria Luisa: *Pranzi e Conviti.* Florenz 1965.
Luraschi, Giovan Felice: *Nuovo Cuoco Milanese Economico.* Mailand 1829; Reprint Bologna 1980.
Maestro Martino de Como: *Libro de Arte Coquinaria.* Rom 15. Jahrhundert.
Messisbugo, Cristoforo di: *Banchetti Composizione di Vivande e Apparecchio Generale.* Venedig 16. Jahrhundert; Reprint Bologna 1973.
Parazzoli, Vittorio: *Sapore di Pane.* Mailand 1984.
Pisanelli, Baldassare: *Trattato della Natura de'Cibi et del Bere.* Venedig 1584.
Portinari, Folco: *Voglia di Gelato.* Mailand 1987.
Riveccio Zaniboni, Maria: *Polenta, Piatto de Re.* Mailand 1986.
Romoli, Domenico: *La Singolar Dottrina.* Florenz 1560.
Root, Waverley: *The Food of Italy.* New York 1977.
Roversi, Giancarlo: *La Tavola Imbandita da Giuseppe Lamma.* Bologna 1988.
Sacchi, Bartolomeo (genannt Platina): *De Honesta Voluptate ac Valetudine.* Rom 1474.
Santi Puppo, Pietro: *Il Cuciniere Moderno Ossia la Vera Maniera di Ben Cucinare.* Lucca 1849.
Scappi, Bartolomeo: *Opera.* Venedig 1570; Reprint, Bologna 1980.
Stefani, Bartolomeo: *L'Arte di Ben Cucinare.* Mantua 1662; Reprint, Bologna 1983.
Tanara, Vincenzo: *L'Economia del Cittadino in Villa.* Venedig 1687.
Theatrum Sanitatis (Buch der Gesundheit)
Touring Club Italiano: *Guida all'Italia* Gastronomica. Mailand 1984.
Unbekannter Autor: *Libro della Cucina.* Toskana 14. Jahrhundert; Reprint, Bologna 1970.
– *Libro per Cuoco.* Venedig 14. Jahrhundert.
– *Liber de Coquina.* Süditalien 15. Jahrhundert.
– *La Cuciniera Piemontese.* Turin 1798; Reprint Bologna 1980.
– *Libro Contenente la Maniera di Cucinare e Vari Segreti e Rimedi per Malatti e Altro.* Reggio 18. Jahrhundert.
Urbani, Ada: *Ritratto di Tartufo.* Mailand 1985.
Vesco, Clotilde: *Cucina Fiorentino fra Medioevo e Rinascimento.* Lucca 1984.
Vialardi, Giovanni: *Trattato di Cucina Pasticcera.* Turin 1854; Reprint, Bologna 1986.